近世大名墓の新視点1

墓からみた近世社会

墓所の考古学的調査からみた
大名家 - その思惟の諸問題

坂詰秀一監修・松原典明編

刊行にあたって

石造遺物の史料化を主題に揚げて、歴史の側面を醸し出す風潮が顕著になってきた。

かつて、石造の遺品を美術の観点から研究の対象とした川勝政太郎は、天沼俊一の示唆により「石造美術」分野を確立し『史迹と美術』誌を拠所としつつ調査研究を牽引していった。『石造美術』（一九三九）『日本石材工芸史』（一九五七）をはじめ、『石造美術辞典』（一九七八）などの著作群にその流れを見ることが出来る。

他方、石造文化財との視点から歴史的な石造遺物を把握する方向は、和歌森太郎編『くにさき』（一九六〇）をはじめ、東京国立文化財研究所『石造文化財の保存と修復』（一九八五）など広く認められている。

このような動きのなかで、立正大学（文学部・仏教学部）で仏教考古学を学んだ有志が石造文化財の調査と研究を目標に「石造文化財調査研究所」（前身は仏教石造文化財研究所）を設置し、二〇一一年の春に組織的な活動に着手した。すでに前身の研究所時代に、東都の近世大名家関係の墓所の移転修築調査を約一〇年間にわたって実施してきた経験を活かしての出発であった。

以来、研究所の機関誌『石造文化財』（二〇〇一・四）の刊行をはじめ『石造文化財への招待』（二〇一一・六）の編集刊行、『近世大名葬制の基礎的研究』（松原典明編、二〇一八・三）の出版などを公にしてきた。その間、公益財団法人 髙梨学術奨励基金助成（二〇一六〜二〇一八）を受けるなど研究所の活動を理解して下さる各位の協力のもとに順調に研究活動を続けてきたのである。

この度、研究所の開設二〇周年を迎え、新たな研究シリーズ「近世大名墓の新視点」を刊行することになった。その第一冊として『墓からみた近世社会』を問うことになった。このシリーズは、前身研究所の時代から続けてきた近世大名家墓所の調査実績に立脚した関係者の研究を一書とし、『石造文化財』誌の刊行と共に「石造文化財」研究に資することにした。

『墓からみた近世社会』は、墓と葬制を通して近世社会の側面を具体的に明らかにすることを意図している。近世各地・各藩における墓制を「葬制」「墓所造営」「供養位牌」の実情を分析して、近世社会のあり方を個別具体的に検討した。その視点は、執筆者が対象とした「石造文化財」の資料調査をもとに史料化して社会の姿相を究明したものとなっている。

近世大名墓の研究は着手されてまだ日が浅いが、大名墓研究会一〇年間の蓄積である『近世大名墓の成立』(二〇一四)『近世大名墓の展開』(二〇二〇)及び『近世大名墓の世界』(坂詰秀一・松原典明編『季刊考古学』別冊二〇・二〇一三)などの刊行によって大きく前進したと言えるであろう。新たに出発する新しいシリーズ(「近世大名墓の新視点」)は、その成果に学び乍ら、近世大名社会の実相を考古学の方法によって明かにしていきたい、と願っている。

識者各位のご鞭撻と協力を願って止まない。

二〇二一年七月

立正大学特別栄誉教授　坂詰秀一

墓からみた近世社会

墓所の考古学的調査からみた大名家―その思惟の諸問題

I

墓所と位牌

大野哲二
磯野治司
小林昭彦
三好義三
白石祐司

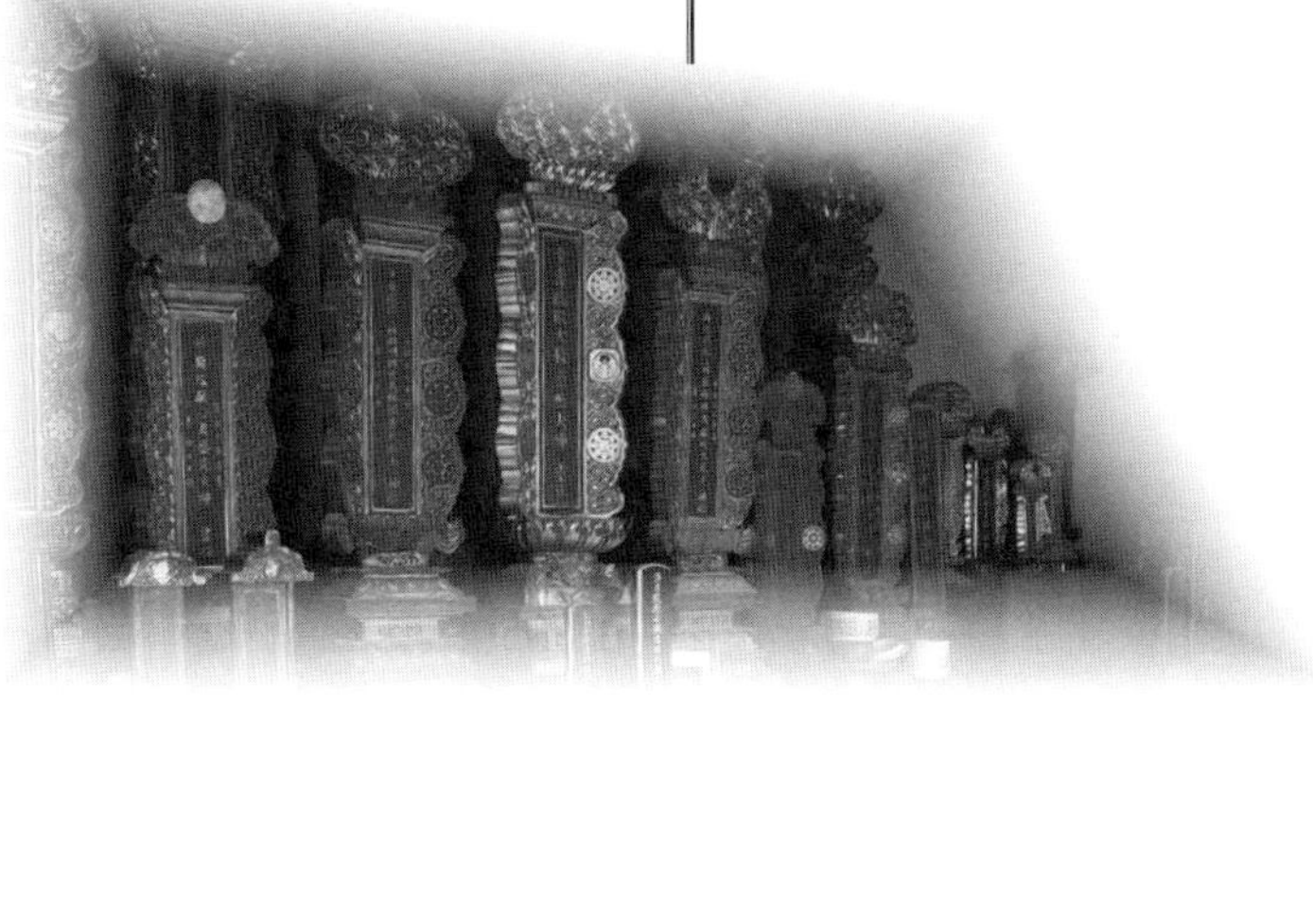

鳥取藩着座家 米子荒尾家墓所と位牌

大野哲二

はじめに

米子荒尾家は、鳥取藩（三十二万石）における着座家筆頭である。着座家とは、藩内最高の家格であり、その名称は城内での年頭の挨拶や祝儀の席において藩主に近く、書院に着座し直接杯を賜った家筋であることに由来するとされる（鳥取県立鳥取図書館一九七〇）。鳥取藩の家老職はこの着座家から任命された。

着座家は幕末時点では十家（荒尾氏〈米子荒尾〉、荒尾氏〈倉吉荒尾〉、和田氏、津田氏、鵜殿氏、乾氏、池田氏〈山池〉、池田氏〈下池〉、荒尾氏〈米子荒尾分家〉、荒尾氏〈倉吉荒尾分家〉）を数えた（坂本二〇一七）。

このうち米子荒尾家、倉吉荒尾家、津田家、鵜殿家、和田家は、それぞれ米子、倉吉、八橋、浦富、松崎という、中小大名が分有していた時代の旧城下町の町政を委任される「自分手政治」が許されていた。

これら着座家の墓所は、その多くが藩都である鳥取城下町の菩提寺のほかに、各自の領内にも菩提寺を持ち、それぞれに墓所が築かれていた。

本稿では、この着座家筆頭である米子荒尾家の領内菩提寺、祥光山了春寺（黄檗宗）にのこる荒尾家墓所及び荒尾家関連位牌群（写真1・2）について、寺歴、家譜等を参照しつつ、その変遷を概観する。(1)

一　黄檗派への転派と菩提寺の変遷

米子荒尾家の宗旨は臨済宗黄檗派（後の黄檗宗）である。藩政時代、鳥取領内の黄檗寺院は全盛期三十カ寺以上を数え、当時としては新興であった黄檗派は藩内においてその勢力を広げていた。その大きなきっかけとなったのは藩主池田家の黄檗転派である。この藩主家における宗旨替えは藩内に大きなインパクトを与えたものと考えられる。その影響として、藩内では黄檗派への転派が相次ぐこととなる。この流れは藩内寺院や着座家のほか、藩士や大庄屋などにも広がることとなった（大嶋二〇一九）。

米子荒尾家も、この藩内における黄檗転派の流れの中で黄檗派へ転派し、それに伴い菩提寺も変遷していくこととなる。このような中で成立した了春寺の墓所及び位牌群にみる各属性の変化は、この流れに少なからず影響を受けたものと考えられる。そこで本項では、まず藩主池田家と米子荒尾家の黄檗転派及び菩提寺の変遷をみていくこととする。

（一）鳥取藩主池田家(2)

池田光仲を藩祖とする鳥取藩は、寛永九年（一六三二）、当時岡山藩主であった父池田忠雄が死去。家督を継ぐにあたり未だ幼年であった光仲と、鳥取藩主であった池田光政とで国替えが行われたことに始まる。

鳥取藩成立時の菩提寺は臨済宗妙心寺派の広徳山龍峰寺で、国替えに伴い岡山から移転してきた寺院であり、鳥取池田家祖霊として池田輝政・忠継・忠雄の位牌を安置していた。

寛文八年（一六六八）、龍峰寺四世の提宗慧全とその弟子活禅が臨済宗黄檗派（後の黄檗宗）に転派、龍峰寺は妙心寺派から離脱する。このとき両者に私淑していた光仲も同じく黄檗派に帰依した。これに妙心寺は反発し、龍峰寺の住職を妙心寺派の僧侶とするよう鳥取藩に度々働きかけていく。元禄三年（一六九〇）、二代藩主綱清も黄檗派を宗旨とすることを決断するに至り、元禄五年（一六九二）、妙心寺は幕府寺社奉行所に提訴、元禄六年（一六九三）、同奉行所の取り成しで、光仲死後に龍峰寺の寺号を妙心寺に返還することで和解した。

同元禄六年七月、光仲が死去、翌元禄七年（一六九四）、光仲の戒名「興禅院殿」から、龍峰寺の寺号を「興禅寺」とし、ここに黄檗三叢林のひとつに数えられる鳥取池田家菩提寺龍峰山興禅寺が成立した。[3]以降、幕末に至るまで、鳥取藩主池田家の自領における菩提寺は興禅寺であった。

（二）米子荒尾家

荒尾家本来の宗旨は、その出身地である愛知県東海市荒尾町の菩提寺龍雲山運得寺、主君である池田輝政入府に伴って在任した姫路の菩提寺瑞松山景福寺にみるように曹洞宗であったと考えられるが（大嶋二〇二一）、その後荒尾三代成房（寛永七年〈一六三〇〉没）が相国寺塔頭善応院（京都）に葬られているように、臨済宗相国寺派に改宗し、更に光仲に伴い鳥取に移った際に藩主池田家と同じく臨済宗妙心寺派に帰依したものと思われる。[4]

米子荒尾家の菩提寺としては鳥取城下に藩主池田家菩提寺の龍峰寺（のち興禅寺）があり、自領である米子には寛永年間、米子荒尾初代成利とその弟嵩就（倉吉荒尾初代）によって同じく臨済宗寺院である大亀山禅源寺を創建している。[5]

寛永十年(一六三三)には成利の命により仏光山法燈寺(溝口)、仏日山東祥寺(江尾)と領内に臨済宗妙心寺派の寺院が創建されていっており、当時米子荒尾家が臨済宗妙心寺派に厚く帰依していた様子が窺える。

ところが寛文年間、米子荒尾二代成直、三代成重が藩主光仲とともに黄檗派に帰依し、元禄四年(一六九一)、成重は、禅源寺住職であり、黄檗の中国僧独吼性獅の弟子である玉泉を通して黄檗総本山萬福寺に改宗を願う旨の書を送り、正式に黄檗派に転派することとなる。

元禄八年(一六九五)、禅源寺は「禅源山泰蔵寺」と寺号を改め、米子における菩提寺も黄檗派に転派、同十五年(一七〇二)には「泰蔵寺」の寺号を妙心寺に返還している。宝永三年(一七〇六)、寺地を現在の米子市博労町に移し、宝永七年(一七一〇)、寺号を「祥光山了春寺」とした。了春寺開山は独吼(勧請開山)で、了春寺二世は鉄舟(玉泉)であった(鳥取県立博物館二〇一九)。

以上みてきたように、鳥取藩主池田家の黄檗転派をきっかけとして、米子荒尾家もそれを追うように黄檗派に転派していった様子が窺える。この流れを年表(図1)にしてみてみると、その傾向は明らかで、寛永年間臨済宗寺院を菩提寺として創建(移転)、黄檗派へ転派、菩提寺の寺号改号と、ほぼ年を開けずに変遷する米子荒尾家の宗旨及び菩提寺の動きは、藩主家に追随していった結果であることがわかる。ただし、この辺りの事情については、家老家が藩主家にただ従って宗旨を替えていったという単純な解釈ではなく、藩主池田家外戚[6]で、従兄弟同士

写真1　米子荒尾家墓所

写真2　米子荒尾位牌群

である藩主光仲と米子荒尾二代成直との人間関係等も考慮すべきなのかも知れない。

　その後の米子荒尾家の菩提寺は鳥取興禅寺、米子了春寺となったが、寛延元年（一七四八）、米子荒尾家は興禅寺を離檀することとなる。これは前年（延享四年〈一七四七〉に江戸にて死去し、江戸の菩提寺である牛島弘福寺に葬られた五代成昭に贈られた戒名が殿号であったのに対し、次年鳥取で死去した六代成昌に対して、興禅寺が殿号を拒否したためである。殿号を拒否した原因は、興禅寺から殿号を贈るのは藩主一族に限られることとなっていたためとされているが、米子荒尾家は反発、米子荒尾家の鳥取下屋敷内に位牌所を創建し、了春寺末「英知山顕功寺」とし、鳥取における菩提寺とした（鳥取県立博物館二〇一九、松尾二〇〇四）。『因府年表』によると、この時成昌の「遺骸をば米子の了春寺に送」り、興禅寺の位牌は顕功

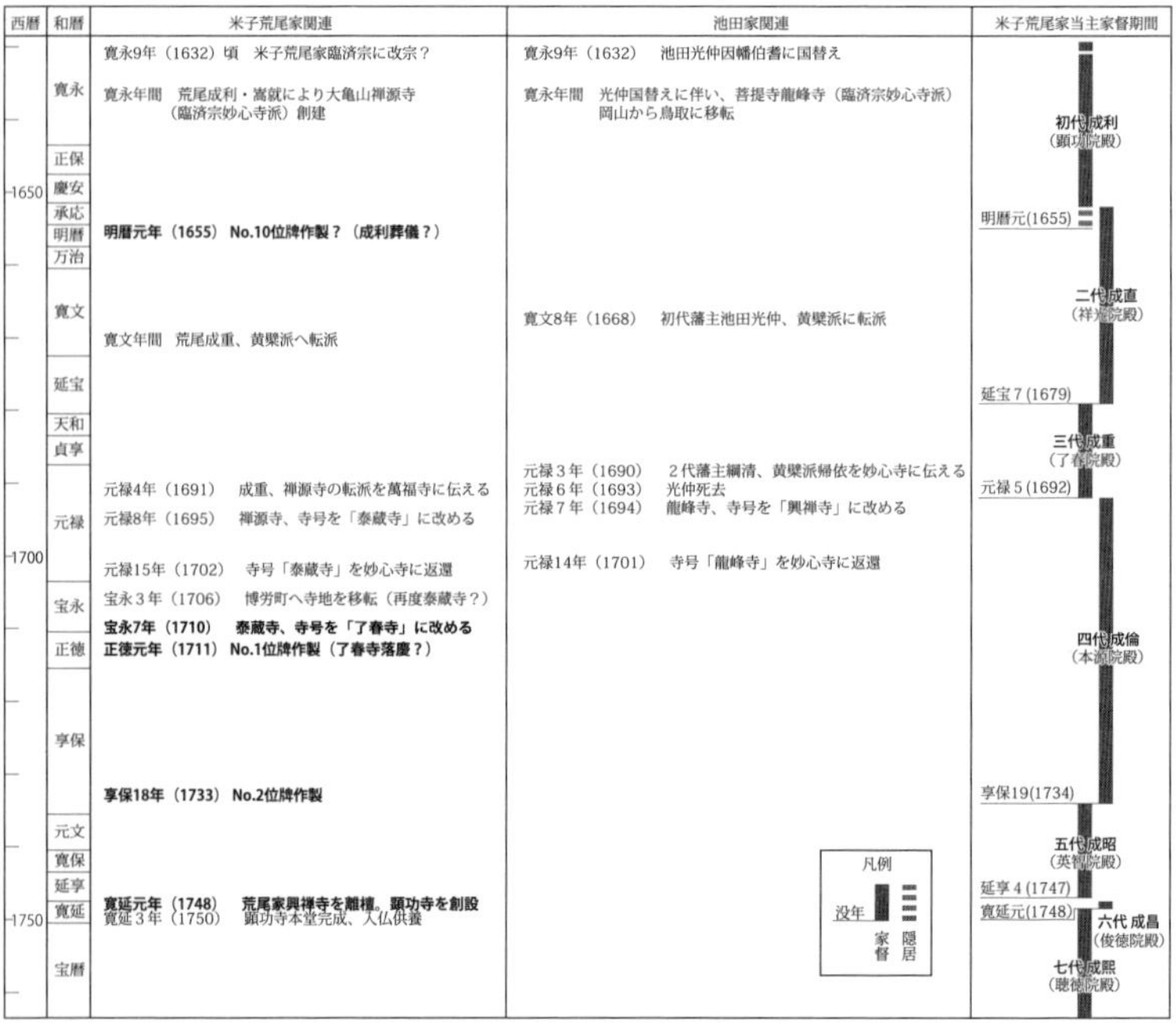

西暦
和暦
米子荒尾家関連
池田家関連
米子荒尾家当主家督期間
1650
1700
1750
寛永
正保
慶安
承応
明暦
万治
寛文
延宝
天和
貞享
元禄
宝永
正徳
享保
元文
寛保
延享
寛延
宝暦
寛永9年（1632）頃　米子荒尾家臨済宗に改宗？
寛永年間　荒尾成利・嵩就により大亀山禅源寺（臨済宗妙心寺派）創建
明暦元年（1655）No.10位牌作製？（成利葬儀？）
寛文年間　荒尾成重、黄檗派へ転派
元禄4年（1691）　成重、禅源寺の転派を萬福寺に伝える
元禄8年（1695）　禅源寺、寺号を「泰蔵寺」に改める
元禄15年（1702）　寺号「泰蔵寺」を妙心寺に返還
宝永３年（1706）　博労町へ寺地を移転（再度泰蔵寺？）
宝永7年（1710）　泰蔵寺、寺号を「了春寺」に改める
正徳元年（1711）No.1位牌作製（了春寺落慶？）
享保18年（1733）No.2位牌作製
寛延元年（1748）　荒尾家興禅寺を離檀。顕功寺を創設
寛延３年（1750）　顕功寺本堂完成、入仏供養
寛永9年（1632）　池田光仲因幡伯耆に国替え
寛永年間　光仲国替えに伴い、菩提寺龍峰寺（臨済宗妙心寺派）岡山から鳥取に移転
寛文8年（1668）　初代藩主池田光仲、黄檗派に転派
元禄３年（1690）　２代藩主綱清、黄檗派帰依を妙心寺に伝える
元禄６年（1693）　光仲死去
元禄７年（1694）　龍峰寺、寺号を「興禅寺」に改める
元禄14年（1701）　寺号「龍峰寺」を妙心寺に返還
初代成利
（顕功院殿）
明暦元(1655)
二代成直
（祥光院殿）
延宝７(1679)
三代成重
（了春院殿）
元禄５(1692)
四代成倫
（本源院殿）
享保19(1734)
五代成昭
（英智院殿）
延享４(1747)
寛延元(1748)
六代 成昌
（俊徳院殿）
七代成熙
（聰徳院殿）
凡例
没年
家督
隠居

図１　米子荒尾家、鳥取池田家黄檗転派関連年表

寺にすべて移動させ、「皆殿号を加」えたという(7)。

二　米子荒尾家墓所

（一）墓所内に残る墓碑

米子荒尾家の墓所（写真1、図2、表1）は、了春寺の本堂裏にある山の斜面を段状に造成した平坦地に築かれている。米子荒尾家二代当主成直から九代成緒、十一代成富から十三代之茂および二代長子成氏、四代継室瑞雲院、十代室鶴萬姫、十三代縁組須賀子の計十五基に加え、興禅寺に墓碑が築かれているため、区画のみ設定されていると伝わる（米子市立山陰歴史館一九九一）初代成利の墓域が残り、現在自然石の前面を平らに加工した無銘の墓碑が建てられている（写真3）。

当主墓は、米子荒尾家二代成直（写真4）、三代成重、五代成昭（写真6）～九代成緒、十三代之茂が角柱状で頂部及び肩部に稜を持つ駒形墓碑で、この形が当主墓で最も多い。但しその中でも台石の構成に差異が認められ、台石二段のもの（二・三・五～六代墓）と三段

写真3　初代成利（墓域）

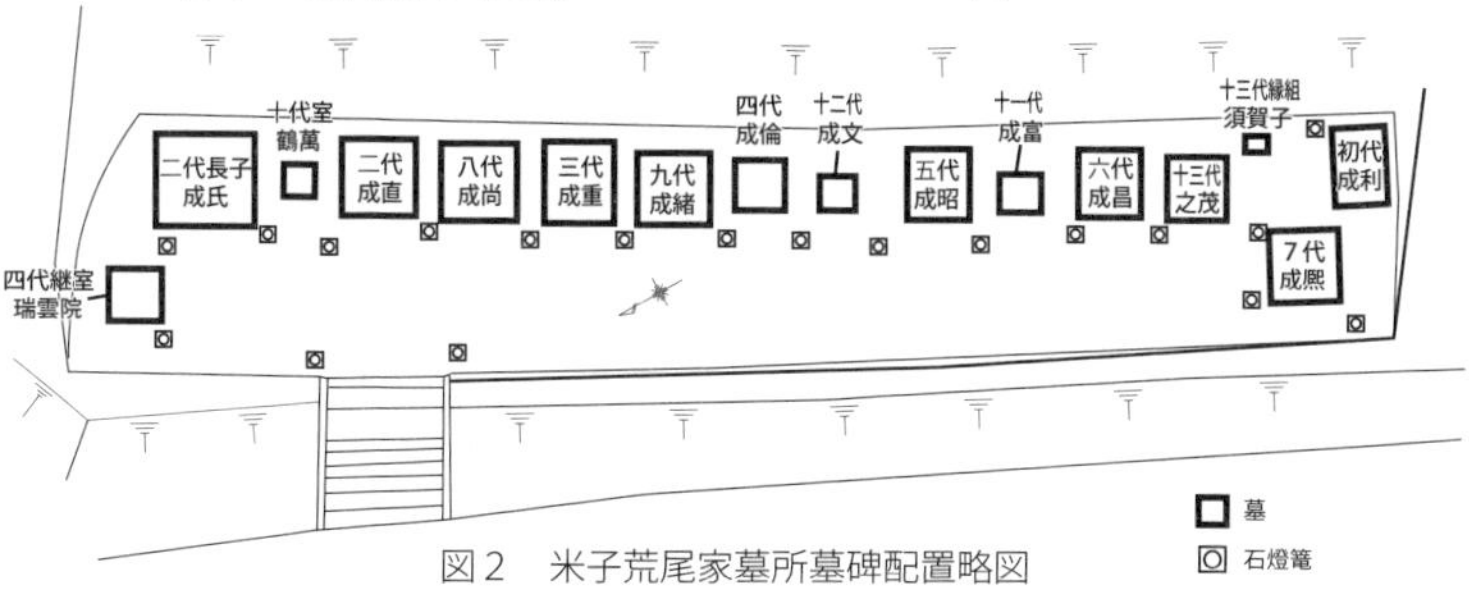

図2　米子荒尾家墓所墓碑配置略図

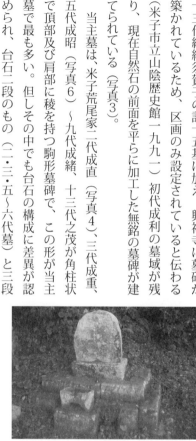

写真４　２代成直

写真５　４代成倫

写真６　５代成昭

写真７　６代成昌

写真８　８代成尚

写真９　11 代成富

写真 10　２代長子成直

写真 11　４代継室瑞雲院

写真 12　鶴萬姫

表1　米子荒尾家墓所被葬者一覧

代数	俗名	墓碑銘（戒名）	没年	享年	墓碑	台石	備考
一	成利	（顕功院殿義山瀏節）	明暦元年（一六五五）	六七			墓域のみとされる、小型の墓石（無銘）有り
二	成直	祥光院殿前匠作性岳徹峻大居士之塔	延宝七年（一六七九）	六二	駒形	二段	
三	成重	了春院殿前但州武林紹秀大居士之塔	元禄五年（一六九二）	四〇	駒形	二段	
四	成倫	本源院殿■■天真了覚大居士	享保一九年（一七三四）	五一	五輪	三段	
五	成昭	英智院殿前和州徳岸衍昌大居士之塔	延享四年（一七四七）	三三	駒形	二段	牛嶋弘福寺に葬る、了春寺に鬢髪を葬る
六	成昌	俊徳院殿前豊州覚性浄圓大居士之塔	寛延元年（一七四八）	二三	駒形	二段	分家荒尾成庸嫡子
七	成煕	聴徳院殿故本藩上相米子城主中山淨興大居士塔	天明七年（一七八七）	五三	駒形	三段	分家荒尾成庸二男 了春寺に葬る、顕功寺に鬢髪を納め碑を建てる
八	成尚	謙徳院殿故本藩上相米子城主俊翁大圓淨覺大居士之塔	文政六年（一八二三）	五七	駒形	三段	
九	成緒	泰智院殿故本藩上相米子城主俊英淨寛大居士	文久二年（一八六二）	六八	駒形	三段	
十一	成富	旧米子城主在原朝臣荒尾成富墓	明治二六年（一八九三）	五一	四角錐	二段	神式墓
十二	成文	鳥取県貴属在原朝臣荒尾成文墓	明治二六年（一八九三）		四角錐	二段	神式墓
十三	之茂	松柏院殿清修成茂大居士之塔	昭和三七年（一九六二）		駒形	二段	下池池田家より養子、明治三九年（一九〇六）男爵
	成氏	徳源院前少府英岳玄雄居士■塔	寛文九年（一六六九）	二四	四角	三段	二代成直長子、「修理嫡子内匠寛文十年死亡也」
		瑞雲院殿天室淨昭大姉之塔	安永五年（一七七六）		櫛型	二段	四代成倫継室
	鶴萬姫	旧米子城主在原朝臣荒尾成裕室清水谷鶴萬姫墓	明治一九年（一八八六）		四角錐	二段	十代成裕室、清水谷大納言公正二女、神式墓
	須賀子	浄月院殿若楓寿香大禅尼	平成六年（一九九四）		四角錐	二段	一三代之茂縁組、冷泉為系長女、神式墓

のもの（七～九代墓）がある。その他四代成倫（写真5）は三段の台石を伴う五輪塔形で、明治期に築かれた十一代成富（写真9）及び十二代成文墓は頭部が四角錐を呈する方柱形のものである。墓碑銘は駒形の墓碑は墓碑前面に戒名、戒名の左右に没年月日が刻まれる。五輪形の四代成倫墓は各部材の前面にそれぞれ「空」、「風」、「火」、「水」、「地」と刻み、加えて地輪部前面に戒名及び没年月日を刻む。頭部四角錐を呈する墓碑（十一、十二代墓）は前面に俗名が、右側面に没年月日が刻まれる。

当主墓以外の墓として、二代長子成氏墓（写真10）は断面三角柱状の墓碑の前面に戒名及び没年月日が刻まれたもので、三段の台石の最上段は楕円形の一枚石を用いている。四代継室瑞雲院墓（写真11）は、円頭扁平な位牌形（櫛形）の墓碑が二段の台石上に載せられたもの。明治期に築かれた十代室鶴萬姫墓（写真12）は十一、十二代当主墓と同じく頂部四角錐を呈する神式墓である。墓所中最も新しい平成六年（一九九四）に築かれた十三代縁組荒尾須賀子墓は、鶴萬姫墓などの墓碑形式を踏襲しながらも墓碑前面には戒名が刻まれている。

墓域内に残る石燈篭は、方形の笠石・火袋・基礎石に円柱状の竿石というほぼ同一型式のものが並べられており、竿石に献灯者名が刻まれている。

（二）『荒尾氏　旧禄壱萬五千石　系圖写シ』等にみる埋葬者

ではこの墓所に実際に葬らたのは誰か。図3は、明治二十一年（一八八八）に作製された『荒尾氏　旧禄壱萬五千石　系圖写シ』[8]（鳥取県立博物館蔵、鳥取藩政資料一〇三三八、以下『系圖』）等を基に作製した米子荒尾家の系図及び戒名一覧表である。この『系圖』にはそれぞれの葬地が記載されているものもある。図3中の名前の囲みはその線種で『系圖』に記された藩内葬地を示したものである。名前を実線で囲ったものが了春寺、破線が興禅寺、点線が顕功寺と記されているものである。これをみてみると、四代成倫までの当主は興禅寺及びその前身の龍峰寺[9]であり、五代成昭（延享四年〈一七四七〉没）から了春寺となる。但し成昭は江戸で死去して江戸の菩提寺である牛島弘福寺に葬られており[10]、了春寺には鬢髪を納めた石塔が建てられていると記されていることから、初めて了春寺の荒尾家墓所に葬られたのは興禅寺離檀のきっかけとなった六代成昌（寛延元年〈一七四八〉没）ということになる。この時はじめて、了春寺は葬地としての性格をもつようになったと考えられる。この成昌の次に了春寺の墓所に葬られたのは四代成倫継室瑞雲院（写真11、安永五年〈一七七六〉没）となっている。当主室については、必ずしも米子荒尾家菩提寺に葬られている訳ではないが、菩提寺に葬られる場合、瑞雲院以前は興禅寺（龍峰寺）、瑞雲院より後は顕功寺となっており、了春寺に葬られた夫人としては瑞雲院が唯一である。顕功寺に葬られた室としては、米子荒尾八代室珠臺院（寛政三年〈一七九一〉没）が最も早く、以降室・継室及び他家に養子や嫁すことなく荒尾家で死去した子女は顕功寺に葬られる、というルールが幕末まで続くようである。

明治三年（一八七〇）に廃寺となり、了春寺と合寺となった（『荒尾駒喜代家譜』鳥取県立博物館蔵、鳥取藩政資料一〇三三八）顕功寺の墓所の様子は現在窺うことができないが、記録に残る限り、最も早く顕功寺に葬られたのは七代成熙女政子（宝暦九年（一七五九）没）であり、同じく七代女千枝子、猶子とともに了春寺に葬られた四代継室瑞雲院よりも没年は先となる。つまり顕功寺に米子荒尾家一族が葬られるようになった後に、瑞雲院は了春寺に葬られたことになる。おそらく顕功寺創建当初は米子荒尾家の子女の葬地としての役割を担っており、少し遅れて当主室も葬られるようになったのであろう。

廃寺となった後の顕功寺[11]の墓がどのように扱われたのかについても現在のところ不明であるが、その後の墓の履歴を窺わせる可能性のあるものが興禅寺に残る。現在興禅寺にみられる米子荒尾家の墓域がそれである。興禅寺の墓域には明治四十三年（一九一〇）に建てられた米子荒尾初代成利墓および歴代米子城主の供養塔とともに、七代成熙、九代成緒、十代成裕、九代室蓮容院、八代継室幸壽院の墓碑が認められる（池上二〇一九）。このうち成熙は了春寺、蓮容院、幸壽院は顕功寺に葬られたと記録に残る。ただし成熙は、顕功寺にも鬢髪を納めた「碑」が建てられたことが当主で唯一『系圖』に記されており、当時少なくとも成熙の墓碑は、了春寺とともに顕功寺にも存在していたものと判断できる[12]。つまり、興禅寺に墓碑のみられる五基中三基が、記録としては興禅寺ではなく顕功寺に墓碑が建てられていたことになる。おそらくこれら三基の墓碑は明治以降に顕功寺から興禅寺に改葬・移築されたものであろう。なお、もう一人、顕功寺が廃寺となる前に死

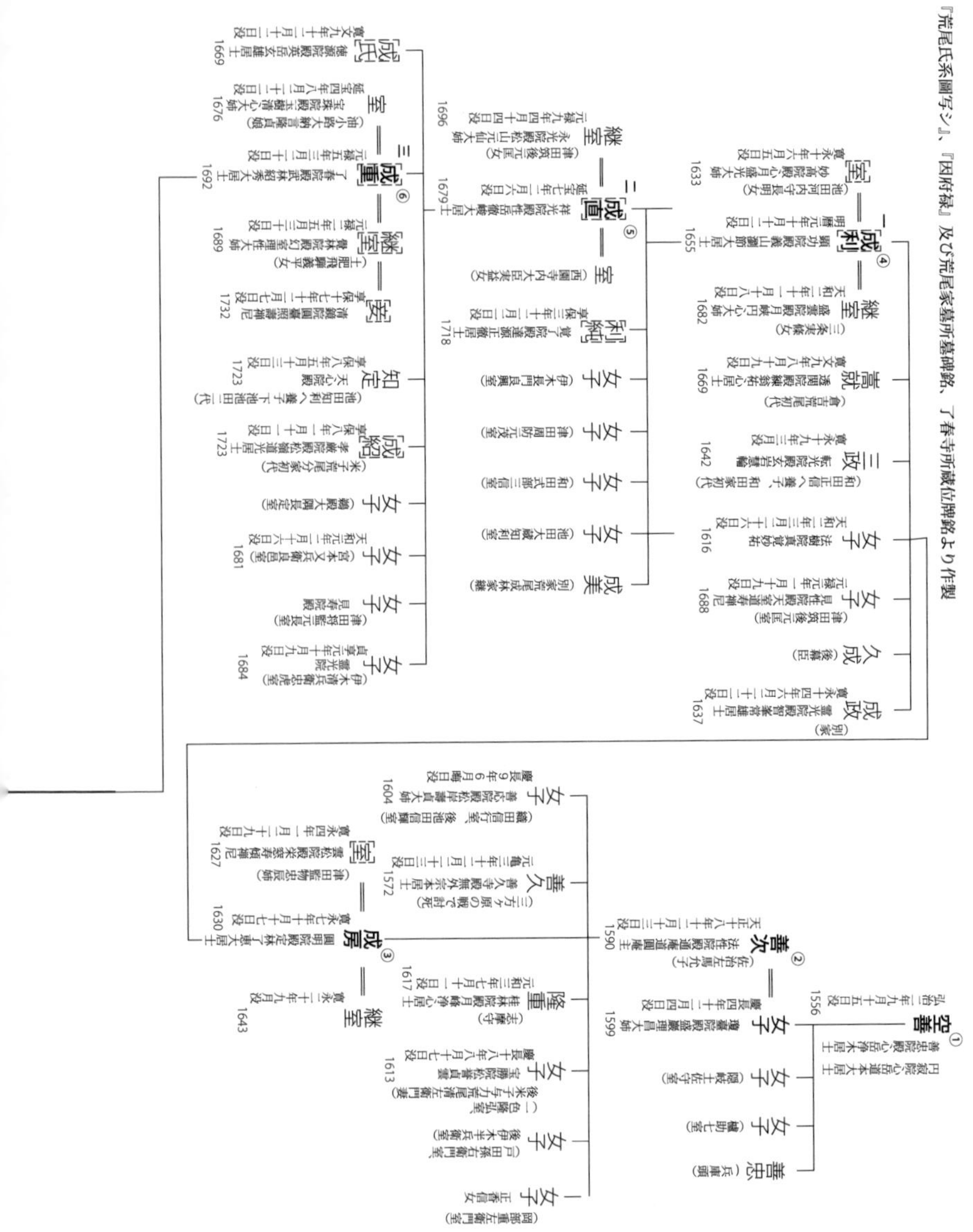

図3-1　米子荒尾家略系図

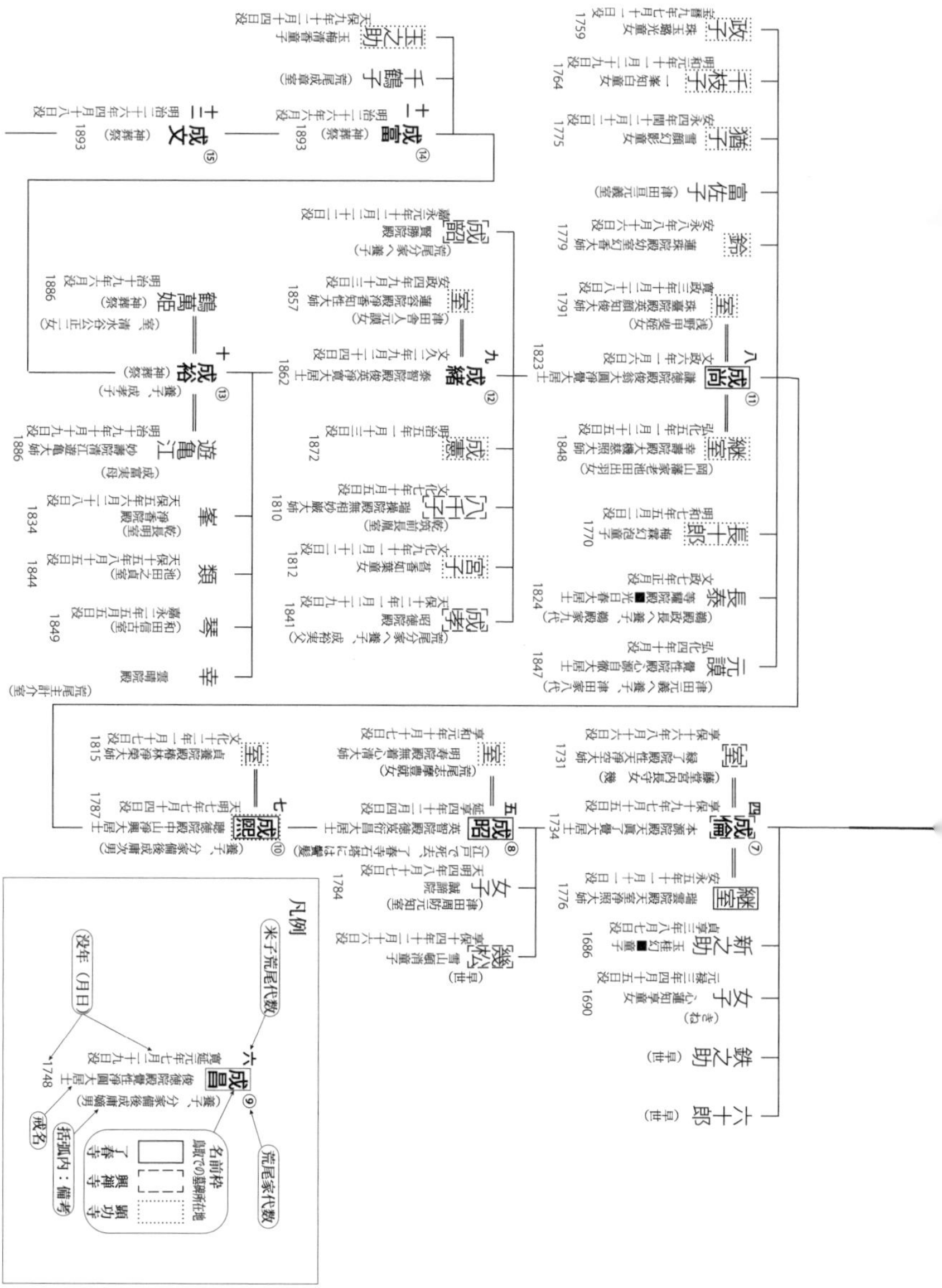

図3-2　米子荒尾家略系図

去している九代成緒（文久二年〈一八六二〉没）も現在了春寺・興禅寺の二箇所に墓碑が建てられているが、『系圖』に葬地が記されておらず、経緯不明である。残る十代成裕は顕功寺廃寺後である明治期以降に死去した当主であり、以降の当主である十一代成富〜十三代之茂は先に触れた了春寺の米子荒尾家墓所に墓碑がみられる（図2、表一）。この十・十一代当主墓は神式墓で、明治以降米子荒尾家が宗旨を神道に改宗した履歴と符合する。

一方興禅寺離檀後における米子荒尾家の興禅寺内の墓がどのような扱いとなったのか、これも現在のところ詳らかにすることはできないが、了春寺創建前に死去し、興禅寺（龍峰寺）に葬られたと記されている米子荒尾二代長子成氏墓が了春寺の墓所に認められていること、現在の興禅寺には『系圖』に記された被葬者（図3）の墓碑が認められないこと（池上二〇一九）などから、いつの段階かに了春寺の墓所を含むいずれかの地に改葬されているものと考えられる。

三　米子荒尾家位牌群

了春寺位牌所には、米子荒尾家に関する位牌が多く残る（写真2）。今回、それらを実見、調査する機会を得たので、[13]ここに米子荒尾家と関連すると確認できた位牌（図4・5、表2）について紹介するとともに分類し、若干の整理を試みる。

確認できた位牌は、荒尾家が鳥取入りする前の代である初代空善、二代善次、二代長子善久、三代成房、二代善次室をはじめとして、米子荒尾初代〜九代当主九名、米子荒尾一・三〜五・七〜九代室・妾十一名、当主子女八名、米子荒尾分家関係者二名の計三十四名分四十点である。分類する属性は、全長と形態的特徴（首部及び碑身）とした。

（一）全長

米子荒尾家位牌群四十点を全長で分類すると、

【全長】

超大型…一m 以上
大　型…七〇㎝ 以上一m 未満
中　型…五〇㎝ 以上七〇㎝ 未満
小　型…三〇㎝ 以下

と分けることができる。超大型は当主位牌（1・2・6～9：以下番号は図4・5及び表2の位牌番号）に限られ、大型は当主（3～5）及び当主室、妾（10～17）となり、当主子女の位牌は中型以下となっている。

また、超大型・大型位牌と小型位牌の間には、同じ戒名が認められるものがある。すなわち、1と22～24・29（荒尾二代善次、長子善久、三代成房）、2と25（米子荒尾初代成利）、5と26（米子荒尾四代成倫）、7と28（米子荒尾七代成煕）、15と31（米子荒尾七代室）、9と33（米子荒尾九代成緒）の6組である。このことは、これらすべてが本来同じ寺(位牌所)に安置されていたものではないことを示すものと思われる。つまり超大型・大型の位牌群と小型の位牌群のうちどちらかが本来了春寺に安置されたものではなく、別所に安置されたものと想定される。このことを示す位牌として29がある。これは、幕末期（安政二年（一八五五））に荒尾家の祖である空善の三百回忌に作製されたもので、この位牌の背面の銘文は、「顕功十二代現住莱亭」によって記されており、この位牌はもともと顕功寺に安置されていたものとわかる。このことから、これら位牌群が少なくとも了春寺と顕功寺、二箇所の寺に安置されていたものが混在している状況であるということがわかる。他にも、現在の了春寺には顕功寺の半鐘も伝わっており（鳥取県立博物館二〇一九）、顕功寺廃寺、了春寺との合寺の際、多くの文物が顕功寺から了春寺へ移されたものと考えられる。おそらく位牌もその中に含まれていたのであろう。では大型以上の位牌と小型の位牌のうち、どちらが本来了春寺に安置されていたものか。現在の所確かな証拠は認められておらず、不明であるとするしかない。また、前記二寺以外の幕末期に廃寺となった寺に安置されていた位牌も集められている可能性も否定できない。今後更なる検討が必要だろう。

大型以上の当主位牌（図4）の全長としては、特徴的な二位牌（1・2、後述）を別とすれば、米子荒尾六代成昌（6）から超大型となる。米子荒尾二～四代位牌（3～4）が九二・三～九四・五㎝、六～九代は一〇九～一一四・四㎝である。室位牌については、超大型に至らないまでも、七代室より一回り大きくなる。当主及びその室との比較でみると、三代成重夫妻（3・11）、米子荒尾四代成倫理夫妻（5・12）については、夫婦間での差は認められず、どちらも九二㎝前後であるが、継室のもの（14）は七六・九㎝と一回り小さくなっており、二代妾（13）と同規模である。米子荒尾七～九代については、すべて室位牌は大型、当主位牌は超大型となっており、明瞭な差別化がなされている。

小型位牌（図5）については、当主位牌は五代成昭（27）より大型化する。夫婦間についてみてみると小型位牌で夫婦の位牌が確認できるのは米子荒尾五代成昭夫妻（27・31）及び七代成熙夫妻（28・32）である。このうち成昭位牌（27）は雲首部が欠損しており正確な全長は不明であるが、残された雲首蓮台部の位置から、室位牌（31）より小型となる可能性がある。七代成熙夫妻の位牌については、明らかに室位牌（32）が成熙（28）より大きく造られている。また、他に比して著しく小型のものとして米子荒尾九代室位牌（33－一九・九㎝）があり異質である。本来この位牌は位牌所等に安置されていたものではなく、屋敷内の仏壇等に納められていたものかもしれない。

当主子女位牌のうち、中型のものは二点（18・19）認められる。中型位牌は、この2点と米子荒尾分家関係者二点（20・21）の四点であり、全長は五八・五〜六六・八㎝、小型の子女位牌については、首部が欠損しているものを含むが、36・37・39の全長は三〇・四〜三一・八㎝であり、当主位牌のうち22・23・24も同様の全長（三一〜三三・八㎝）である。これらはおおよそ小型一尺、中型二尺といえようか。

（二）形態

米子荒尾家位牌群にみられる特徴から、先学（片野一九四一、久保一九七六）を参考に、首部及び牌身部を以下のように分類した。

【首部】
A類：円相付雲首
B類：家紋付雲首
C類：唐破風付屋根
D類：方形屋根（を模したもの）
E類：平頭（かまぼこ状）

【牌身部】
a類：板状
b類：袖付板状
c類：扉付板状
d類：方柱形

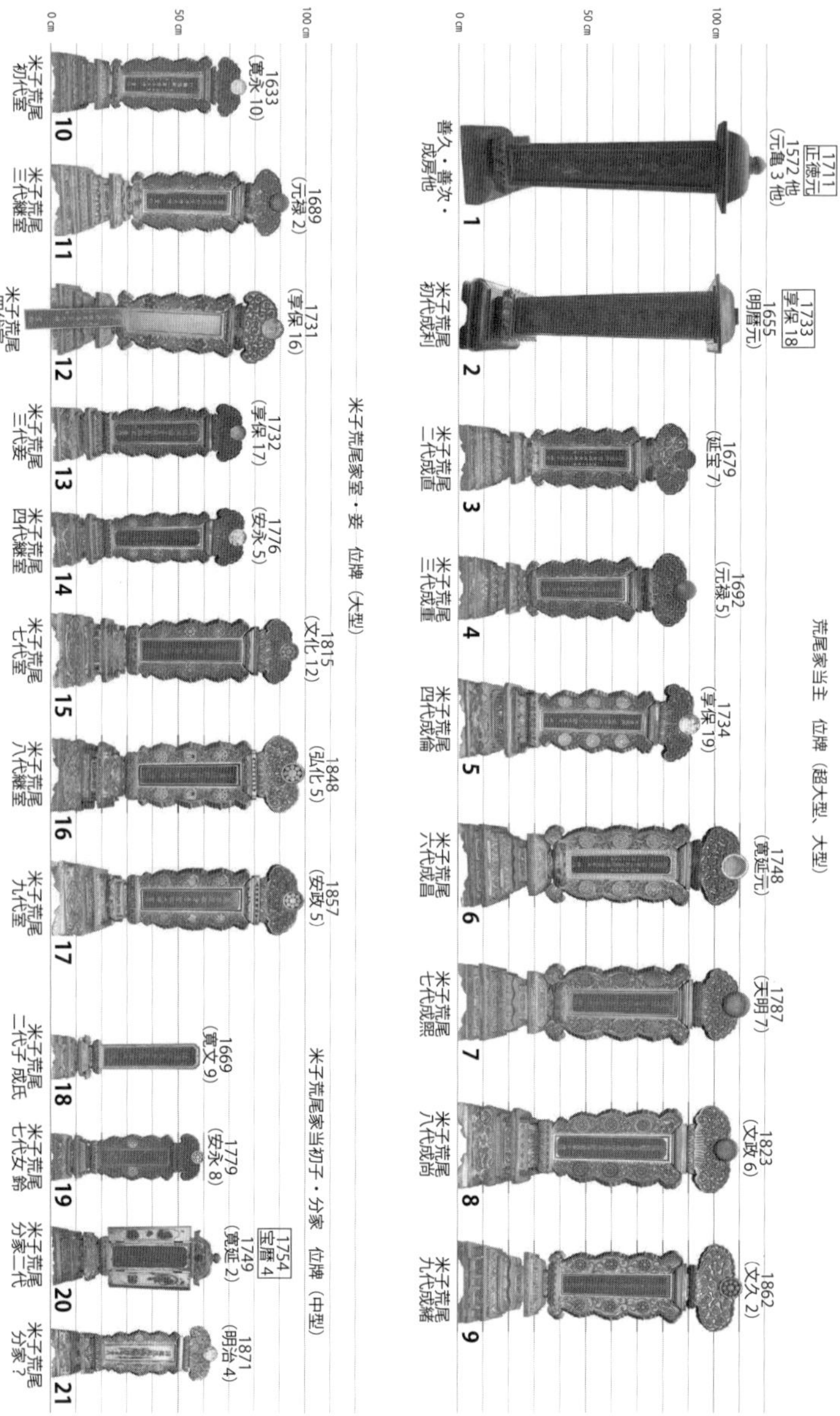
荒尾家当主　位牌（超大型、大型）
1711 正徳元
1572 他（元亀3他）
善久・善次・成房他
1
1733 享保18
1655（明暦元）
米子荒尾初代成利
2
1679（延宝7）
米子荒尾二代成直
3
1692（元禄5）
米子荒尾三代成重
4
1734（享保19）
米子荒尾四代成倫
5
1748（寛延元）
米子荒尾六代成昌
6
1787（天明7）
米子荒尾七代成熙
7
1823（文政6）
米子荒尾八代成尚
8
1862（文久2）
米子荒尾九代成緒
9
米子荒尾家室・妾　位牌（大型）
1633（寛永10）
米子荒尾初代室
10
1689（元禄2）
米子荒尾三代継室
11
1731（享保16）
米子荒尾四代室
12
1732（享保17）
米子荒尾三代妾
13
1776（安永5）
米子荒尾四代継室
14
1815（文化12）
米子荒尾七代室
15
1848（弘化5）
米子荒尾八代継室
16
1857（安政5）
米子荒尾九代室
17
米子荒尾家当初子・分家　位牌（中型）
1669（寛文9）
米子荒尾二代子 成氏
18
1779（安永8）
米子荒尾七代女 齢
19
1754 宝暦4
1749（寛延2）
米子荒尾分家二代
20
1871（明治4）
米子荒尾分家？
21
0 cm
50 cm
100 cm

図4　米子荒尾家位牌群1

※写真を全長サイズに合わせたもの。
※年代は没年、囲み年代は作製年

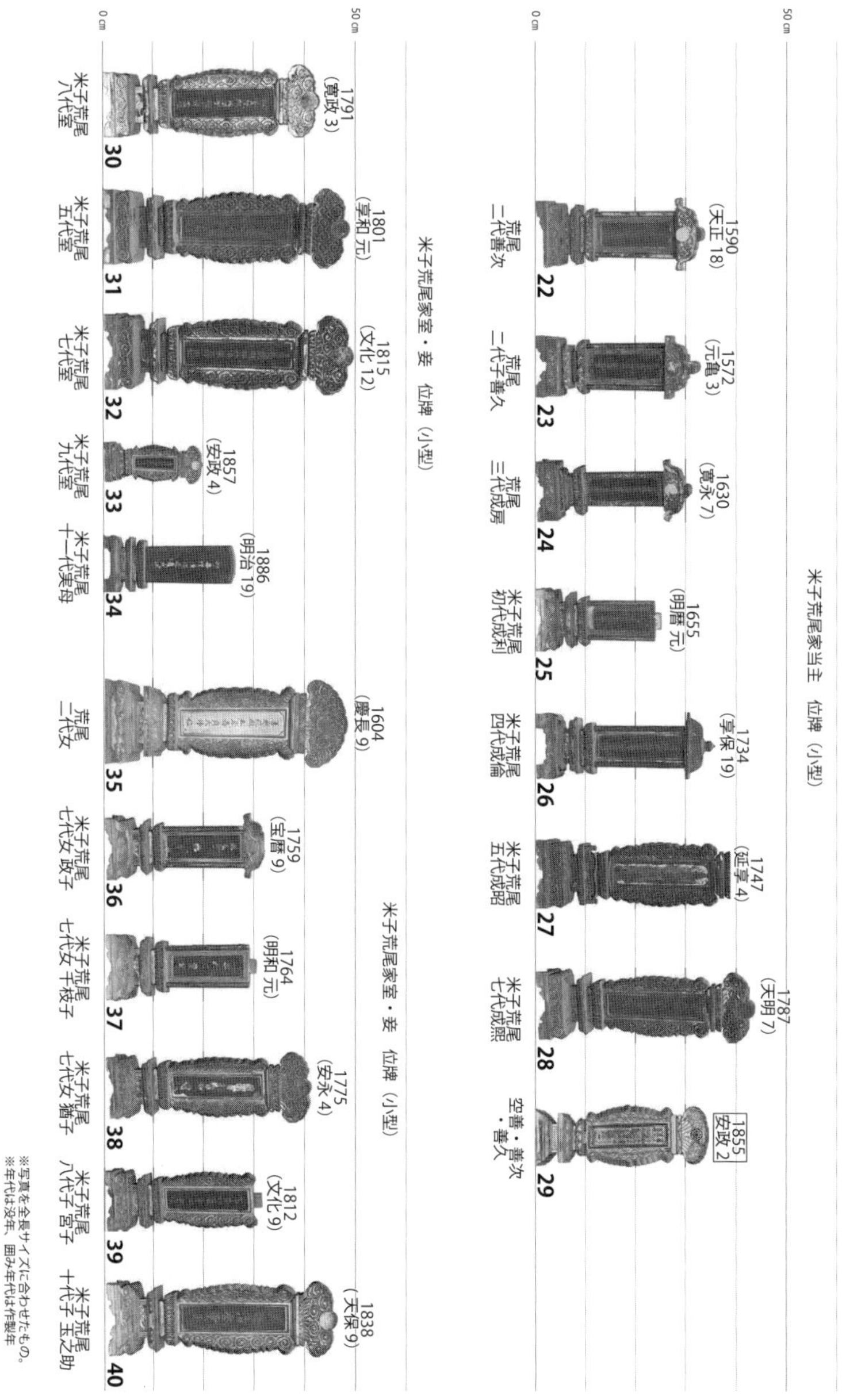

図５　米子荒尾家位牌群２

当主位牌のうち、1・2は超大型のA－d類。台座に心棒を立て、心棒に方柱形の牌身を通して屋根部を載せたものである。1は方形屋根上に宝珠を載せ、屋根前面には金蒔絵で唐草文の装飾が施されている。牌身には正面に荒尾二代長子善久、正面左面に荒尾二代善次、正面右面に荒尾三代成房、背面に荒尾初代空善女で、二代善次室の戒名が彫られている（図6）。また台座裏には墨書で「祥光山了春寺　正徳元年辛卯年十二月吉日」と記年銘が記されており、この位牌が正徳元年（一七一一）に了春寺において作製されたことが分かる。この正徳元年の前年（宝暦七〈一七一〇〉）は、泰蔵寺が了春寺へ改号された年にあたる。おそらくこの位牌は了春寺創建に当たって大檀越である米子荒尾家の先霊を祀ったものであろう。

2は米子荒尾初代成利の位牌で、牌身の前面に戒名、正面左に成利の事績、背面に荒尾家の系譜及びその繁栄を記した漢詩が、正面右には作製（奉納）年とみられる記年銘（享保十八年〈一七三三〉）とともに了春寺住職定子（了春寺三世江天元定）が撰したことが記されている（図7）。背面の漢詩には、藩主池田家と荒尾家を「両輪」と例えており、藩内一の家格を誇る着座家筆頭米子荒尾家の意識を示しているものとして興味

（正面右）
寛永七庚午年
圓明院殿前但劦定林了恵大居士　靈位
十月十七日　卒

（正面）
元亀三壬申年十二月二十三日卒去
善久寺殿無外宗本大居士　神儀
俗名荒尾小太郎善久即爲作劦父

（正面左）
天正十八庚寅十二月十三日卒去
法性院殿前作劦太守通菴道圓大居士　尊儀
俗名荒尾美作善次後號閑齋叟

（背面）
慶長四巳亥年
瓊臺院殿盛巖理昌大姉
十二月朸四日

（台座裏）
祥光山了春寺
正徳元辛卯年十二月吉旦
（墨書）

図6　No.1位牌（善久他3名）牌銘

深い。また位牌正面左には成利の事績とともに、この位牌が作製された経緯も記されている。それによると、この位牌はこれまでの成利位牌が古く簡易なものであったため、新たに作製されたものであり、江天は兼ねてから家臣らより銘の撰文を乞われていたので、銘を書いた、ということである。(14) 享保十八年という年になぜ成利位牌が新調されたのかはよくわかないが、一族隆盛を祈願するような、なんらかのタイミングであったものと考えられる。

　他に類例を示すことができないため断定的なことはいえないが、この二点の事例から、特徴的なA－d類の位牌は、特別な時機に選択・作製された位牌形態であろうと考えられる。この形態については、二点の位牌に近い時期（享保十九年〈一七三四〉の没年

（背面）

荒尾正脉　累代豪英　始于善久　善次胥賡　有男有女　略兆家榮　信輝為増　成房經營　輝産輝政　政嚴寵盛
令房從■　隨命黨情　政家未幾　運景將傾　房之胤子　成利強明　嗚呼區々　詎終此生　為臣不易　怨訟舊盟
憤心赫々　天感精誠　賜以因伯　再馳權聲　遂使政孫　光仲大鳴　嚴命新下　特守米城　諄々寵錫　不愧公卿
禹迫八々　乃解朱纓　皓絜心嶺　白雲深耕　臨稍一著　性珠益晶　人口是碣　艸木知名　池田荒尾　君臣道清
勢位雖異　両輪夷々　香華恒備　城東築塋　祥光山秀　了春寺成　檀澤弘施　永稱權衡

（正面右）

旹
享保十八禩　龍集癸丑穀旦
祥光現住定子熏撰

（正面）

顯功院殿　前但州義山瀏節大居士之　神位

（正面左）

當山大檀越　荒尾中興　成利但州公神牌銘
嘗聞匿盆之爵囊中之錐僉難掩藏亶隨時降尊重命就神是所謂溫良恭謙而所以緝熙敬止之大本也夫池田後胤將至滅憾以死節之吏而
達東武竟令　政孫幼齡三歳光仲忈君領得因伯二刕宏開寬裕之路家運綿々不絶者全依宰臣勳力乃成利其人也故　家光將軍賢其賢特
衛護米城君々臣々利公功可謂力矣承應壬辰行年六十五歳頓省心落髪法名瀏節道号義山院号顯功樂在山水間適自如保鬲六十八戴
臨終正念書子　裁斷衆流不留涓滴截鐵及斬釘昔誤火中雪之偈明暦乙未季十月十二日也正可稱荒尾中興之祖大凡就職視■半百年塔
全身於因州興禪寺曩簡古靈牌亦踈稍託直歳近加修飾姑書事實之大略有司等懇乞爲銘々曰

図7　No.2 位牌（米子荒尾初代成利）牌銘

である米子荒尾四代成倫位牌（26）のＤ‐ａ類が大型化したもの、と捉えることができようか。

その他の超大型・大型の当主、室・妾位牌はすべてＡ‐ｂ類若しくはＢ‐ｂ類（円相、家紋付雲首、袖付牌身）である。雲首の円相が家紋となっている位牌（Ｂ類）は、米子荒尾九代成緒（9）、米子荒尾七代～九代室（15～17）であり、江戸後期に没した人物の位牌にみられる。その他の位牌では、米子荒尾七代女鈴（19、安永八年〈一七七九〉没）、荒尾二代女善應院（35‐慶長九年〈一六〇四〉没）の位牌が家紋付雲首となっている。善應院は池田信輝（恒興）室で、池田輝政、長吉の実母である。善應院の位牌（35）は、雲首の家紋（池田家の家紋である揚羽紋）が雲形の中に入っており、札板部を含めて全面金箔で装飾されている。類似した特徴を持つ位牌に21と29があり、どちらも幕末～明治期に作製されたものである。作製年は記されていないが、恐らく35も幕末期以降善應院の年忌などの際に作製されたものであろう。[15] そうなると家紋付雲首は、少なくとも19の位牌に記された没年（安永八年〈一七七九〉）以降となり、片野の江戸中期以降にみられる特徴という指摘と符合する（片野一九四一）。その他注目される点として、米子荒尾初代室位牌（10）がある。この位牌の背面には札板に記された没年月日とは別に、夫成利の没年月日が記されている。成利没時あるいは年忌のタイミングで作製されたものと考えられる。

中型の位牌のうち、20は唯一のＣ‐ｃ類（唐破風屋根、扉付板状牌身）である。これは米子荒尾分家二代成庸の位牌で、台座前面に宝暦四年（一七五四）、牛尾金右衛門正勝（家臣か）より献上された旨記されている。着座家の一つである米子荒尾分家の菩提寺は幕末に至るまで鳥取の興禅寺であるが、成庸は本家米子荒尾家に養子に入った米子荒尾五代成昭、六代成煕の実父であり、この関係によりいつの段階かに了春寺に位牌が納められたものと思われる。属性不明ながら袖部家紋から米子荒尾分家の関係者のものと考えられる21も、米子荒尾本家となんらかの関係をもつ人物であろう。

小型の当主位牌のうち、C－a類（唐破風屋根、板状牌身）の三点（22～24）は札板部に記された戒名の筆跡が酷似しており、同時期に製作されたか、改修されたかしたものであろう。この位牌の三名（荒尾二代善次、二代子善久、三代成房）は、先に触れた超大型位牌である1と同じ人物であり、これら位牌も1と同じく荒尾家先霊を祀る目的で作製されたものと判断される。25（米子荒尾初代成利位牌）も屋根部が欠損しているが、戒名の筆跡は先の三点と同じであるため、おそらくC－a類であったと考えられる。

26は米子荒尾四代成倫のもので、宝珠付きの方形屋根を模した屋根部と板状牌身を持つD－a類位牌である。この位牌で興味深いのは、札板に記された戒名が「本源院前但州天眞了覺居士」と記されており、殿号を欠き、謚号（位号）は「居士」となっている点である。同じ成倫の位牌である大型の5は、他と同じく「院殿号」、「大居士」である。ここで想起されるのは、顕功寺創建の顛末を記した『因府年表』寛延元年七月二十九日条の「悉く前代の位牌を移して皆殿号を加る」⑯であろう。確証は得られないが、この位牌は、このときなんらかの事情で「殿号を加」えられなかったものとも考えることができる。そのように考えるならば、小型位牌の一群は興禅寺から顕功寺に移されたもの、ということになろうか。加えて成倫の次代、顕功寺創建の前年（延享四〈一七四七〉）に死去した米子荒尾五代成昭以降の当主位牌（27・28）が、やや大型化し袖付牌身部をもつb類に変化している点も注意される。

小型の当主室位牌（30～33）は、すべてA－b類（円相付雲首、袖付板状牌身）位牌となっている。これらは米子荒尾五代成昭没年以降に死去した人物のもので、小型の当主室位牌が、当主位牌と同じ変化をしたかどうかは確認できない。

子女の小型位牌（35～40）には、A－b類（円相付雲首、袖付板状牌身）、B－b類（家紋付雲首、袖付板状牌身）、C－a類（唐破風形屋根、板状牌身）がみられる。新しい時期に作製されたと考えられる35（荒尾二代女善應院、前述）を除けば、米子荒尾七代女猶子位牌（38、安永四年（一七七五）没）からA‐b類（円相付雲首、袖付板状牌身）と変化するようにみえる。これは当主位牌に遅れて新たな形態の位牌が採用されていっている様子を示しているのかもしれない。

四　まとめ

以上、文献に残る記録を参照しつつ、了春寺の米子荒尾家墓所及び位牌群の変遷について概観してきた。まだ資料の蓄積が不足し、検討しなければならない点も多く残っているため、結論的なものをいうことのできる段階にはないが、今後の検討の敲き台とするため、敢えて現段階での見通しを述べる。

まず、墓所については、

① 了春寺創建当初、米子荒尾家関係者は基本的に興禅寺に葬られていた。

② 了春寺の墓所に最初に葬られたのは米子荒尾六代成昌であり、成昌の前年に江戸で死去した五代成昭は了春寺に鬢髪が納められた碑が建てられた。

③ 興禅寺離檀後、了春寺の墓所には当主及び室が葬られ、子女は顕功寺に葬られるが、その後当主は了春寺、室及び子女は顕功寺に葬られるようになった。

④ いつの段階かに、興禅寺から改葬・移築されてきた墓がある（二代長子成直など）。

⑤ 興禅寺にみられる米子荒尾家の墓碑のなかには、明治以降顕功寺から改葬・移築　されたもの（米子荒尾七代成熙、八代継室、九代室）が含まれる。

という点が想定される。①・②については五代成昭、六代成昌の段階に了春寺の米子荒尾家墓所が整備されたと考えることも可能だが、実際に遺体が埋葬されはじめる以前に、歴代当主の供養塔が建てられた墓所が整備されていた可能性も考えられるため、現状ではどちらとも判断つかない。③～⑤に関しては、鳥取及び米子にのこる墓碑のより詳細な調査のなかでみえてくるものであろう。

位牌群については、全長で超大型、大型、中型、小型に分けた。そのなかでも大型以上の位牌と小型位牌という二つのグループについてそれぞれ異なる位牌所（了春寺と顕功寺）に安置されていたものと考え、変遷の把握を試みた。当主位牌について、超大型で方形屋根、方柱形の牌身をもつ1・2については、特別な時機に作製された記念碑的な位牌と考えた。また当主位牌は米子荒尾六代成昌位牌から、室位牌は米子荒尾七代室位牌から大型化する傾向が認められた。没年でいえば当主位牌が寛延元年（一七四八）、室位牌が文化十二年（一八一五）から少なくとも大型化しており、当主位牌に遅れて室位牌も大型化している。当主位牌、室位牌のどちらも米子荒尾五代のものを欠いているため、正確な段階はわからないが、大型以上の位牌については、この辺りに画期を認めることができそうである。一方小型の当主位牌は、米子荒尾二・三代を欠くものの、四代成倫位牌（26）と五代成昭位牌（27）との間に、屋根付板状牌身から雲首袖付板状牌身の位牌となる変化が読み取れた。また、この中で位牌の属性が変化する前の段階と捉えられる米子荒尾四代成倫位牌（26）に殿号の欠いた戒名が記されている点も文献資料と比較して示唆的である。

このようにみてくると、墓所、位牌とも米子荒尾四代成倫から五代成昭（大型位牌は五代を欠くため六代）に画期が認められることになる。この米子荒尾四代から五代、六代の時期は、先に触れたように、米子荒尾家が興禅寺を離檀し、鳥取に顕功寺を創建、了春寺の墓所に当主が埋葬し始める時期と重なる。興禅寺離檀は、埋葬場所の変更という直接的な影響を受けた墓所だけでなく、位牌属性にも大きな影響を及ぼしていたことがいえるのではないだろうか。

おわりに

今回取上げた墓碑、位牌とも、土中より発掘調査等で出土したものではない、という意味で、露出し続けている文化財といえる。露出しているということは、現在に至るまで人為・自然的影響を受け変化し続けているものであり、特に土中に埋没している遺物に比して人為的な影響を大きく受ける。現在私たちが目にしているものは、「近世のもの」ではなく「近世から在り続けたもの」である点、常に意識しなければならない。

特に位牌については、久保が指摘するように（久保一九七六）、没（寂）年月日の記載はあるが、作製（造顕）年代は記載されていないことが多く、「預（逆）修以外は寂年以前に遡らぬとするにすぎな」い点注意が必要であるし、機会を捉えて補修・改修が加えられている可能性も否定できない。また、役割の終えた位牌は基本的に供養して焚き上げるため、発掘調査により出土することもほぼ無く、残る（残される）位牌とそうでは無い位牌が存在するため資料的な偏りも見積もっておく必要がある。位牌を考古学研究の俎上に載せるにはこれら「多くの障害」の解決を迫られることとなる。

位牌という対象は、このように取り扱いが難しい点に加え、筆者の力量不足により近世位牌の形態的変遷がいったいどのようなものか、十分に把握しきれないままに今回の検討に至っている。そのため今回は寺歴や家の事情等にその要因を想定してみたが、果たして米子荒尾家位牌群に認められた属性の変化は、米子荒尾家特有の変化か、それとも近世一般にみられる型式変化として捉えられるものなのか、十分に検証ができていない。今後の課題としたい。

今回は、鳥取藩着座家筆頭である米子荒尾家について資料を紹介させていただく機会を得、幾分かの検討を加えてみた。甚だ不十分ながら、この検討によって米子荒尾家の墓所や位牌は、時間的・技術的な要因で変化するだけでなく、家や菩提寺、当主や主君である藩主の個人的な事情にも左右されつつ変化していっている可能性を指摘しえたものと考えている。

今後機会を捉えつつ、藩主家・家老家・藩士など、家毎、寺院毎に墓所・位牌、できれば文献なども併せて資料の蓄積を図っていき、まずそれらの地域的な変遷を捉えることを目標としたい。

最後になりましたが、米子荒尾家関係者の位牌群他了春寺にのこる資料を快く実見・調査させていただいた了春寺住職澄川直道氏をはじめ、興禅寺住職玉野稜幸氏、参考文献等様々なアドバイスをいただき、調査に同行いただいた石造文化財調査研究所・松原典明氏、白石裕司氏、黄檗宗及び文献資料について多く御助言いただき、御助力いただいた大嶋陽一氏他、了春寺調査に同行させていただいた鳥取県立博物館の方々には大変お世話になりました。記して感謝申し上げます。

註

1　本稿は令和二年三月三~五日、石造文化財調査研究所の松原典明氏、白石裕司氏とともに鳥取県立博物館の了春寺調査に同行させていただく機会を得、調査させていただいた成果である。
2　池田家の黄檗転派の経緯については、橋本一九八二及び鳥取県立図書館一九七一に詳しい。
3　龍峰寺は別地（栗谷長寿院跡地）を与えられ、池田輝政・忠継・忠雄の位牌所として存続した（橋本一九八二）。
4　荒尾家本来の宗旨である臨済宗は、分家である倉吉荒尾家によって引き継がれている（大嶋二〇一一）。
5　米子における荒尾家の菩提寺について、光仲の前任である池田光政時代に米子城に入っていた家老池田由成の創建した海禅寺を引き継いだという説があり、筆者も前稿でその説を採った（大野二〇一九）。しかし鳥取県立博物館学芸員大嶋陽一氏より、海禅寺は池田由成移転に伴って岡山に移っており、荒尾家は海禅寺の跡地に新たに禅源寺を創建した可能性が高い旨御教授いただいた。ここに訂正する。
6　荒尾二代女善應院は、池田信輝（恒興）室で鳥取藩初代光仲は曾孫に当たる。

7 『因府年表』寛延元年七月二十九日条「…大に確執を生じ、遂に離檀に相成り、遺骸をば米子の了春寺に送之、更に別業の地に禅刹を建営して顕功寺と号し、悉く前代の位牌を移して皆殿号を加ると云。」鳥取県立博物館学芸員大嶋陽一氏より御教授いただいた。
8 鳥取県立博物館の御厚意により、デジタルデータを閲覧させていただいた。
9 『系圖』には米子荒尾初代成利、二代成直、三代成重の葬地も「興禅寺」と記されているが、年代的にその前身の龍峰寺と判断される。
10 『日本歴史地名大系32巻　鳥取県の地名』では、米子荒尾五代成昭は江戸で没した後、了春寺に転葬されたとしている（濱崎他編二〇〇一「了春寺」）。
11 顕功寺本堂は、明治七年（一八七四）、湯梨浜町長瀬の勝福寺（浄土真宗）に移築されている（濱崎他編二〇〇一「勝福寺」）。
12 記録には残っていないが、顕功寺の性格を考えると、成煕以外の当主墓碑が顕功寺にも建てられていた可能性も十分考えられる。
13 註1と同じ
14 鳥取県立博物館学芸員大嶋陽一氏に釈読、御教授いただいた。
15 雲首の内側に円相が入る形態は古式の中世段階の位牌にみられ、次第に上方に移動していき、近世に向けて華美となっていく傾向が指摘されている（片野一九四一）。ここで指摘する家紋が雲形に入っていく傾向は、この中世段階の例とは異なり、小型位牌にみられる表現の省略化と考える。
16 註7と同じ

主要参考文献

池上　悟　二〇一九「鳥取藩池田家における家老墓の様相」『立正大学　文学部研究紀要』第三五号
江戸遺跡研究会編　二〇〇一『図説　江戸考古学研究事典』柏書房
大嶋陽一　二〇一九「概説　黄檗の時代」『殿様の愛した禅　黄檗文化とその名宝』鳥取県立博物館
大嶋陽一　二〇二一「倉吉荒尾家の菩提寺・位牌所と墓所」『文化財だより』第79号　倉吉文化財協会
大野哲二　二〇一九「鳥取藩着座家の墓所」『石造文化財』11　石造文化財調査研究所
片野　温　一九四一「美濃國古位牌の研究」『仏教考古学論叢　考古学講座』第三輯　東京考古学会
久保常晴　一九七六「位牌」『新版仏教考古学講座　第3巻　塔・塔婆』雄山閣
坂本敬司　二〇一七「鳥取藩家老制度の成立過程」『鳥取藩研究の最前線』鳥取県立博物館
下高瑞哉　二〇一八「米子荒尾家墓所」『新鳥取県史（資料編）考古3　飛鳥・奈良時代以降』鳥取県
鳥取県立図書館　一九六九『鳥取藩史　第一巻　世家・藩士列伝』
鳥取県立図書館　一九七〇『鳥取藩史　第二巻　職制志・禄制志』
鳥取県立図書館　一九七一『鳥取藩史　第四巻　財政志・刑法志・寺社志』
鳥取県立博物館二〇一九『殿さまの愛した禅　黄檗文化とその名宝』
橋本俊弘　一九八二「第三章第二節　寺院と仏教　五　興禅寺」『鳥取県史5　近世文化産業』鳥取県

濱崎洋三他編 二〇〇一『日本歴史地名大系32巻 鳥取県の地名（オンデマンド版）』平凡社
原田正俊 二〇一七「日本中世の位牌と葬礼・追善」『宗教と儀礼の東アジア』勉誠出版
松尾陽吉 二〇〇四「近世の米子の政治・経済・社会」『新修米子市史 第二巻 通史編 近世』米子市
米子市立山陰歴史館 一九九一『米子城資料 第2集 荒尾成文家家譜』
米子市役所 一九四二『米子市史』

表2 米子荒尾家了春寺位牌群一覧1

No.	俗名	年享	対象者属性	没年 和号	没年 西暦	牌身銘 表面	牌身銘 背面	全高（cm）	位牌属性 頂部	位牌属性 碑身	台座裏（記銘墨書）	備考	因伯の墓所
1	善久		荒尾2代子	元亀3年	1572	元亀三壬申年十二月二十三日卒去 善久寺殿無外宗本大居士 神儀 俗名荒尾小太郎善久即為作州父	—	110.5	D	d		三方ヶ原の戦で討死、	
	成房	75	荒尾3代	寛永7年	1630	寛永七庚午年 圓明院殿前但州定林了恵大居士 霊位 十月十七日 卒	—				「祥光山了春寺		
	善次		荒尾2代	天正18年	1590	天正十八庚寅十二月十三日死去 法性院殿通庵道圓大居士 尊儀 俗名荒尾美作善次後号閑斎叟	—				正徳元年辛卯年十二月吉日」	佐治為頼六男	
			善次室	慶長4年	1599	慶長四巳亥年 瓊臺院殿盛巖理昌大姉 十二月初四日	—					荒尾初代空善女	
2	成利	67	米子荒尾初代	明暦元年	1655	顕功院殿 前但州義山劉節大居士之 神位	※四面有り。左右裏面牌銘は図7参照	109.1	D	d			興禅寺（龍峰寺）
3	成直	62	米子荒尾2代	延宝7年	1679	延宝七巳未歳 祥光院殿 前匠作性岳徹峻大居士 神位 二月初六日逝	延宝七巳未年二月初六日	92.3	A	b			興禅寺（龍峰寺）

No.	俗名	享年	対象者属性	没年 和号	没年 西暦	牌身銘 表面	牌身銘 背面	全高（cm）	位牌属性 頂部	位牌属性 碑身	台座裏（記銘墨書）	備考	因伯の墓所
4	成重	40	米子荒尾3代	元禄5年	1692	元禄五壬申年 了春院殿　前但州刺史武林紹秀大居士　霊位 三月二十日逝去	元禄五年壬申三月二十日	93.0	A	b			興禅寺（龍峰寺）
5	成倫	51	米子荒尾4代	享保19年	1734	享保十九甲寅年 本源院殿　前但州刺史天眞了覺大居士　神位	享保十九甲寅年七月十五日	94.5	A	b			興禅寺
6	成昌	23	米子荒尾6代	寛延元年	1748	寛延元年戊辰 俊徳院殿　前豊劦刺史覺性淨圓大居士　神位 七月二十九日逝		113.4	A	b		養子、分家成庸嫡男	了春寺
7	成熈	52	米子荒尾7代	天明7年	1787	天明七年　丁未 聴徳院殿　故本藩上相米子城主中山淨興大居士　神位 七月十四日逝		114.4	A	b		養子、分家成庸次男 了春寺に埋蔵 顕功寺に鬢髪を納め 碑を建てる	埋葬：了春寺 鬢髪：顕功寺
8	成尚	57	米子荒尾8代	文政6年	1823	謙徳院殿故本藩上相米子城主俊翁大圓淨覺大居士　神位	文政六癸未年正月初六日逝	110.0	A	b			了春寺
9	成緒	68	米子荒尾9代	文久2年	1862	文久二壬戌年 泰智院殿　本藩故上相米子城主俊英淨寛大居士　神位 九月二十四日		111.3	B	b			了春寺
10			米子荒尾初代室	寛永10年	1633	寛永十癸酉年 妙高院殿心盛光大姉　霊位 六月初五日逝	明暦元乙未年 十月十二日	76.5	A	b		池田河内守長明女、位牌裏面に夫成利没年月日が記される	興禅寺
11			米子荒尾3代継室	元禄2年	1689	覺林院殿幻室理性大姉　霊位	元禄二巳巳年五月三十日	93.5	A	b		土居飛騨女	興禅寺
12		40	米子荒尾4代室	享保16年	1731	享保十六年辛亥 縁了院殿性天淨空大姉　霊位 八月十六日逝		91.5	A	b			興禅寺
13			米子荒尾3代妾	享保17年	1732	清鏡院圓臺照壽禅尼　霊位	享保十七壬子年十二月七日	76.5	A	b			興禅寺
14		51	米子荒尾4代継室	安永5年	1776	安永五年丙申年 瑞雲院殿　天室淨照大姉　霊位 十一月十一日		76.9	A	b			了春寺
15			米子荒尾7代室	文化12年	1815	貞養院殿椿林淨榮大姉　淑位	文化十二年乙亥正月十七日逝 荒尾成熈室	97.3	B	b			顕功寺
16		80	米子荒尾8代継室	弘化5年	1848	幸壽院殿大機慈照大師　霊位	弘化五戌申年正月二十二日逝 尾成尚室	99.8	B	b		岡山藩家老池田出羽女	顕功寺
17		64	米子荒尾9代室	安政4年	1857	蓮容院殿淨香智性大姉霊位	安政四丁己年九月十三日逝 荒尾成緒室	99.6	B	b		津田元謨女	顕功寺

37　鳥取藩着座家 米子荒尾家墓所と位牌

No.	俗名	享年	対象者属性	没年 和号	没年 西暦	牌身銘 表面	牌身銘 背面	全高（cm）	位牌属性 頂部	位牌属性 碑身	台座裏（記銘墨書）	備考	因伯の墓所
18	成氏		米子荒尾2代子	寛文9年	1669	徳源院英岳玄雄居士　霊位	寛文九乙酉歳十二月　荒尾内 匠成氏	58.5	E	a	「い（ハ）ノ文ロヨキ」		興禅寺
19	鈴		米子荒尾7代女	安永8年	1779	安永八巳亥年 蓮珠院殿幼室幻香大姉 八月十六日逝		60.2	B	b			顕功寺
20	成庸	56	荒尾分家2代	寛延2年	1749	寛延二巳己歳 通心院殿前備劦本性了達大居士　神 三月二十七日逝　位	俗名荒尾備後成旧姓池田慶長 年中因州鳥取城主池田備中守 長吉領六万石五世之孫苗也荒 尾成紹因無嗣子養成庸 以継其家春秋五十六歳　時宝 暦四甲戌五月謹記	66.8	C	c	「五尺や」	養子、実父池田友政 成昌・成煕実父 台座前面墨書：献上、 牛尾金右衛門正勝	
21			米子荒尾分家？	明治4年	1871	諦鑑院殿義山道隆居士霊位	明治四歳次辛未 正月十有三日卒	65.5	A	b	「尺壱　キフヽ　巳三」	家紋から米子荒尾分家関係者と思われる	
22	善次		荒尾2代	天正18年	1590	法性院殿作州通庵道圓大居士	天正十八庚寅年 十二月十三日	33.8	C	a	「い清　仙　文ハロキ」	佐治為頼六男	
23	義久		荒尾2代嫡子	元亀3年	1572	善久寺殿前作州無外宗本大居士	元亀三壬申天 十二月二十三日	33.0	C	a		三方ヶ原の戦で討死	
24	成房	75	荒尾3代	寛永7年	1630	圓明院殿前但州定林了恵大居士	寛永七庚午天 十月十七日	31.4	C	a	「い清　二　文や六」		
25	成利	67	米子荒尾初代	明暦元年	1655	顕功院殿前但州義山瀏節大居士	明暦元未乙天 十月十二日	25.4	C ?	a	「三　三■（い）清 文ヤヌ」		興禅寺
26	成倫	51	米子荒尾4代	享保20年	1734	本源院前但州天眞了覺居士霊位	享保十九甲寅年七月十五日	35.8	D	a	「六　六　壱ノ■■ 八方■■■」		興禅寺
27	成昭	33	米子荒尾5代	延享4年	1747	英智院殿前和州刺史徳芨衍昌大居士神位	延享四丁卯年十一月四日	38.9	A ?	b	「い清　廿七　タ（ク） ヨヤキ」	養子、分家成庸嫡男 江戸の牛島弘福寺埋 葬了春寺は鬢髪	鬢髪： 了春寺
28	成煕	52	米子荒尾7代	天明7年	1787	聴徳院殿故本藩上相米府城主中山淨興大居士	天明七丁未歳 七月十四日逝	43.8	A	b	「十　ホ仙銭銀　十」	養子、分家成庸次男 了春寺に埋葬　顕功 寺に鬢髪を納め碑を 建てる	埋葬： 了春寺 鬢髪：顕 功寺

No.	俗名	年享	対象者属性	没年 和号	没年 西暦	牌身銘 表面	牌身銘 背面	全高（cm）	位牌属性 頂部	位牌属性 碑身	台座裏（記銘墨書）	備考	因伯の墓所
29	善久		荒尾2代子	元亀3年	1572	善久寺殿無外宗本大居士	善久院殿者　尾州知多郡木田城主荒尾小太良善久 元亀三年壬申十二月二十日	34.8	B	b		三方ヶ原の戦で討死	
	空善		荒尾初代	弘治2年	1556	善忠院殿心岳道本大居士　各神儀	善忠院殿者　尾州知多郡木田城主荒尾出雲守空善 弘治二年丙辰九月十五日					今川家との戦で討死	
	善次		荒尾2代	天正18年	1590	法性院殿通庵道圓庵主	法性院殿者　尾州知多郡木田城主荒尾美作守善次　天正十八年庚寅十二月十三日					佐治為頼六男	
							右 御先祖三霊之位牌者 安政二年乙卯之秋九月正當 善忠院殿三百回遠忌安置御霊之中央者成 顕功十二代現住萊亭記焉					安政二（一八五五）年空善三百回忌にあたり作成、顕功寺に安置	
30			米子荒尾8代室	寛政3年	1791	球臺院殿英顔智俊大姉霊位	寛政三辛亥年十月二十八日卒	43.1	A	b	「三十　銀　■銭仙 三十」	浅野甲斐姪女	
31			米子荒尾5代室	享和元年	1801	明壽院殿無著心清大姉位	享和元年辛酉十月十七日	49.1	A	b	「銀沢　八」		興禅寺
32			米子荒尾7代室	文化12年	1815	貞養院殿椿林淨榮大姉　淑位	文化十二年乙亥正月十七日逝	49.6	A	b	印「京勘」「十一　八半　■■ 十一■　■メ 十二」		顕功寺
33		64	米子荒尾9代室	安政4年	1857	連容院殿淨香智性大姉	安政四丁己年九月十三日	19.9	A	b		津田元譲女	顕功寺
34			米子荒尾11代実母	明治19年	1886	妙壽院清江遊亀大姉	明治十九年十月十九日 荒尾成富実母　遊亀江	26.6	E	a	「はゝ　えな（奈）」		

知恵伊豆ゆかりの深井家墓所とその周辺

磯野治司

はじめに

江戸幕府の三代将軍家光と四代将軍家綱を支え、「知恵伊豆」として名声を博した松平伊豆守信綱は、慶長元年（一五九六）に武蔵国足立郡の代官である大河内家に生まれた。父の大河内久綱は関東郡代伊奈忠次の配下として伊奈家の家老職を務め、母は北条氏房及び徳川家康に仕えた深井好秀の長女で、好秀は氏房のもとで粕壁の代官であったという。

このため、信綱の出自は自身が忍、川越藩の藩主を歴任し、幕府の老中首座となった経歴からすればやや乖離した印象を受けるが、信綱の出世は慶長六年、彼が六歳のときに叔父松平正綱の養子となったことに機縁する。こうした背景の中、信綱の母方である深井氏については一部の

図１　寿命院の山門

識者を除けば着目されることが少なかったようである。[1]

しかしながら、深井好秀の次男吉親は伊勢国津藩主の藤堂高虎に仕えて藤堂姓を賜り、その子孫は代々同家の家老を務めている。また、吉親の次男吉成は信綱に請われて川越藩の家老となった。このほか好秀四女の嫡男茂兵衛資成は上野国高崎藩主の祖となる信綱の五男信興に仕え、その後継がやはり高崎藩の家老を務めるなど、好秀の子孫はそれぞれ歴史上に名を留めており興味深い家系といえよう。

そこで、小稿では信綱の母方である深井氏の家系をたどり、菩提寺である北本市寿命院の深井家墓所及び新座市平林寺の大河内松平家墓所に所在する深井氏関連の石造資料を整理し、若干の考察を試みる。

一　深井氏の系譜

（一）景孝から好秀までの系譜

深井氏は上野国白井城を本拠とする白井長尾氏の末裔で、『深井氏系図』[2]（以下『系図』とする。）によれば景仲（寛正四年没・一四六三）から四代目の景行が武蔵国足立郡の鴻巣辺に居住したという。その嫡男である景孝は鴻巣郷深井村に出生し、これを故として深井六郎次郎と名乗り深井氏の祖となった。景孝は岩付の大戸合戦において二一歳の若さで討ち死にすると（天文二年没・一五三三）、深井村の持明院に葬られ、以降は同

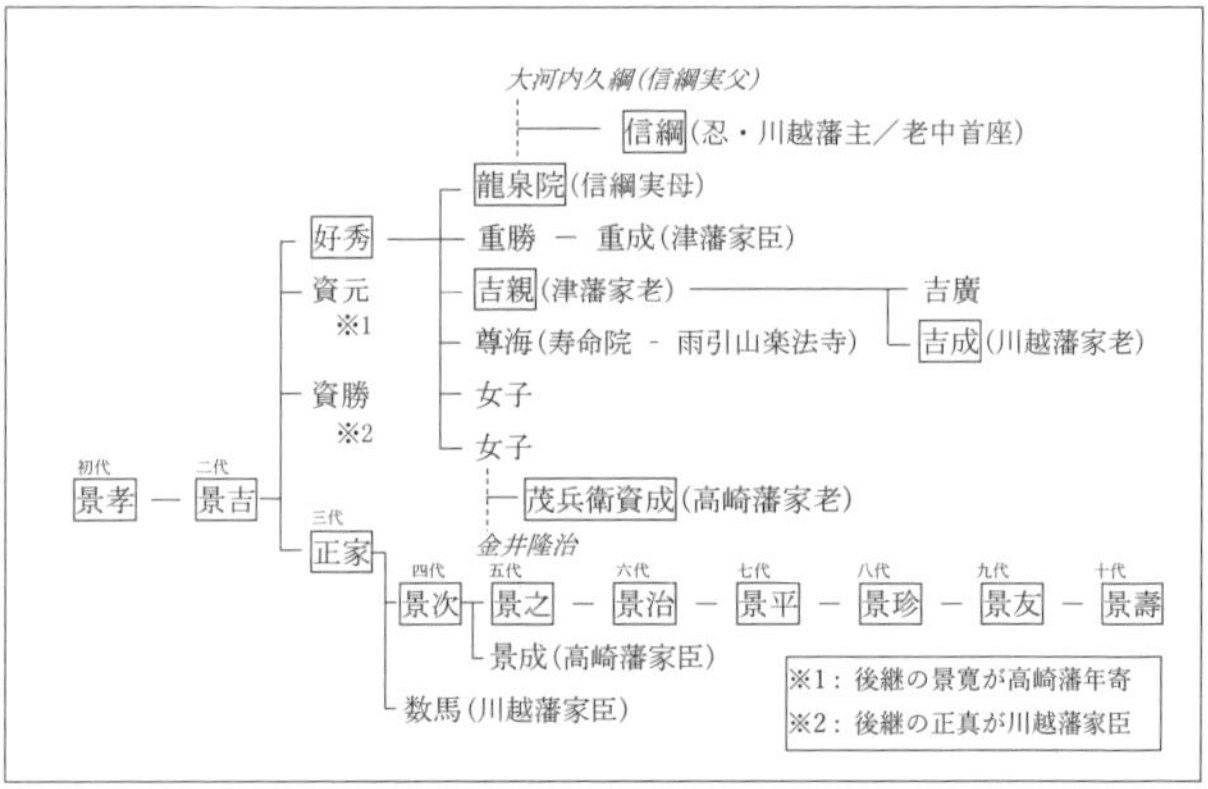

図2　深井氏略系図

寺が深井家の菩提寺となる。

景孝の嫡男景吉は（慶長一六年没・一六一一）深井村堀之内に生まれ、父景孝が戦死した際には二歳であったという。長じて對馬守として岩付の太田氏資に仕え、いわゆる「鴻巣七騎」として活躍するが、氏資の没後は帰農して三百町の原野を開拓したとされる。同系図によると景吉は家康の関東入国に際して拝謁し、家康は景吉の武功及び忠節、所領の開拓等を称賛し、鴻巣宮地に数町歩と郷士格を与えたという。また景吉は持明院を再建して寿命院と改めている（図1）。

この景吉の嫡男が藤右衛門好秀（慶長九年没・一六〇四）である（初名は資正）。天正一七年（一五八九）発給の北条氏房印判状写によれば、「御領所糟壁、如前々諸役令免許畢」云々と深井藤右衛門他へ宛てており、好秀が粕壁の代官を務めていたことがわかる。[3] 好秀は父景吉よりも早く逝去したため、深井宗家は五男の正家が継いでいるが、『大河内系図』[4]（以下『家譜』とする。）別録三上によれば室の小宮山弾正某女との間に三男四女をもうけており、その子孫は宗家をしのぐ系譜を連ねる（図2）。

ここでは以下、好秀以降の分流と、正家以降の宗家の系譜について概観しておきたい。

（二）深井好秀以降の分流の系譜

好秀の長女である龍泉院は大河内久綱の室となり、慶長元年（一六九六）に後の松平信綱を生んでいる。『家譜』には法号を「龍〈良音〉泉院殿月窓了清大姉」と記しており、「龍」の音はRyouと発音するのであろう。嫡男信綱は叔父の松平正綱の養子となり、慶長九年に徳川家光が誕生すると、その年に小姓を務める。元和九年（一六二三）には御小姓組番頭、寛永五年（一六二八）に相模国高座郡・愛甲郡を与えられて大名に列すると、同九年には老中と御小姓組番頭を兼務している。その後、寛永一〇年には家光より六人衆として老中に任じられ、三万石で武蔵国忍藩に移封。寛永一五年に島原の乱を制圧すると老中首座となり、翌年には六万石で川越藩に移封されると、川越街道、新河岸川を整備し、玉川上水、野火止用水を開削して藩政の基礎を固めている。

次男の主膳吉親（慶安三年没・一六五〇）は慶長七年より一六歳にして津藩の藤堂高虎に仕え、同一七年には藤堂姓を賜り、元和元年には四千石を拝領した。以後、藤堂家の家老職を務め、吉親の嫡流以外は深井姓を名乗っている。また、吉親の次男吉成（貞享五年没・一六八八）は寛永一六年（一六三九）に川越藩主となった信綱に請われ、一三歳にして松平家に仕えた。後に家老職として一五〇〇石を拝領しており、万治元年（一六五八）の「松林院様御代分限帳」には二千石の和田理兵衛に次いで「千五百石　本国生国　深井藤右衛門」と記されている(5)。

また、長男重勝の男重成（延宝三年没・一六七五）も、藤堂高虎に仕えているほか、金井隆治に嫁した四女の子、茂兵衛資成（正徳元年没・一七一一）は、父隆治の死後に姓を深井に復して信綱の五男信興に仕え、子孫は高崎藩の家老職を務めた。

このほか、『家譜』によれば好秀の弟資元（景吉次男）の子孫のうち、孫の正長（元禄四年没・一六九一）は杉浦正吉の養子となって高崎藩二代藩主の安藤右京進重長に仕えるが、その五男景寛（深井藤助）は姓を深井（深井藤助）に復して高崎藩主松平輝貞（右京亮）に仕え、後継も輝貞に仕えている。

なお、同じく弟資勝（寛永一一年没・一六三四）の末女の子正直（明暦三年没・一六五七）も姓を深井（勘六）に復し、子の正真（正徳二年没・一七一二）は川越藩主輝綱に仕えた。

（三）正家以降の宗家の系譜

景孝から三代目の正家（寛永一六年没・一六三九）は景吉の五男として鴻巣生出塚に生まれ、深井勘右衛門尉と称した。鴻巣宮地の地に居住し、家康に拝謁して「御懇上意」を受けたという。四代目景次（延宝三年没・一六七五）は正家の嫡男で、勘右衛門と称し、徳川綱吉にお目見えしている。なお、『家譜』によると弟の数馬（正保二年没・一六四五）は松平信綱に仕えているが、継嗣がなかったとある。五代目景之（元禄六年没・一六九三）は景次の嫡男で、弟の景成（元禄一五年没・一七〇二）は深井助右衛門と称して高崎藩主の松平輝貞に仕えたという。また、景成の子景林は備中国松山藩主の家人、實中山八左衛門正忠三男の養子となっている。六代目の景治（正徳五年没・一七一五）は景之の嫡男で勘右衛門と称した。七代目の景平（享保一九年没・一七三四）は景治の嫡男で、享保六年（一七二一）、徳川吉宗が鴻巣へ鷹狩に来た際には野廻役を務めている。野廻役は鷹匠頭として御捉飼場の取締りや石高等の調査を行う役職で、通常は名主から選ばれ、名字帯刀、二人扶持が支給される。続く八代目景珍（宝暦一一年没・一七六一）は景平の嫡男で、徳川家重に仕え、やはり御鷹方の野廻役を務めたという。

続く九代目の景友（天明八年没・一七八八）は景珍の養嫡で勘助と称した。景珍の嫡子が早世したため、甥を世継ぎとしたもので、景友は御鷹方野廻役及び鴻巣宿の名主を兼務したという。なお、弟の景周（天保三年没・一八三二）はやはり養子で、勘右衛門と称し無敵斎と号した。江戸の加藤長寧に師事して起倒流拳法の秘奥を伝授されたが、その後も修行のために各地を周遊した折、景友亡き後の深井家に入り景壽の継父となっている。十代の景壽（天保九年没）は景友の嫡子で勘助と称し、継父の景周より起倒流を授けられ、後に幕府の吏員となって大坂町奉行所に出仕したという。

以上が江戸期までの深井宗家の系譜である。『系図』を追う限り、深井氏は鴻巣宮地に居住し、「宮地の殿様」と称されて御鷹方の野廻役や宿の名主を務めていたようである。三代正家の子数馬は松平信綱、四代景次の子景成は高崎藩の松平家の家臣となっており、好秀の分流以外にも大河内松平家との関わりが深かったことがわかる。

二　北本市寿命院の深井家墓所

（一）寿命院と深井氏館

北本市深井に所在する寿命院は、新義真言宗、京都智積院の末で、天正一九年（一五九一）には家康より御朱印十石を賜っている。地元では「深井の大寺」と称され、景孝より深井氏の菩提寺となり、景吉の代に持明院から寿命院と改めている。『新編武蔵国風土記稿』の深井村の項では、同村の東方に堀之内という小名があり、「古へ深井對馬守が居住せし所なり。一に對馬屋敷といふ(6)」と記す。おそらく当初は深井の堀之内に館を構えていたが、家康より宮地（現鴻巣市）に土地を与えられて以後、ほどなく屋敷を移したと想定される(7)。

（二）深井家墓所の概要

深井氏の墓地は寿命院の墓域の中ほどに位置し、三七基の墓標が中央の通路を挟んで四列で配置されている（図3・5）。図4はその配置図である。歴代の当主墓は、正面奥の中央左

図3　深井家墓所（北本市寿命院）

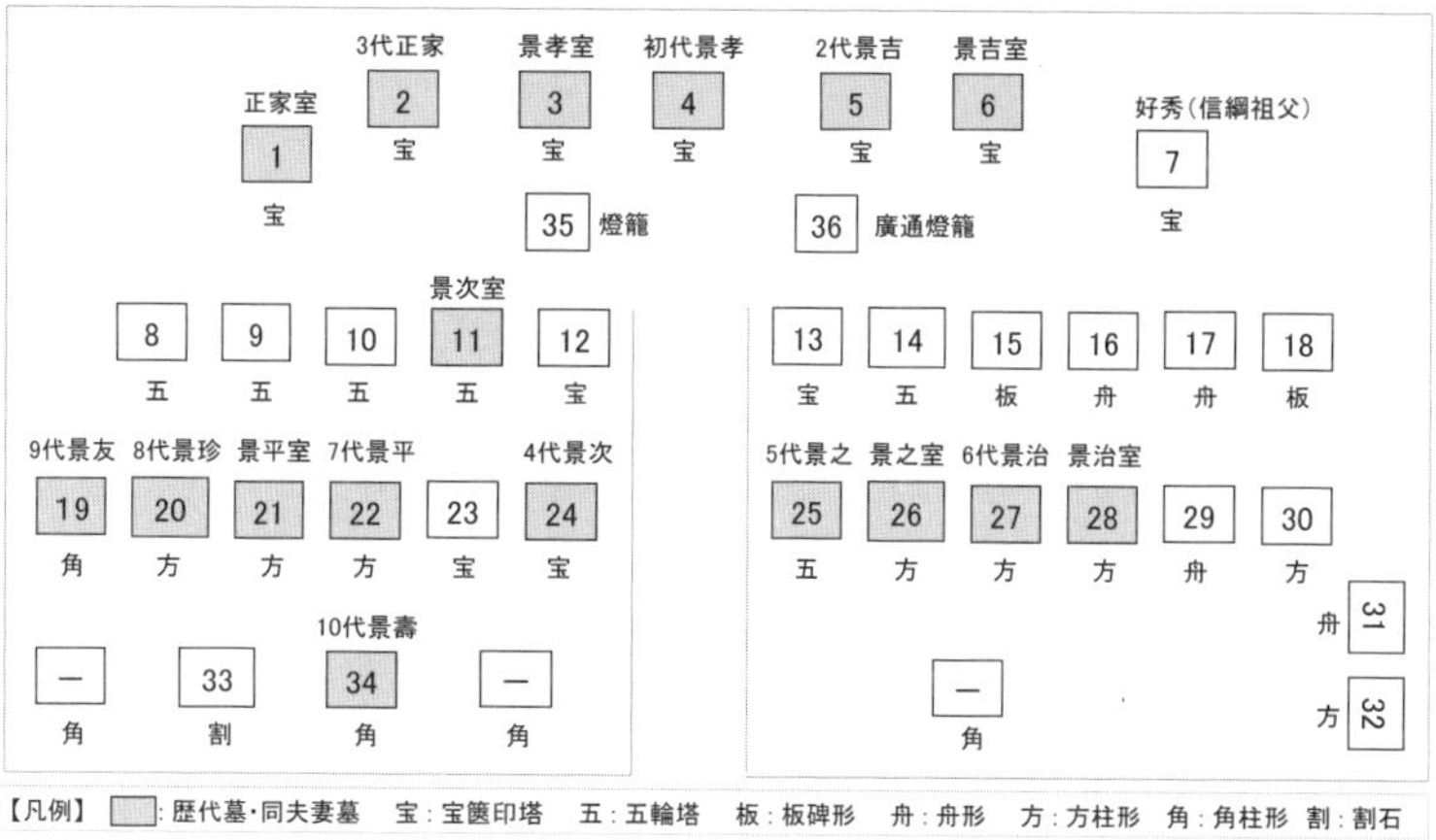

図4　深井家墓所の墓標の配置

手に初代景孝夫妻の宝篋印塔（3・4）、その右手に二代景吉夫妻の宝篋印塔（5・6）、奥の左端に三代正家夫妻の宝篋印塔（1・2）、右端に好秀の宝篋印塔（7）が立ち並ぶ。

また、墓地の入り口から三列目の通路左手には四代景次室の五輪塔（11）、二列目には通路左手に四代景次の宝篋印塔（24）が立つ。続いて七代景平夫妻の方柱形墓標（21・22）、八代景珍夫妻の方柱形墓標（20）、九代景友夫妻の角柱形墓標（19）が、通路右手には五代景之夫妻の五輪塔（25）と方柱形墓標（26）、続いて六代景治夫妻の方柱形墓標（27・28）が並ぶ。一〇代景壽夫妻の角柱形墓標（34）は、一列目の左手二基目に位置する。

したがって、歴代の当主墓のうち戦国期から江戸期の没年を刻むものは、初代景孝から一〇代景壽及びその室を含めて一七基が該当し、これに好秀を加えて整理すると表1のようになる。墓標の形態は宝篋印塔→五輪塔→方柱形→角柱形という大まかな変遷がうかがえ、七代景平までは一人一基の造立であるが、八代以降は夫婦墓を一基で造立するようになる。

この他、奥から二列目には比較的大型の塔形墓標が並び、

表１　寿命院深井家当主・室墓一覧

No.	代	報No.	名	没年号	西暦	戒名	形態
1	初代	467	景孝	天文２	1533	金蔵院殿性水理道大居士	宝篋印塔
2		466	景孝室	弘治３	1557	瑞壽院殿徳光智映清大姉	宝篋印塔
3	二代	468	景吉	慶長16	1611	瑞真院殿道意大居士	宝篋印塔
4		469	景吉室	慶長６	1601	正晴院緒眞大姉	宝篋印塔
5		470	好秀	慶長９	1604	明元院宝誉懲受法居士	宝篋印塔
6	三代	465	正家	寛永18	1641	冷臺院源覺道清大禅定門	宝篋印塔
7		464	正家室	元和２	1616	法崇院理空禅定尼	宝篋印塔
8	四代	444	景次	延宝３	1675	観照院光意居士	宝篋印塔
9		460	景次室	宝永３	1706	心月院祥空真意大姉	五輪塔
10	五代	445	景之	元禄６	1693	清巌院周意居士	五輪塔
11		446	景之室	宝永６	1709	榮光院亀齢法壽大姉	方柱形
12	六代	447	景治	正徳５	1715	蓮成院自峯浄智居士	方柱形
13		448	景治室	宝永６	1709	桃夭院月窓貞花大姉	方柱形
14	七代	442	景平	享保19	1734	夭心院道鑑居士	方柱形
15		441	景平室	宝暦８	1758	永照院良譽貞鑑大姉	方柱形
16	八代	440	景珍	宝暦11	1761	智照院義挙良忠居士	方柱形
			景珍室	天明８	1788	教運院浄空法壽大姉	
17	九代	439	景友	天明８	1788	慧證院清岳浄印居士	角柱形
			景友室	享和３	1803	浄徳院蘭室租香大姉	
18	十代	436	景寿	天保９	1838	蓮花院禅阿静観居士	角柱形
			景寿室	天保13	1842	鏡照院智観妙察大姉	

※本表では戒名が『系図』と銘文で異同がある場合は系図を優先した。

8〜10・14は五輪塔、12・13は宝篋印塔で、このうち8〜10の五輪塔の施主は深井景高と刻むが、残念ながら『系図』『家譜』には該当する人物がみえない。

また、墓標以外の石造物では最奥の当主墓列の前面に石燈籠が二基（35・36）所在する。同規模であるが形態をやや異にしており（図6）、向かって右側の燈籠は寛政九年（一七九七）四月に「八世孫津藩　藤堂主膳廣通」が奉献した石灯籠である。方柱形の竿の四面に長文が刻まれており、背面の銘文中に「石燈臺一座」とあることから当初は組でなかったものと推察される。

銘文には深井氏の二代目對島守景吉から嫡男資正（好秀）、その次男で津藩の高虎より藤堂姓と四千石を賜った主膳吉親までの来歴、その吉親から六世目に当たる自身（廣通）が奉献に至る経緯を刻む。『家譜』別録三下には吉親以降の当主として吉廣‐吉次（未家督）‐廣易‐廣律までの系図を掲載するが、おそらく次の嫡流が景吉から八世、吉親から六世目にあたる廣通であろう。[8]

以上のように、初代から一〇代に至る当主夫妻の墓標及び子孫である藤堂氏奉献燈籠が良好に遺存していることが注目すべき点である。

（三）宝篋印塔群の型式

深井家墓所の墓標の配置は、前述のとおり最奥の列に初代景孝夫妻から三代正家夫妻、そして好秀の宝篋印塔が七基立ち並ぶ。没年号は天文二年（一五三三）～寛永一八（一六四一）に至るが、いずれも形態が近世の特徴を呈していることから、中世銘を刻む塔も江戸期に入ってから造立されたものである。

江戸近郊の近世宝篋印塔については竹岡俊樹による型式学的な検討があり、江戸期の宝篋印塔を①高野山系、②鎌倉系、③江戸系高野山・鎌倉折衷型、④江戸系元和型、⑤江戸系元和・寛永折衷型、⑥江戸系寛永型、⑦延宝型、⑧享保型、⑨江戸系安永型の九型式に分類している。[9] 各型式は概ね①・②→③→④→⑤→⑥（⑦・⑧）→⑨と変遷するが、⑤以降の型式は変化が多様で時期的に並行すること、紀年銘が没年であることから、微細な型式差を時期差とするか工人差とするかは判断が難しいところである。

その上で深井家の七基の宝篋印塔をこの分類に照らすと、二代景吉墓（5）、三代正家室墓（1）、好秀墓（7）の三基は伏鉢が筒形を、基礎の上縁が「八」字を呈し、反花の子葉が饅頭形で明確な反花表現をとらず、⑤元和・寛永折衷型に比定される。ただし、相輪の請花を三つ設ける点等は寛永型の特徴を示しており、塔身に刻まれる蓮座のモチーフを参考とすれば、[10] 造立時期としては一六三〇～四〇年代と想定する。

また、残る四基はいずれも⑥寛永型に比定され、笠の隅飾は開き気味であるが、延宝型ほどは開かない。造立時期は一六五〇～六〇年代と想定する。

このため、寛永一八年に没した三代正家が父景吉、室、兄好秀と三基の宝篋印塔を造立し、続く四代景次が

景孝室墓　初代景孝墓

二代景吉墓　同室墓

正家室墓　三代正家墓

好秀墓

四代景次墓

五代景之墓

六代景治墓

景吉墓蓮座

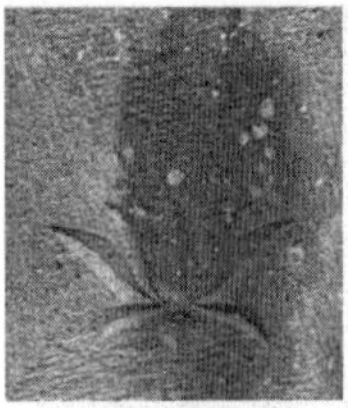

正家室墓蓮座

好秀墓蓮座

図５　深井家当主・室歴代墓（初代〜六代）

初代景孝夫妻（3・4）、二代景吉室（6）、三代正家（2）の墓標を随時造立した可能性が高く、深井家の墓所は一七世紀第2四半期の後半から第3四半期には、歴代墓としての形態が整っていったと考えられる。
なお、同墓所の江戸期の墓標等については稿末に銘文を集成した。

三　新座市平林寺の深井氏奉献の燈籠

（一）大河内松平家墓所の概要

知恵伊豆信綱を祖とする大河内松平家の墓所は、野火止（現新座市）の臨済宗妙心寺派、平林寺に所在する。当初は岩槻の平林寺を菩提寺としていたが、信綱の意を受けた嫡男の輝綱が墓所を野火止に移し、以降同寺が大河内松平家の菩提寺となった（図6）。

同墓所では参道の正面に信綱の実祖父大河内秀綱墓、左手に養父正綱墓、右手に実父久綱墓[11]が並び、その周囲に信綱以降三家に分かれた武蔵国川越藩・三河国吉田藩の伊豆守家、上野国高崎藩の右京大夫家、上総国大多喜藩の大多喜家の墓所が広大かつ絢爛に展開する。

（二）深井氏の奉献燈籠

同墓所の特色は廟所の前面に二m前後の巨大な石燈籠が林立しているこ

図6　平林寺の信綱夫妻墓

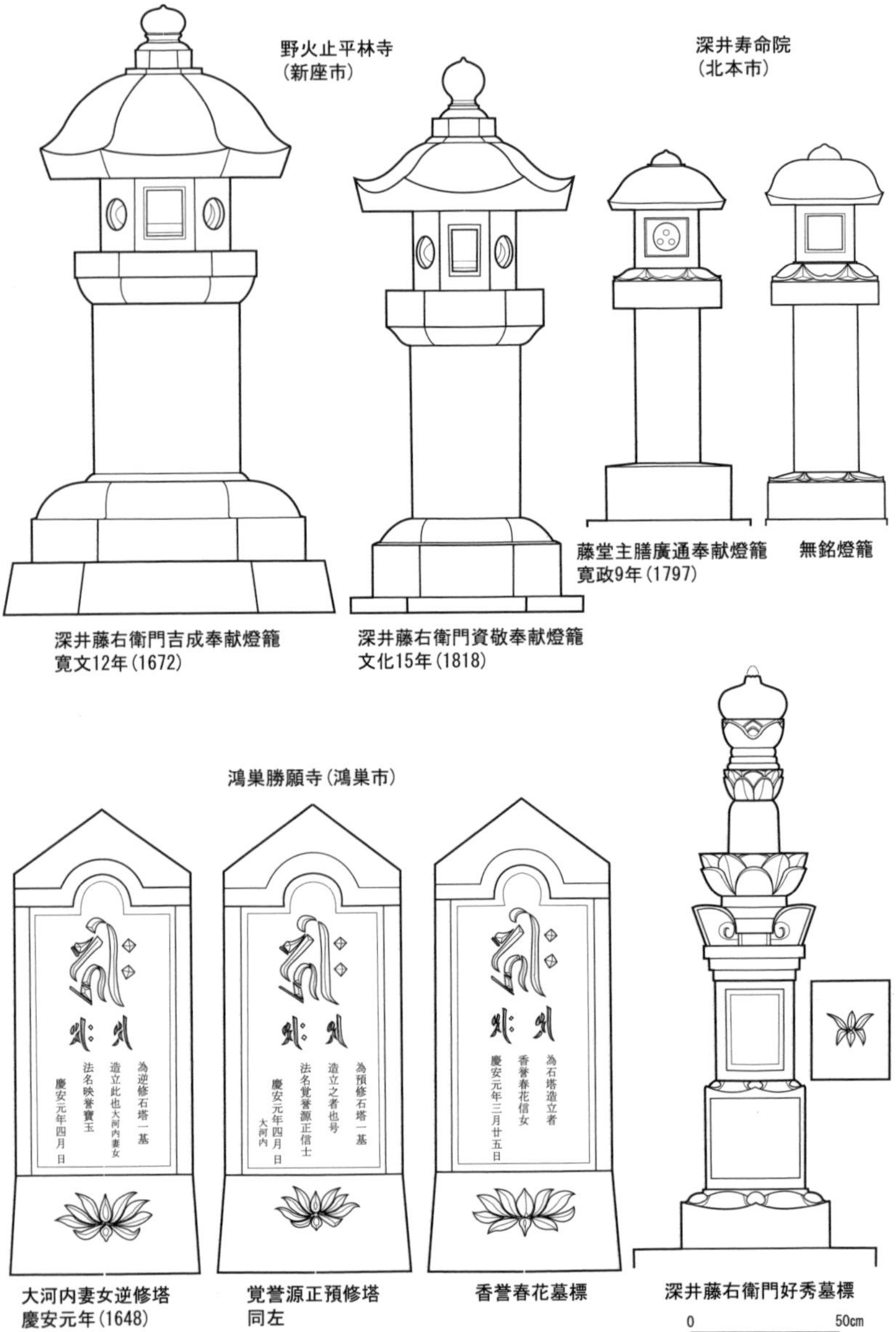
野火止平林寺
（新座市）
深井寿命院
（北本市）
深井藤右衛門吉成奉献燈籠
寛文12年（1672）
深井藤右衛門資敬奉献燈籠
文化15年（1818）
藤堂主膳廣通奉献燈籠
寛政9年（1797）
無銘燈籠
鴻巣勝願寺（鴻巣市）
為逆修石塔一基
造立此也大河内妻女
法名映誉寶玉
慶安元年四月日
為預修石塔一基
造立之者也号
法名覚誉源正信士
慶安元年四月日
大河内
為石塔造立者
香誉春花信女
慶安元年三月廿五日
大河内妻女逆修塔
慶安元年（1648）
覚誉源正預修塔
同左
香誉春花墓標
深井藤右衛門好秀墓標
0
50cm

図7　深井氏等関係石造物実測図

とで、その中には深井氏が奉献したものが一〇基含まれる。これを一覧で示すと表2のとおりとなるが、過去に新座市史編さん室がまとめた調査報告[12]との比較ではNo.5が竿部を復原、No.9・10が若干の位置の相違、No.11が不在という異同が認められた。

同表のNo.1・2は川越藩主・三河国吉田藩主の伊豆守家の廟所に奉献されたもの、No.3以降は上野国高崎藩主の廟所に奉献されたものである。いずれも奉献者が仕えた藩主の廟所前に位置しているであろう。No.1の吉成燈籠とNo.2の資敬燈籠はそれぞれ松平輝綱、同信明の没後の翌年に奉献されている。また、No.5の良資〜No.10の資弘燈籠までは、それぞれ当主の没年に奉献されており、墓所の造営が速やかに執り行われたことが理解できる。参考として図8に燈籠の写真、図7にNo.1・2の実測図を示した。

なお、高崎藩の次郎左衛門資俊・茂兵衛良資・甚兵衛資尚・友之助資弘・友之助陽寧（燈籠不在）の五名については、同藩の『家老以下諸役人系図』中に確認でき、資尚は文政一一年（一八二八）に家老上席を務め、他の四名も家老職を務めている[13]。

また、大河内松平家の廟所から南に離れた地点の墓所には、深井家の墓標二基と石燈籠寄進碑一基が確認できる。川越藩の家老を務めた縁により同寺の埋葬が認めら

表2　大河内松平墓所深井氏奉献石燈籠一覧

No.	報No.	奉献者名	年号	西暦	銘文（一部）	備考
1	二〇五	深井藤右衛門吉成	寛文一二	一六七二	御廟前／奉献上石燈籠一基	輝綱廟前
2	一一	深井藤右衛門平資敬	文化一五	一八一八	御廟前／奉献上石燈籠一基	信明廟前
3	三六六	深井茂兵衛吉次	元禄五	一六九二	御廟前／奉献上石燈籠一基	輝貞廟前
4	四二五	深井茂兵衛平良資	寛政一二	一八〇〇	御廟前／奉献上石燈籠一座	輝和廟前
5	四四一	深井甚兵衛平資尚	文政八	一八二五	御廟前／奉献上石燈籠一座	輝延廟前
6	四三九	深井次郎左衛門平資俊	文政八	一八二五	御廟前／奉献上石燈籠一座	輝延廟前
7	四五八	深井次郎左衛門平資俊	天保一〇	一八三九	御廟前／奉献上石燈籠一座	輝承廟前
8	四四二	深井友之助平資弘	天保一〇	一八三九	御廟前／奉献上石燈籠一座	輝延廟前
9	四六五	深井次郎左衛門平資俊	天保一一	一八四〇	御廟前／奉献上石燈籠一座	輝徳廟前
10	四六七	深井友之助平資弘	天保一一	一八四〇	御廟前／奉献上石燈籠一座	輝徳廟前
11	三七九	深井友之助平陽寧	｜	｜	｜	所在不明

※報No.は『新座の金石文』新座市　一九八二の番号

れたのであろう。ここでは№１の燈籠を奉献した藤右衛門吉成の墓標のみ紹介しておく（図９）。

吉成の墓標は笠付形墓標で、没年が「貞享五戊申年／九月七日」、戒名が「石翁山道樹居士」とある。『家譜』には「清林院石翁道壽居士」とあり、院号が付され、「樹」が「壽」となっている点が異なる。一五〇〇石の川越藩家老としては小型の墓標である。

図８　深井氏奉献石燈籠

図９　藤右衛門吉成の墓標

四　鴻巣市勝願寺の大河内供養塔

深井好秀の娘龍泉院が嫁した大河内家の菩提寺は、前項のとおり新座市平林寺であるが、鴻巣市勝願寺に大河内氏関係の供養塔等が認められるので参考までに紹介する。勝願寺は関東十八談林の一つに数えられる浄土宗の寺で、丹後国田辺藩主の牧野家及び在地石戸領の牧野家（支流）、伊奈氏の菩提寺でもある。大河内氏が伊奈氏の配下にあった事情のためか、伊奈忠次夫妻、次男忠治夫妻墓所（埼玉県指定史跡）の背後に大河内氏の墓標一基、逆修塔二基が所在する（図7・10）。

この三基はほぼ同形同大の板碑形を呈し、向かって左が慶安元年四月日銘の「大河内妻女法名映譽寶玉」、中央が同年号で「覚譽源正信士／大河内」とある逆修塔、右が「香譽春花信女」の墓標である。春花信女の没年が慶安元年三月廿五日のため、おそらく春花信女の追善供養の造塔に際し、夫妻ともに逆修供養塔を建立したと想定されるが、いずれも系図上の人物に比定することができない[14]。

三基ともに高さが一五〇㎝を超え、身部上半に阿弥陀三尊を梵字で大きく、願文中に「石塔」「逆修」「預修」等の銘を刻む点は中世的な供養塔の要素を多分に残しており興味深い資料である。

図10　大河内家供養塔・墓標

五　おわりに

小稿では松平信綱の母方への関心から、白井長尾氏の末裔で武蔵国鴻巣に土着した深井景孝に始まる深井宗家と、その嫡孫であり信綱母の実父好秀に始まる分流等の系譜を整理し、宗家の墓所と分流に関わる石造資料を確認してきた。

ここではその作業を通じて生じたいくつかの問題点に触れて終わりとしたい。一つは信綱の両親のうち実父久綱（本光院殿法林宗無居士）の墓は平林寺に「合葬船（墓）」として所在するが、実母（龍泉院殿月窓了清大姉）の墓が確認できなかったことである。『家譜』には小石川無量院に葬られたと記すものの、同寺は戦災で焼失したため現在では跡地となっているという。なぜ母の墓が大河内家の菩提寺に葬られず、野火止の移転の際にも改葬されなかったのであろうか。

また、信綱は母方の従妹（藤右衛門吉成）を川越藩の家老職とし、信綱五男の輝貞も信綱の従姉妹（茂兵衛資成）を高崎藩の家老としている他、深井氏を積極的に重用している事例がみられた。大身の維持に家臣団の強化を迫られる中、母方の縁者を人材として重視し、これを登用していった状況がうかがえる。

このほか『家譜』中の深井氏系図を繰る中で、男子が養子となった後、または女子が嫁した後の子が姓を深井に復す事例が散見された。家の存続が大事とされる時代において姓を復す事情はいかなるものであったか。それが白井長尾氏という中世的ブランドに起因するものか、あるいは大河内松平家との縁に期待するものであったか、注意すべき点である。

なお、鴻巣に土着した宗家の深井氏は郷士格を有して鷹場の野廻役等を務め、その権利をめぐっては不安定な状況にあったようである。『鴻巣市史』では深井氏が帯刀の許可を願って幕府に提出した三〇通の文書を掲載するが、これを象徴する事例であろう。その時期は享保二一年（一七三六）から翌年と短期間で、景平または景珍が当主の時期である。文書には家康との関わりや白井長尾氏の系譜をもとに深井氏の既得権益を詳細に示しているが、その主張は通らなかったという。(15) 一八世紀以降、深井家の当主墓は権威ある塔形墓標から非塔形の墓標へと転換するようになる。中世以来の郷士として地域を支配した深井氏が、しだいに幕府の身分制度に組み込まれていく実情の一斑を示しているであろう。

以上、信綱ゆかりの深井一族について石造資料をもとに基礎的な整理に終始したが、最後に掲げた問題等については今後の課題としたい。

なお、小稿の作成にあたり寿命院、平林寺、勝願寺、埼玉県立文書館、高崎市教育委員会、新座市教育委員会の協力を得た。記して謝意を表する。

註

1 近藤章氏の松平信綱の研究において深井氏についても整理されている。本稿の作成においても氏の研究を参考にした。
2 寿命院所蔵の系図で、『北本市史第三巻下』古代中世資料編（一九九〇）に掲載。
3 「後北条の支配と北本周辺」『北本市史第三巻下』古代中世資料編　一九九〇。
4 埼玉県立文書間にてマイクロ史料を閲覧。
5 『川越市史資料編近世Ⅰ』川越市史編さん室　一九七八。
6 『新編武蔵国風土記稿』巻之百四十八、足立郡十四　鴻巣領。
7 「埼玉縣北足立郡鴻巣町市外一覧」には中山道の旧鴻巣宿の北東に「深井勘右エ門」と屋敷地が記されており場所が特定できる。
8 なお、同系図中には吉廣の四男廣和（深井段衛門）の養子に同名の廣通とあるが別人である。
9 竹岡俊樹「接触による文化変容の型式学的モデルの作成」『古代文化』第五八号　古代学協会　二〇〇六。
10 磯野治司「武蔵国における近世墓標の出現と系譜」『考古学論究』第一八号　二〇一六。
11 この久綱墓の背面には「大河内正敏先生御遺志ヲ汲ミ、子孫代々墳塋ノ所トシテ、祖先松平信綱公父君本光院殿ノ墓ヲ改造スル者也

昭和廿七年十月　平林寺十二世　敬山誌」とある。

12 『新座の金石文』新座市史編さん室　一九八二。

13 『高崎史料集』藩記録（大河内）１　高崎市教育委員会　一九八五

14 このうち「大河内妻女」と刻む逆修塔について、鴻巣市史では「信綱母の逆修供養塔」として紹介しているが、年号から別人の供養塔と判断できる。

15 「享保二十一年深井勘右衛門由緒帯刀願いの記録」『鴻巣市史資料編三　近世一』一九九三。

表1　北本市寿命院深井家墓標等銘文一覧（番号と被葬者名は、図4を参照）

墓番号と被葬者名等	墓刻銘
1 正家室塔	法崇院理空禅定尼／元和二丙辰年／五月十一日
2 正家塔 三代	（正面）冷臺院源覺道清大禅定門／寛永一八巳年／四月七日 （左側面）俗名／深井勘右衛門尉平正家
3 景孝室塔	（正面）瑞壽院殿徳光智映清大姉／弘治三丁巳年／三月二十一日
4 景孝塔 初代	（正面）金蔵院殿性水理道大居士／天文二癸巳年／四月三日 （左側面）本姓長尾氏／深井六朗次郎平景孝／平景吉建
5 景吉塔 二代	（正面）瑞真院殿道意大居士 （右側面）本姓長尾／深井對島守平景吉／慶長十六辛亥年／二月十一日
6 景吉室塔	（正面）正晴院緒眞大姉／慶長六辛丑年／七月十日 （右側面）深井對列室
7 好秀塔（※信綱義父）	（正面）明元院宝誉徽受法居士 （右側面）俗名／深井藤右衛門尉平好秀／慶長九甲辰天／十一月廿六日
8	（正面）清林院櫻岳浄心居士／承應四未天／三月十一日 （右側面）施主／深井氏／景高
9	（正面）松養院泉室清心信女／延宝六子天／十月朔日 （右側面）施主／深井氏／景高
10	（正面）桂光院朗秀信女／延宝三卯天／六月十九日 （右側面）施主／深井／景高
11 景次室塔	（正面）心月院禅室息意大姉／寶永三丙戌暦／二月十有八日 （右側面）施主／深井氏／景明

墓番号と被葬者名等	墓刻銘
12	〔正面〕清山花月／正保二〈乙酉〉年／正月廿九日
13	〔正面〕寶壽院桂玉禅定尼零位／干時寛文五〈乙巳〉年六月七日
14	〔正面〕清譽／了信〔右側面〕慶安元戊子天 〔左側面〕二月十五日
15	〔正面〕帰元　風月玄□居士／延宝五天丁巳／四月廿四日
16	〔正面〕顕林華露童子／寛文三〈癸卯〉歳二月五日
17	〔正面〕為真珠院玉泡童女菩提／宝永元〈甲申〉年／六月十一日／深井氏
18	涼譽盛興童子／宝永三丙戌天／十月十六日、幽徳院法意大姉／宝永三丙戌年／三月廿四日、如幻宝缶室童子／宝永三丙戌暦／五月十六日
19 景友夫妻墓　九代	〔正面〕慧證院清岳浄印居士／浄徳院蘭室祖香大姉 〔右側面〕孝子／深井勘助景壽／天明八戊申歳四月二十二日／享和三亥天六月十八日　景芳妻 〔左側面〕居士氏深井諱景芳曰勘助父勘右衛門／景珍母横田氏之女也實景珍之甥養而／為子伏勘助多病不堪修家事故有／廳余横田氏預深井氏之家督因以建碑／于先塋次居士行年四十一歳／横田九郎盛喜
20 景珍夫妻墓　八代	〔正面〕智照院義峯良忠居士／教運院浄空法壽大姉 〔右側面〕宝暦十一辛巳歳十一月十九日卒／俗名深井勘右衛門景珍〔左側面〕天明八申歳四月十一日□深井勘右衛門景珍妻しん
21	〔正面〕永照院良譽貞鑑大姉霊／宝暦八戊寅年／六月初五日 〔左側面〕深井勘助景平妻／施主　深井勘右衛門平景珍
22 景平墓　七代	〔正面〕泰心院義翁道鑑居士　霊／享保十九甲寅年／四月十有五日 〔左側面〕前對馬守六代孫／俗名　深井勘助景平／施主　深井勘右衛門尉景珍
23 景次塔　四代	〔正面〕観照院光意居士／延宝三乙卯天／二月十四日 〔左側面〕俗名／深井勘右衛門／景次
24	〔正面〕養光院正寶／明暦二〈丙申〉年／十月廿五日
25 景之塔　五代	〔正面〕清巌院周意居士　霊位／元禄六癸酉天／十月十六 〔左側面〕前對馬守景忠四代孫／俗名　深井勘右衛門尉景之
26	〔正面〕榮光院亀齢法壽大姉霊／寶永六〈己丑〉天／五月三日
27 景治墓　六代	〔正面〕蓮成院自峯浄智居士／正徳五乙未歳／六月十一日
28 景治室塔	〔正面〕桃夭院月窓貞花大姉／宝永六己丑歳／三月十二日
29	〔正面〕為梅香幻葉童女／菩提也／　正徳六丙申歳閏二月十三日

墓番号と被葬者名等	墓刻銘
30	〔正面〕梅雪清香童子　碑／延享二乙丑年／初十二月廿有二日寂 〔左側面〕影珍男／深井左源太
31	〔正面〕玉芳院如雪知真信女　霊位／享保五年子十月廿五日
32	〔正面〕喜法院蓮華安住居士／　天保七年／丙申四月二十九日 〔左側面〕景壽　男／俗名／深井勘左衛門／施主　深井成富　建
33　無敵斎墓	〔正面〕秀岸院高譽示道勝蓮居士 〔背面〕天保三壬辰年／六月二十有九日　行年／七十六歳没／深井勘右衛門平景周墓／子之助建之
34　景壽夫妻墓　十代	〔正面〕蓮花院禅阿静観居士／鏡照院智観妙察大姉 〔左側面〕上州白井城主長尾左衛門尉／伊玄景春後胤深井對馬守平／景吉九代孫　深井勘助景壽　墓／同人妻　かう／景壽嫡／深井勘右衛門成富建之 〔右側面〕蓮　天保九戊戌年十月晦日／行年　五十一歳没／鏡　天保十三壬寅年三月十有二日／行年　五十一歳没
35　無銘燈籠	〔無銘〕
36　藤堂廣通奉献灯	〔正面〕武州足立郡鴻巣郷深井邨吾　祖先之所世貫／□同氏焉其殿林山金蔵寺者／瑞真君墳墓之所在也　君諱景吉初名正繁稱／對馬守後祝□稱道意嘗為乃父　金蔵君諱景／孝嘗焉男明元君諱資正稱藤右衛門尉辱蒙 〔左側面〕祖知遇嘗　臨其家別　錫道意以同州宮地野／邑　命為養老之地云蓋慶長年間也　明元君／次子　一心君諱吉親稱主膳於余為六世祖始／仕予我　藩賜姓藤堂為執政大夫食邑四千石／至于令如不肖廣通猶且龍采邑辱膴仕實　祖 〔背面〕家之澤也是以感舊弗休毎懐躬踵其故□一展／其墓以壌地隔遠鞅掌無暇未果今茲隋東観在／邸偶會其寺主等戒師因懇師得審先塋之序次／與遺族之隆替因乃新造石燈臺一座謹献墓／前庶幾炤　先霊於幽冥貽微志於後昆云爾 〔右側面〕寛政九年丁巳夏四月／八世孫　津藩　藤堂主膳廣通敬建

2　鴻巣市勝願寺大河内家墓標等銘文

墓番号	
1	為逆修石塔一基／造之立也大河内妻女／法名映誉寶玉／慶安元年四月　日
2	為預修石塔一基／造立之者也号／法名覺誉源正信士／慶安元年四月　日／大河内
3	為石塔造立者／香譽春花信女／慶安元年三月廿五日

佐賀藩鍋島家直臣の墓と家系復元

小林昭彦

はじめに

佐賀藩直臣として江戸初期から幕末まで継続した小林家の系譜の復元を墓標調査から試みるものである。小林家墓所は佐賀県佐賀市唐人の曹洞宗城雲院に所在する。(1)当該墓所は境内墓地の南北二ヶ所に造営されている。南側の墓所（南墓所）には江戸時代初期から明治時代初期に造立された三基の墓標が現存している。北側の墓所（北墓所）には明治時代中頃から後半の三基の墓標が造営されていたが、改葬によって当初の墓標は残っていない。残された画像から墓標の形状とその被葬者を確認できた。

調査は墓標の実測図作成や写真撮影などを実施し、六基の墓型式と記名された被葬者の整理を基礎作業として行った。

次に菩提寺に残る位牌、過去帳(2)や藩政史料などとの照合、検討を通じて歴代の当主を特定する方法を採った。

一　墓所の調査（図1・図版1・2）

（一）南墓所（1〜3号墓）

墓標は正面を西に向けた三基（北から1号墓・2号墓・3号墓と称す）が南北に並列する。

1号墓（小林忠左衛門）

最も北側の一基が該当する。墓標は笠付方柱形である。大きさは笠先端の宝珠を欠き、塔身の下端が一部剥落しているが、笠、塔身、請花座で構成されている。笠の四隅は蕨手の装飾が付く。残存長約一〇五㎝、笠の残存高二五㎝、幅四三㎝、奥行三一㎝。塔身は高さ七〇㎝、上幅三一㎝、下部幅三四㎝と上部に向かいやや細くなる。奥行は上部で一五㎝、下部で一八㎝と薄い形状をなす。背面の整形は粗い。請花座は高さ約一〇㎝、幅五〇㎝、奥行三八㎝の規模をもつ。三つに分割されている。宝珠の想定高を加えた総高は一二〇㎝（四尺）を超える。

なお、忠左衛門墓は二〇一六年四月一四日の熊本地震で倒壊し、請花座と笠はほぼ残るが塔身は二つに割れた状態であった。その後、二〇二一年三月四日に実施した1号墓の修復工事に伴い請花座直下付近の地表下約三〇㎝の黄褐色砂層中に上面が平坦な石材の一部を確認した。墓標を構成する部材の可能性がある。

銘文が正面に刻まれる一観面である。頭書に円相が付く。

（銘文）　右　　慶安四辛卯天
　　　　中央　栄岩浄盛

左　十月二十七日　小林忠左衛門

小林忠左衛門は城雲院の小林家墓所の中では最初に墓が造立されており、本稿では小林家初代とする。

2号墓（固岳淨堅居士・操岳淨貞大姉）

1号墓と3号墓の間に位置する。墓標は頂部が二重の円首をなす方柱形である。墓標は塔身・蓮座・敷茄子・基台で構成されている。正面の左右に夫婦と考えられる男女二名の戒名、右側面に固岳淨堅居士の没年が刻まれている。大きさは全高一一〇㎝、塔身の高さ六五㎝、幅二八m、奥行一九㎝、蓮座の高さ一四㎝、幅四二㎝、奥行三九㎝、敷茄子の高さ八㎝、幅三一㎝、奥行二四㎝、基台の高さ一三㎝、幅四三㎝、奥行三六㎝である。塔身は背面以外が研磨され平滑に仕上げられている。背面にはタタキによる横方向の整形痕が残る。研磨はされていない。蓮座と基台上部の反花は半肉彫りで量感のある表現がとられている。

（銘文）正面　右　固岳淨堅居士

左　操岳淨貞大姉

右側面　文化十四丑年四月晦

墓標に俗名は刻まれていない。固岳淨堅居士は過去帳の記載から六代小林三郎兵衛の戒名であることが判明した。

3号墓（小林勘左衛門、妻、継妻、娘）

南墓所の最も南に位置する。墓標は頂部が二重の円首をなす方柱形、塔身、基台、基礎部で構成されている。正面に五名の戒名と左右側面に各没年と一名の俗名が刻まれる。大きさは基礎の底面が未確定ながら全高一一六㎝、塔身の高さ七六㎝、幅三〇㎝、奥行二五㎝、基台の高さ二五㎝、幅四六㎝、奥行四〇㎝、基礎の高さ約一五㎝、幅七二㎝、奥行六四㎝である。塔身は背面以外が研磨され平滑に仕上げられている。背面にはタタキによる横方向の整形痕が残る。研磨はされていない。基礎の上に水鉢が伴う。大きさは高さ一六㎝、上幅二六㎝、下幅二四㎝、奥行は上面一五㎝、下面一四㎝である。基礎は三つに分割されている。

（銘文）正面右から

憲巖義雄居士
圓室妙鏡大姉
秋月良照大姉
孝巖壽昌大姉
智性禅童女

右側面右
憲 安政三辰十月五日　俗名小林勘左衛門

左
圓 文政五午二月十四日

左側面右から
秋 文政十一子八月十日
孝 明治九年三月十廿二日
智 天保十四卯十一月七日

このように、俗名が刻まれていたため、小林勘左衛門とその戒名を特定できた。他の四名の名前は不明であるが、七代当主小林勘左衛門を中心とした親族関係が想定される。三名の大姉は没年順位に並んでおり、位号から勘左衛門妻・継妻と考えられる。童女は一五歳未満の子供と想定される。圓室妙鏡大姉は銘文の配置からみて勘左衛門妻で八代久太夫・智性禅童女の母の可能性がある。秋月良照大姉は継妻で智性禅童女の実母の可能性も残る。孝巖壽昌大姉は次の継妻と考えられる。智性禅童女は勘左衛門の娘と想定できる。

（二）北墓所（4～6号墓）

境内北部に位置する。墓標は正面を南に向けた三基（西から4号墓・5号墓・6号墓と称す）が東西にほぼ並列した。墓型式は写真によると三基すべて角柱形であった。すでに三基とも現存しないので、大きさは改葬時の墓標規模のメモや写真から復元した想定実測図に基づくことを断っておきたい。

4号墓（小林蓮理・志波吉子）

墓標は最も西側に位置。正面に銘文が刻まれていた。大きさは全高一〇五㎝、塔身の高さ七〇㎝、幅三二㎝、奥行二八㎝、基台の高さ二五㎝、幅四五㎝、奥行三二㎝、基礎の高さ約一〇㎝、幅七四㎝、奥行七〇㎝である。基礎は二石で造られていた。

（銘文）

正面　小林蓮理
　　　志波吉子　之墓

右側面（想定）
　諡 義翁宗忠居士
　明治十九年六月二日

左側面　明治四十年二月十六日　寂
　松室壽貞大姉

銘文の小林「蓮理」（諱）は明治維新後に改名したと考えられる。江戸時代の史料には小林久太夫と記されている。八代目当主である。志波吉子は蓮理の妻であるが、旧姓となっている。(3)

5号墓（牟田政子）

墓標は4号墓と6号墓の間に位置する。正面に銘文が刻まれていた。大きさは全長一〇七㎝、塔身の高さ七二㎝、幅三三㎝、奥行三三㎝、基台の高さ二五㎝、幅四九㎝、奥行四九㎝、基礎の高さ約一〇㎝、幅七〇㎝、奥行七〇㎝と想定した。基礎は二石で造られていた。基礎の上に水鉢が付属していた。

（銘文）※左右側面は銘文不明

正面　牟田政子　之墓

牟田政子は九代小林重次郎（忠恭）の妻で位牌の没年は明治一五年（一八八二）である。銘文は旧姓となっている。先代の志波吉子と同様の理由が考えられる。

6号墓（小林好子・小林保雄・小林不二人）

墓標は最も東に位置した。正面に姓名が刻まれていた。大きさは全高一一二㎝、塔身の高さ六七㎝、幅三五㎝、奥行三五㎝、基台の高さ三〇㎝、幅五〇㎝、奥行五〇㎝、基礎の高さ約一五㎝、幅七〇㎝、奥行七四㎝と想定した。基礎は二石で造られていた。水鉢が幅二二㎝、奥行八㎝、深さ二㎝で基礎の正面上部に彫り込まれていた。基台の正面には彫込みがあり、中央に小林家の家紋「変わり十二日足紋」が彫られていた。

（銘文）正面右から　※左右側面は銘文不明

小林好子　之
小林保雄　之墓
小林不二人　之

小林忠恭からみた三人の親族関係は小林好子が長女（母は牟田政子）、小林保雄は三男で夭折、小林不二人は孫で十代目の長子である。

（三）墓の造立時期と型式

南墓所の三基（1～3号墓）は一号墓が笠付方柱形で一観面、2・3号墓は二重の円首をもつ方柱形である。二号墓は正面に夫婦の戒名、側面に当主の俗名と没年が刻まれている。3号墓は当主と妻を含む家族五名の戒名と没年が刻まれている。墓の造立年代は、1号墓が紀年銘から慶安四年（一六五一）以降、2号墓は当主の没年が文化一四年（一八一七）と刻まれて、戒名が併記されている妻は位牌に天保七年（一八三六）の没年が記されていることから妻没後の造営と思われる。3号墓は文政五年（一八二二年）から最も新しい明治九年（一八七六）までであるが、銘文の戒名は五名が均等に配置されていることから造営時期を明治期と考えた。また、3号墓の圓室妙鏡大姉（文化五年没）は2号墓の操岳淨貞大姉（天保七年没）よりも早い没年にもかかわらず2号墓ではなく、没年の遅い夫勘左衛門の3号墓に葬られている。

このように1号墓は当主、2号墓が夫婦、3号墓は当主を中心とする直系家族へと墓の性格が変化している。北墓所の三基（四～六号墓）はすべて頭部が四角錐をなす角柱形である。規模は全高一一〇cm程度で、高さは塔身七〇cm程度、基台二五cm～三〇cm、基礎一〇～一五cmである。墓型式、規模はほぼ同様であった。また、基礎は二石を合わせた構造であり、三基共通していた。4号墓は小林久太夫（蓮理）と吉子の夫婦墓であり、吉子が没した明治四〇年以降に造営されたと考えられる。5号墓は小林重次郎（忠恭）の妻の墓、6号墓は忠恭の子供二人と孫一人の墓であった。没年を基準とした構築順は、5号墓→6号墓→四号墓であるが、世代順では4号墓の小林蓮理（明治一九年没）と妻の志波吉子（明治四〇年没）→5号墓忠恭の妻牟田政子（明治一五年没）→6号墓忠恭の子供・孫（明治二六～三一年没）となる。

墓型式についてみると、1号墓は笠付方柱形をなし、欠落する宝珠を含む復元高は四尺を超している。2号墓は塔身が二重の円首をもつ方柱形であるが、蓮座は半肉彫りの立体的で荘厳な造作となっている。３号墓は２号墓と比較すると塔身の型式は同じながら規模が大きくなっている。４～６号墓は角柱形で４号墓には水鉢を伴い、６号墓は基台に家紋が付く。北墓所では当主及びその妻の姓名刻んだ四号墓以外は当主を示す銘文がなく、墓の造立の契機や状況が考えられる。

墓の造営時期については、複数埋葬の場合は最も新しい埋葬後と考えられる。夫婦の場合は、先に当主が死去しても妻没後に造墓されている（２・４号墓）。当主を含む家族の場合は銘文が左から当主、当主の妻、子供の順となっており、没年の新しい妻が子供に優先している。墓の造営は妻の埋葬後と思われる（３号墓）。

墓型式の変遷をみると、

一七世紀中頃　（１号墓：笠付方柱形）
一九世紀前半　（２号墓：二重円首・方柱形、荘厳な蓮座）
一九世紀後半　（３号墓：二重円首・方柱形、方形基台）
一九世紀後半　（５号墓）：角柱形）
一九世紀末　（６号墓）：角柱形）
二〇世紀初頭　（４号墓）：角柱形）

１号墓は笠付方柱形であるが、同じ型式は菩提寺・城雲院で同時期（一七世紀中頃）の上級武士の墓標に確認できる。このほかに鍋嶋家墓所高傳寺（佐賀市）に所在する龍造寺隆信二女の寶譽慶椿珍大姉墓（元和七年銘）は笠塔婆型式をもつ。佐賀藩親類一門神代家の四代～六代墓所は佐賀市久保泉町川久保松陰寺に所在するが、

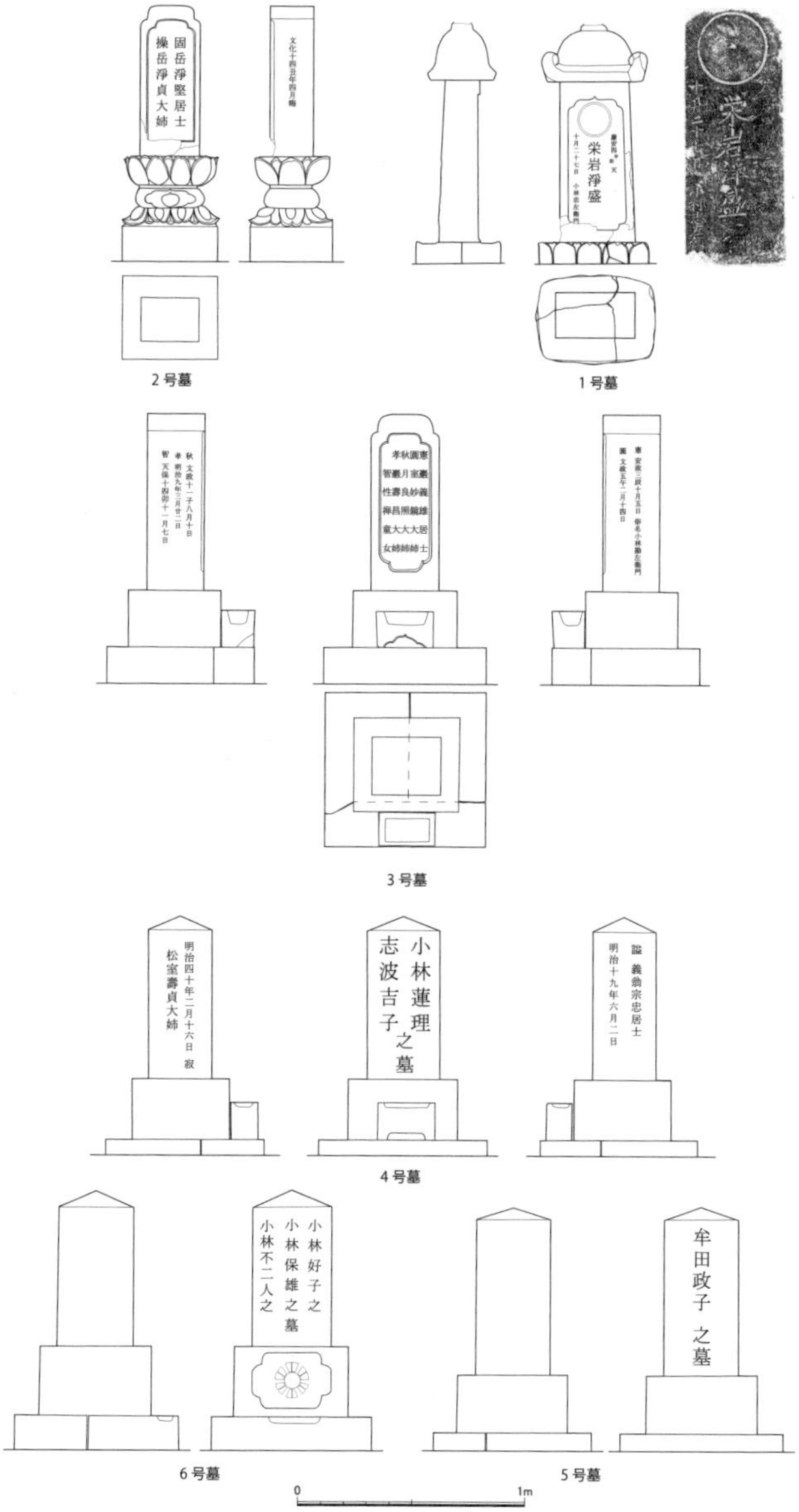
固岳淨堅居士
操岳淨貞大姉
2号墓
栄岩淨盛
1号墓
3号墓
明治四十年二月十六日 寂
松室壽貞大姉
小林蓮理之墓
志波吉子
諡 義翁宗忠居士
明治十九年六月二日
4号墓
小林好子之
小林保雄之墓
小林不二人之
6号墓
牟田政子 之墓
5号墓
0
1m

図1　小林家墓標実測図

この三基の墓標は一七世紀中頃に造立された笠塔婆型式である。これらの笠塔婆型式の笠の装飾には四隅に蕨手が表現されているという特徴がある。1号墓にみられる同様の装飾も近世まで残った事例の一つといえよう。1号墓は手明鑓の墓標であるが、身分階層に従った墓標型式の採用という観点からは過分な感があり、当時の墓石規制の程度や家格などの状況が想定される。2・3号墓は二重の円首をもつ。2号墓は蓮座に特徴がある。一八世紀中頃〜一九世紀にみられる墓標類型の一つといえる。また、4号墓〜6号墓は頭部が角錐形の方柱型である。一八世紀前半頃に発生し、一九世紀以降に普及する型式である[4]。

調査の課題として、二〜五代当主墓（一七世紀後半〜一八世紀末）の有無や所在の確認が残る。

二　位牌の調査（図版2）

菩提寺に安置されている位牌は板位牌二点と回出位牌一点である。

板位牌（位牌1、位牌2）についてみると、仕様はともに漆塗りで、札板の縁と台座以下の前面に金箔を施し、銘文は金色である。銘文などの構成は、表面の上部中央に小林家家紋の「変わり日足紋」、その下に戒名、「位」を配する。裏面に没年の表記がある。

各位牌をみると、位牌1は札板と台座（請花・中台・下台）で構成されている。札板の頭部は平坦であるが、両端は刳込みのある円形をなす。全高四二・二㎝、幅は札板一五㎝、下台二二・七㎝の大きさをもつ。家紋下の戒名は、上下二段に記されている。上段には八名の戒名があり、右から覚智道崋居士・本室貞性大姉・固岳浄堅居士・操岳浄貞大姉・憲巖義雄居士・圓室妙鏡大姉・秋月良照大姉・孝巖壽昌大姉と並ぶ。下段には四名の戒名があり、右から義翁宗忠居士・松室壽貞大姉、一行空けて蓮臺浄香大姉、三行空けた左端に湛空禪童子、下段の下中央に「位」が記されている。裏面の没年は戒名と同様に二段になっており、それぞれの左右端部に戒名の最初の一字が示され、戒名と年号が対照できるようになっている。上段は右から覚　寛政二戌七月十日、本室貞性大姉の没年はなく、一行空けて文化十四丑四月晦日・天保七申二月十八日・安政三辰十月五日・文政五午二月十四日・文政十一子八月十日・孝　明治九子三月廿二日とある。下段は右から義　明治十九年六月二日・明治四十年二月十六日、一行空けて明治十五年七月廿日、三行空けて左端に湛　明治三十一年十月三日と記されている。戒名の並び順は歴代の当主及び妻を単位とし、没年に優先した配置の原則を確認できる。上段右から五代当主平左衛門・妻、六代三郎兵衛・妻、七代勘左衛門・妻・継妻の順である。下段は八代久太夫（蓮理）・妻、九代重次郎（忠恭）妻、十代の長男となっている。九代妻政子の右一行と十代の長男不二人の右三行の空きは九代重次郎と十代当主・妻の予定位置であり、配置の原則に従ったものといえる。

位牌2は位牌1とほぼ同様の形状と銘文構成である。大きさはやや小さく、全高三六・六cm、幅は札板一四・六cm、下台二三・七cmである。下台の規格は位牌1と高さ、幅ともに同じであった。家紋下の戒名は八名であり、右から玉光禪童女・釈花香童女・梅香童子・梅林良香童子・智性禅童子（3号墓の位号は童女）・英岳良雄居士・梅薫善童子・春顔妙法大姉と並ぶ。裏面には左右端部に戒名の最初の一字が示され、戒名と年号が対照できるようになっている。右から玉　享和元年三月廿日・寛政二戌六月廿日・文政十一子八月十日・文化十酉十二月六日・天保十四年十一月七日・明治九年子八月一日・明治廿六年三月八日・春　明治廿九年四月十九日と記されている。位牌2は当主の子供たち八名で構成されている。並び順は六代の子供二名（玉・釈）、七代の子供三名（梅・梅・智）、八代の二男（英）、九代の三男・長女（梅・春）と歴代当主の並び順に準じている。早世した子供が多い。

二つの位牌はそれぞれ配置原則に基づき当主・妻と子供を区分した供養の形式を示したものであり、墓標と同様に直系親族の系譜的連続が反映されている。

新たな位牌の作製は、九代小林重次郎（忠恭）が明治時代後期に母の死去を契機としてこれまでの位牌を整理統合して執り行った一族を顕彰する供養と考えられる。回出位牌には板位牌作成後に死去した、九代重次郎（忠恭）以降の当主一族の戒名が納められている。

三　歴代当主の調査（図版3〜5）

歴代当主名を特定するために墓標、位牌、過去帳、藩政史料など資料の有無に応じて、次の方法を採った。

（一）墓標（姓名判明）
（戒名・俗名銘）↓　位牌　↓　過去帳　↓　着到類
〔忠左衛門・勘左衛門〕

（二）墓標（姓名が不明、墓標に戒名、諱の銘）
着到類（当主・嫡男連記により姓名判明）↓　位牌
↓　墓標（戒名、諱↓旧名）
〔久太夫・重次郎〕

（三）過去帳（姓名・戒名・没年判明）
過去帳　↓　墓標・位牌　↓　着到類
〔三郎兵衛〕

（四）過去帳（親族関係と没年・戒名判明）

過去帳（「平左衛門母」の没年）　↓　位牌・着到類

〔平左衛門〕　※墓標不明

（五） 墓標、位牌、過去帳に記載がないため、着到帳などの史料を検索

〔十郎左衛門・安右衛門・千兵衛〕

このように（一）～（五）の方法で初代～九代の江戸時代に該当する歴代当主を確認した。

初代　小林忠左衛門（～慶安四年〈一六五二〉十月二十七日）

小林家の系譜で最初に確認できた人物である。着到帳から手明鑓の身分であったことが窺われる。1号墓。

【史料一】『部類着到』一（寛永十九年）

（抜粋）

　鍋嶋主水触内

　　鍋嶋市佑組鍋嶋勝右衛門番組《ママ》鑓

　　右同組

　　　小林忠左衛門

【史料二】『五ケ国配分帳幷惣方帳』（寛永十九年九月朔日）

（抜粋）

　　鍋嶋主水組

　　　小林忠左衛門

　　百人

合

切米千百石
但馬廻弁諸組手明鑓
右合　四百七拾四人
切米五千五百七拾八石四斗四升

史料一は小林忠左衛門が寛永十九年に鍋嶋主水組の与頭鍋嶋勝右衛門組に属していたこと、史料二は寛永十九年に与頭を兼ねた大与頭鍋嶋主水組の「手明鑓」一〇〇人の一人であったことを示す。記載順は一〇〇人中八三番目であった。

二代〜四代については墓標や過去帳などがないため、藩政史料から特定作業を行った。初代、五代・六代は鍋嶋主水組に所属していることから、二代〜四代も同一の大組頭に編成されていたと想定し『鍋嶋主水家文書』の着到に小林姓を検索した。その結果、年代的に当主の可能性のある人物を確認した。作業にあたっては、着到に複数の小林姓がある場合、前後の当主との年代的な整合性などを考慮した。

二代　小林十郎左衛門

『光茂公御代組着到』鍋嶋主水（寛文元年）及び「与着到」『鍋嶋主水家文書』十二（寛文元年）に記載がある。ともに同組の他家臣との並びが同じである。筆跡が異なっており記録者は別人。寛文元年の「与着到」には「手明鑓弐拾五人主従弐人宛」二五人中六番目に記載されている。また、天和三年の同「与着到」では「手明鑓弐拾五人主従弐人宛」二五人中一一番目に確認できる。主水組に小林姓は十郎左衛門一人であること、記載時期が初代との年代差に矛盾がないことを確認できた。

三代　小林安右衛門

『綱茂公御代分限帳』（元禄十二年）及び「組着到」『鍋嶋主水家文書』十二（元禄一二年）に記載がある。「組

表1　歴代当主年表

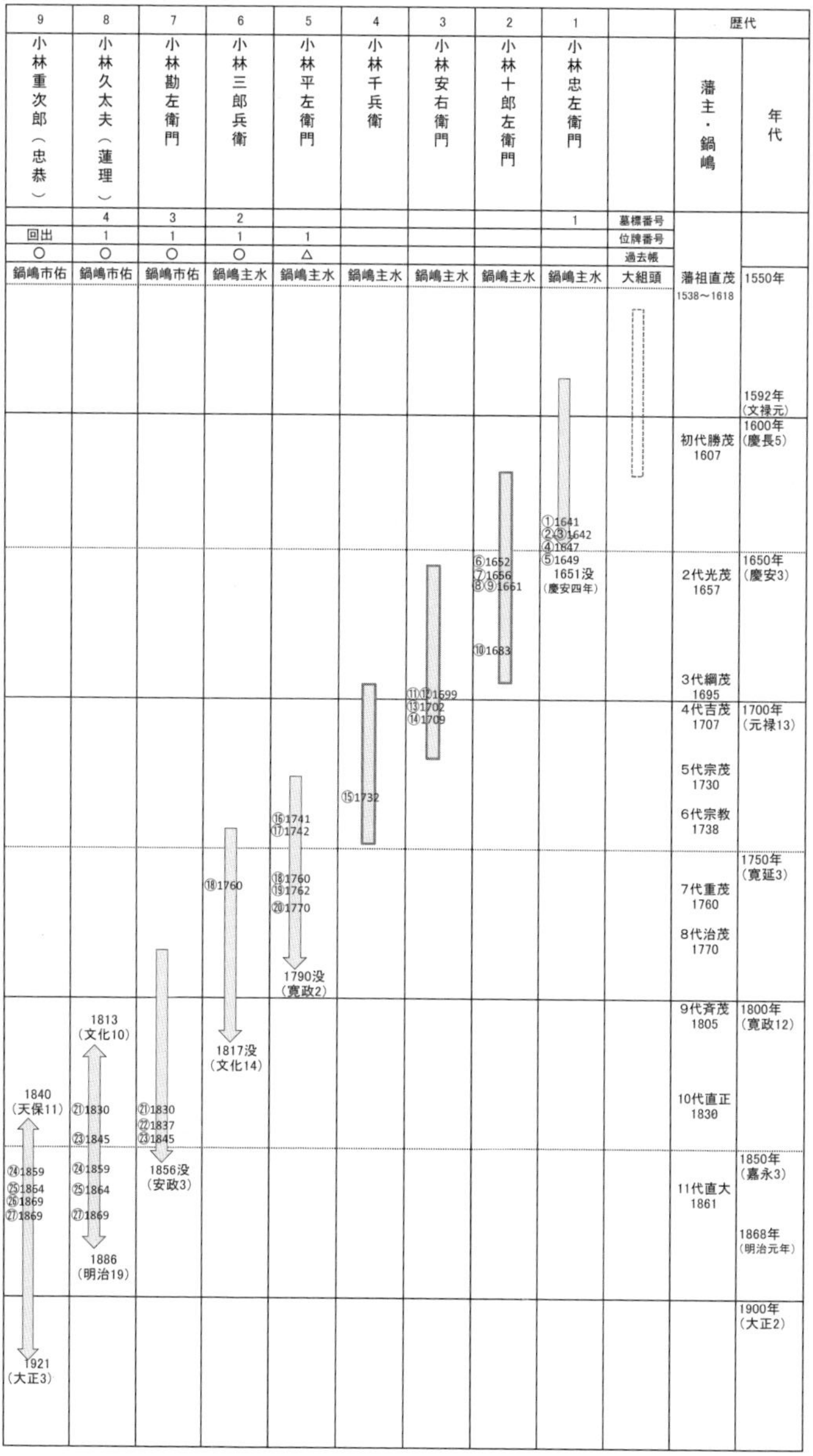
9
小林重次郎（忠恭）
8
小林久太夫（蓮理）
7
小林勘左衛門
6
小林三郎兵衛
5
小林平左衛門
4
小林千兵衛
3
小林安右衛門
2
小林十郎左衛門
1
小林忠左衛門
歴代
藩主・鍋嶋
年代
墓標番号
位牌番号
過去帳
回出
鍋嶋市佑
鍋嶋主水
大組頭
藩祖直茂
1538～1618
1550年
1592年（文禄元）
1600年（慶長5）
初代勝茂 1607
①1641
②③1642
④1647
⑤1649
1651没（慶安四年）
⑥1652
⑦1656
⑧⑨1661
⑩1683
1650年（慶安3）
2代光茂 1657
3代綱茂 1695
⑪⑫1699
⑬1702
⑭1709
1700年（元禄13）
4代吉茂 1707
5代宗茂 1730
6代宗教 1738
⑮1732
⑯1741
⑰1742
⑱1760
⑱1760
⑲1762
⑳1770
1790没（寛政2）
1750年（寛延3）
7代重茂 1760
8代治茂 1770
1800年（寛政12）
9代斉茂 1805
1817没（文化14）
1813（文化10）
1840（天保11）
㉑1830
㉑1830
㉒1837
㉓1845
㉓1845
1856没（安政3）
10代直正 1830
1850年（嘉永3）
㉔1859
㉕1864
㉖1869
㉗1869
㉔1859
㉕1864
㉗1869
11代直大 1861
1868年（明治元年）
1886（明治19）
1900年（大正2）
1921（大正3）

※丸数字は「表２　当主記載史料一覧」の番号と共通

表2　当主記載史料一覧

No.	史料番号	図版番号	史料	記録年代 年号	記録年代 西暦年	姓名	歴代当主	鍋島家文庫資料	備考
①			『鍋嶋主水家文書』十一　与着到	寛永一八	一六四一	小林忠左衛門	一		佐賀県立図書館複製史料 復鍋主〇一一
②	一	3	『部類着到』一　寛永十九年	寛永	一六四二	小林忠左衛門	一	鍋三三一　一一〇	
③	二	3	『五ヶ国配分帳幷惣方帳』	寛永一九	一六四二	小林忠左衛門	一	鍋三三一　七	
④			『鍋嶋主水家文書』十一　与着到	正保四	一六四七	小林忠左衛門	一		佐賀県立図書館複製史料 復鍋主〇一一
⑤			『鍋嶋主水家文書』十二　与着到	慶安二	一六四九	小林忠左衛門	一		佐賀県立図書館複製史料 復鍋主〇一二
⑥			『勝茂公御代与着到』	承応一	一六五二	小林十郎左衛門	二	鍋三三一　七五	
⑦			『勝茂公御代御家中惣石高御印帳』	明暦二	一六五六	小林十郎左衛門	二	鍋三三一　三	
⑧		4	『光茂公御代組着到』	寛文一	一六六一	小林十郎左衛門	二	鍋三三一　九	
⑨			『鍋嶋主水家文書』十二　与着到	寛文一	一六六一	小林十郎左衛門	二		佐賀県立図書館複製史料 復鍋主〇一二
⑩			『鍋嶋主水家文書』十二　与着到	天和三	一六八三	小林十郎左衛門	二		佐賀県立図書館複製史料 復鍋主〇一二
⑪			『鍋嶋主水家文書』十二　組着到	元禄一二	一六九九	小林安右衛門	三		佐賀県立図書館複製史料 復鍋主〇一二
⑫		4	『綱茂公御代分限帳』	元禄一二	一六九九	小林安右衛門	三	鍋三三一　一六	
⑬			『鍋嶋主水組侍親族帳』	元禄一五	一七〇二	小林安右衛門	四	鍋二四一　一八	
⑭			『吉茂公御代始宝永六年惣着到』	宝永六	一七〇九	小林安右衛門	四	鍋三三一　一一五	
⑮		4	『宗茂公御代惣着到』	享保一七	一七三二	小林千兵衛	四	鍋三三一　二八	
⑯			『宗茂公御代惣着到』	寛保一	一七四一	小林平左衛門	五	鍋三三一　八六	
⑰			『宗教公御代惣着到』寛保二年	寛保二	一七四二	小林平左衛門	五	鍋三三一　一一三	
⑱	三	4	『部類着到』八　宝暦十年	宝暦一〇	一七六〇	小林平左衛門 倅若九郎（三郎兵衛）	五・六	鍋三三一　一一〇	
⑲			『重茂公御代組着到』	宝暦一二	一七六二	小林平左衛門	五	鍋三三一　八七	
⑳			『明和七年組着到』	明和七	一七七〇	小林平左衛門	五	鍋三三一　八八	
㉑	四	4	『部類着到』十三　天保元年	天保一	一八三〇	小林勘左衛門 倅佐五郎（久太夫）	七・八	鍋三三一　一一〇	
㉒	六		『明和八年　屋鋪御帳扣』天保八年（一八三七）沽券状	天保八	一八三七	小林勘左衛門	七		『明和八年佐賀城下屋鋪御帳扣』財団法人鍋島報效会（徴古館）平成二四年（二〇一二）一月
㉓	五	5	『弘化2巳年惣着到』	弘化二	一八四五	小林勘左衛門 倅小林久太夫	七・八	鍋三三一　六二	
㉔	七	5	『安政六年　物成』	安政六	一八五九	小林久太夫 小林久太夫倅　小林重次郎	八・九	鍋四二四　六	
㉕	八	5	『佐賀藩拾五組侍着到』	元治一	一八六四	小林久太夫 小林久太夫倅　小林重次郎	八・九	鍋三三一　五三	
㉖			『兵員録　全』	明治二	一八六九	小林重次郎	九	鍋三五一　一六	
㉗			『褒賞録』	明治二	一八六九	小林久太夫・小林重次郎	九		『佐賀藩褒賞録』第一集　十代直正・十一代直大の時代 公益法人鍋島報效会　令和二年（二〇二〇）一二月

※史料番号は文中翻刻、図版番号は資料画像（「公益法人鍋島報效会所蔵／佐賀県立図書館寄託」）の出典を示す。

着到」には「手明鑓弐拾五人主従弐人宛」二九人中一五番目に記載されている。記載時期が二代十郎左衛門との年代差と整合する。また『鍋嶋主水組侍親族帳』（元禄十五年）には「鍋嶋主水組侍園田市良兵衛」の二従弟父実方親族として記されている。具体的には「村上源兵衛組」に所属し、「前小林十郎左衛門の養子」、「実牛嶋藤次兵衛才」とあり、小林家の養子として牛島家から迎えられたことがわかる。

四代　小林千兵衛

『宗茂公御代惣着到』（享保十七年）に記載されている。大組頭鍋嶋主水の嬉野大膳組に属し、編成された三〇人中一一番目に記されている。記載時期が三代安右衛門の長子とすることに矛盾はない。

五代　小林平左衛門（〜寛政二年〈一七九〇〉七月十日）

小林平左衛門は文書と位牌で確認できる。

過去帳には平左衛門の記述はないが、「平左衛門母　花屋寿清大姉　明和二年十一月六日」とあり、平左衛門の存在を確認した。江戸時代に城雲院の檀家で小林姓は一家だけであることから、位牌一の「覚智道峯居士寛政二年七月十日」を平左衛門とその没年と考えた。文書には以下の記載がある。

〔史料三〕『部類着到』八（宝暦十年）

（抜粋）

　　鍋嶋主水組内江副金兵衛組

切拾五石　　小林平左衛門

　　　　　　倅　若九郎

小林平左衛門が大与頭鍋嶋主水組内の与頭江副金兵衛組に編成された一人であったことを示している。「切拾五石」の記載から手明鑓と考えられる。併記されている「倅若九郎」は次代三郎兵衛の幼名と思われる。

六代　小林三郎兵衛（〜文化十四年〈一八一四〉四月三十日）

『部類着到八』に当主平左衛門と連記されている「若九郎」が該当すると思われる。過去帳に「小林三郎兵衛　固岳睜《ママ》堅居士　文化十四年四月三十日」とあり、位牌の銘文と整合するため本人と考えた。2号墓及び位牌に戒名「固岳浄堅居士」と没年が確認できる。併記されている「操岳浄貞大姉」は妻と考えられるが、名前は確認できていない。

七代　小林勘左衛門（〜安政三年〈一八五六〉十月五日）

初代忠左衛門没年から約二〇〇年を経過している。勘左衛門は文書と墓標及び位牌一に確認できる。過去帳には「小林勘左作《ママ》門　安政三年十月五日」と記載されており、墓標銘文・没年が一致する。

〔史料四〕『部類着到』十三（天保元年）
（抜粋）右同組内（鍋嶋淡路組）大塚忠兵衛組
小林勘左衛門
伜　佐五郎

〔史料五〕『弘化二巳年惣着到』
（抜粋）
澁谷忠兵衛組手明鑓着到
毎年米弐石
切米拾五石充　与代 小林勘左衛門
田代
勘左衛門伜
小林久太夫

〔史料六〕『明和八年 佐賀城下 屋鋪御帳扣』（一三八頁・財団法人鍋島報效会〈徴古館〉二〇一二年）

（抜粋）

東田代東ゟ弐番堅小路

同小路西側　従南到北

市佑与テ

壱番　小林勘左衛門

（中略）

右主水家来香月平蔵居屋鋪を、市佑与山本物集女与手明鑓小林勘左衛門　へ売渡、願之通相済、天保八年酉八月、新沽券状買主へ渡ル」

天保元年（一八三〇）の史料四には鍋嶋淡路組内（鍋嶋市佑組）「大塚忠兵衛組」に「小林勘左衛門」と「伜佐五郎」（久太夫の幼名）が記されている。史料六『明和八年 佐賀城下 屋鋪帳扣』天保八年八月（一八三七）には「市佑与山本物集女与手明鑓小林勘左衛門」の記録がある。弘化二年（一八四五）の史料五には大与頭鍋嶋市佑組の「渋谷忠兵衛」を組頭とする手明鑓組四〇人の筆頭に「与代小林勘左衛門」、姓名の右側に「毎年米弐石」とある。併せて「伜久太夫」（八代）を確認できる。先代までの大組頭は鍋嶋主水であったが、当代から鍋嶋市佑に組替えとなっている。三号墓。

八代　小林久太夫（蓮理）（文化十三年〈一八一六〉～明治十九年〈一八八六〉六月二日）

文書に姓名を確認できる。

【史料七】『安政六年　物成』

（抜粋）

小　林

市　百武善右衛門　田代中ノ小路

切拾五石　　勘定所帳究役　四十五　久太夫
　　　　　　　　　　　　　二十　重次郎

『安政六年物成』は安政六年に成立した手明鑓名簿とされている。[5] 構成は各家ごとに縦書きで次に示した事項が記されている。上から、給米「切拾五石」、所属している大組「市」（鍋嶋市佑の略記）、手明鑓組の名前及び役職名、そして当主と嫡男の名前が記される。当主と嫡男の個所には住所と各々の年齢も記されている。後述する嫡男重次郎（忠恭）の生年月日から算定すると、文化十三年生まれとなる。明治十九年に七十歳で死去。

〔史料八〕『佐賀藩拾五組侍着到』

（抜粋）

鍋嶋市佑組内
　納富六郎左衛門組

切米拾五石　　小林久太夫
　　　　小林久太夫伜　小林重次郎

『佐賀藩拾五組侍着到』では「鍋嶋市佑組内」の「納富六郎左衛門組」に属す「小林久太夫」と「伜小林重次郎」が記載されている。四号墓。

九代　小林重次郎（忠恭）（天保十一年〈一八四〇〉八月十九日～大正十年〈一九二一〉一月三日）

江戸時代最後の当主である。文書では上記『佐賀藩拾五組侍着到』（史料八）に記載された小林久太夫の伜小林重次郎に該当する。「忠恭」は諱と考えられる。長孫の除籍謄本附票に天保十一年出生と記載されている。大正十年に八十歳で死去。また、『兵員録』（明治二年）には常備四番大隊「同録事小林重次郎」と記されている。同除籍謄本附票には重次郎の妻トシの記載がある。トシは平田助太夫の次女で、嘉永六年出生と記されている。平田助太夫は大組頭深江六左衛門組に属する直参の侍で物成四十一石、会所小路に居住。[6]

四　小林家系譜の特徴

大きな特徴の一つは、手明鑓で江戸時代の約二五〇年間を維持した家系の継続性である。初代小林忠左衛門・二代十郎左衛門・三代安右衛門・四代千兵衛・五代平左衛門・六代三郎兵衛・七代勘左衛門・八代久太夫・九代重次郎と江戸時代の当主をほぼ特定した。

小林忠左衛門は佐賀藩に残る着到帳のうち最古とされる寛永五年九月朔日の「惣着到」には記載がない。この着到帳は侍のみ四六〇人が掲載されたとすれば、小林忠左衛門がこの時点で手明鑓であったことの傍証といえよう。『部類着到』（寛永十九年）には鍋島主水触内、鍋嶋市佑組の物頭鍋嶋勝右衛門組に所属、『五ケ國配分帳并惣方帳』（寛永十九年九月朔日）に鍋嶋主水組の手明鑓であったことが記されていることから、元和六年の時点で「侍」から「手明鑓」へ格下されていた可能性が高い(7)。

所属した大組(8)は、初代から六代目までが鍋嶋主水組、七代から九代は鍋嶋市佑組であったことが各時期の着到帳から確認できる。

家臣団の軍制編成では、小林忠左衛門が大与頭鍋嶋主水の先手組に所属したと考えられる(9)。さらに明治に至って、九代小林重次郎が『兵員録』に記されている。「常備　四番大隊」に所属し、「同録事　小林重次郎」と記されている。右並びに「輜重幹事　〇〇〇〇〇」とあることから輜重録事を示すと考えられる。「大隊」は明治二年四月に大組制から大隊制へ改編された後の名称であり、年代を特定できる(10)。

手明鑓は無役が原則であるものの、若干の特例をみることができた。七代勘左衛門は『弘化二巳年惣着到』に与代二石加米の記載がある。与代（組代）は組内の役ではあるが、組頭が任命し組内の事務を担当した(11)。八代久太夫は『安政六年　物成』に勘定所帳究役の記載があることから役料の支給があったと考えられる。同史料には手明鑓の四割ほどに役職が記載されている。[12]

また、『褒賞録』には、明治二年に「元御火術方手伝役」の八代小林久太夫が三八年間精勤したこと、九代小林重次郎が気候の厳しい北海道で勤務する「北海道御支配地開拓方録事」を拝命したことについて、ともに「書載之通被為拝領候事」とあり、父子二代に対する佐賀藩の褒賞が記録されている。[13]

おわりに

今回の調査では、当初予定した歴代当主の復元をほぼ達成できたと考える。そこには近世における父と長子、長孫とつながる直系親族の系譜的連続が厳格に守られていたことを確認した。[14]一方で各当主の家臣・手明鑓としての活動・事績や家族の状況、婚姻を含む親族の関係など具体的な内容は少なく、断片的な記録に留まる。私記などを含む記録類の欠落も一因であろうが、本稿が表面的な系譜の羅列になったことは否めない。ただ、歴代当主が藩政史料において、大組、組の一員として登場し、ある時期には役職を得ていた事実を確認できたことは、当時の家臣団編成や社会情勢の一端を実感し、佐賀藩の動向を側面から知る一助になると考える。[15]

また、墓所調査については、現状で維持された墓標の資料的価値を再認識した。墓標の墓地内での位置関係、配置、個数、特に型式や文字資料である銘文・紀年銘は個人や時代などを特定し、家系復元の軸をなすものであった。このように墓標は豊富な情報をもつことから、近世考古学の分野で基礎資料となっており、当時の人々の生活を理解するために不可欠である。次世代へ継承すべき文化財として、現状での保存、記録作成に可能な限り努めることが必要と考える。[16]

（令和三年三月脱稿）

註

1 慶長十八年（一六一三）藩祖鍋島直茂の没後に追腹をした秀島源兵衛の供養のため創建された曹洞宗寺院『曹洞宗由緒』四（佐賀県史料編纂資料二七二）。

2 城雲院所蔵の過去帳については、当寺の浦郷公道住職から小林家の故人を特定して口頭で没年・戒名などの記載内容を御教示いただいた。

3 志波吉子が志波家の最後の子孫となったことが理由と思われる。（東京都港区曹洞宗賢崇寺の藤田住職教示）。

4 墓標の形態分類については三好義三『近世墓標』考古調査ハンドブック二一（ニューサイエンス社二〇二一年）を参考とした。

5 生馬寛信、串間聖剛、中野正裕「幕末佐賀藩の手明鑓名簿及び大組編成」—『安政六年　物成』及び『大組頭次第』による—『佐賀大学文化教育学部研究論文集』第一四集第二号、佐賀大学文化教育学部、二〇一〇年一月

6 生馬寛信・中野正裕「安政年間の佐賀藩士」『佐賀大学文化教育学部』第一四集第一号二〇〇九年八月

7 「手明鑓」は藩主勝茂が元和六年（一六二〇）財政整理のため、・・・物成五十石未満の侍二〇〇余人の知行を召上げ、一律に切米十五石を与え、平時の役を免除し、戦時に鑓一本・具足一領で出陣することを定めたことに始まる侍に準ずる直参の家中」とされている。（黒田安雄五三〇頁『佐賀藩の総合研究』藤野保編吉川弘文館一九八一年）

「初制手明鑓」

「今年、御家中之侍、当時御用ニ不相立者之儀ハ、現米五拾石以下知行被召上、御蔵米ニテ現米十五石被仰付、如睦ニテハ無役、物前ノ節ハ鑓壱・具足一領ニテ可罷出ノ旨被仰出、・・・」

（三三九頁「勝茂公譜考補　三坤」『佐賀県近世史料第一編第二巻』佐賀県　立図書館平成六年三月）

8 「佐賀藩の武士身分は、三家・親類・親類同格・連判家老・加判家老・着座・平侍・手明鑓・徒士・足軽などという序列が本藩を中心にできあがっていた。平侍から足軽までは、主に着座を大組頭とする組（与）に編成される」（生馬寛信・中野正裕「安政年間の佐賀藩士」『佐賀大学文化教育学部』第一四集第一号二〇〇九年八月）

9 佐賀藩家臣団は、御側四組・先手二組・警固六組・留守居三組の十五組で構成されていた（黒田安雄五六六頁『佐賀藩の総合研究』藤野保編吉川弘文館一九八一年）。

10 中野正裕「幕末佐賀藩の軍制について『元治元年佐賀藩拾六組侍着到』」『佐賀県立佐賀本丸歴史館研究紀要』第七号佐賀県立佐賀本丸歴史館二〇一二年）、木原溥幸「第四章　家臣団体制の解体」『佐賀藩と明治維新』（財）九州大学出版会二〇〇九年

11 組内の徒士・足軽の給米の配当の差当を定め、組頭の承認を得て分配する事務が与えられていた。（木原溥幸一一二頁「二　地方知行廃止と新給禄　第四章　家臣団体制の解体」『佐賀藩と明治維新』（財）九州大学出版会二〇〇九年）

12 生馬寛信、串間聖剛、中野正裕「幕末佐賀藩の手明鑓名簿及び大組編成」—『安政六年　物成』及び『大組頭次第』による—『佐賀大学文化教育学部研究論文集』第一四集第二号、佐賀大学文化教育学部、二〇一〇年一月

13 『佐賀藩　褒賞録第一集』十代直正・十一代直大の時代　令和二年（二〇二〇）十二月公益法人鍋島報效会

14 笠谷和比古は日本の「家」の特徴として系譜性、直系性を論じている。（笠谷和比古一九九九「序論」『公家と武家Ⅱ』思文閣）

15 手明鑓の特定個人、家系に関する論考は少ない。伊藤昭弘「佐賀藩手明鑓・武藤信邦の生涯」（『佐賀学　佐賀の歴史・文化・環境』

16　佐賀大学・佐賀学創成プロジェクト二〇一一年）は具体的な内容を示す事例のひとつであろう。墓標は個人の祭祀財産のひと一つとして個人に管理されており、その保存が強いられるものではない。現在、個々の事情による改葬や墓じまいに伴い近世墓標の消滅が進んでいることも事実である。歴史的な価値の高い大名家墓所にあっても史跡指定を受け保護と活用が図られている一方で、個人の所有物であることを理由に十分な保護の措置が取られていないという事案も発生しており文化財保護の観点から大きな課題としてとりあげられている。（松原典明二〇二〇「大名墓の発掘と文化財クライシス」『考古学ジャーナル』No.七四六）本稿で利用した文書（表二中）については公益財団法人鍋島報效会に資料利用の許可を頂きました。また本稿の作成にあたり、公益財団法人鍋島報效会・徴古館の副館長藤口悦子氏、主任学芸員富田紘次氏には鍋島文庫及び藩政史料全般にわたる御教示・御指導、格別の便宜を頂きました。大分県立先哲史料館主幹研究員櫻井成昭氏には史料の判読や解釈についての御教示、翻刻の協力などを受けました。佐賀県文化・スポーツ交流局文化課文化財保護室主事塩見恭平氏には挿図・写真図版作成に伴うデータ処理など多大な負担をおかけしました。記して感謝の意を表します。

図版1

南墓所全景（左から1・2・3・号墓）

2号墓

1号墓

3号墓

図版2

北墓所全景（左から4・5・6号墓）

4号墓　　5号墓

6号墓

位牌2

位牌1

図版3

○『部類着到』一　寛永十九年（史料一）

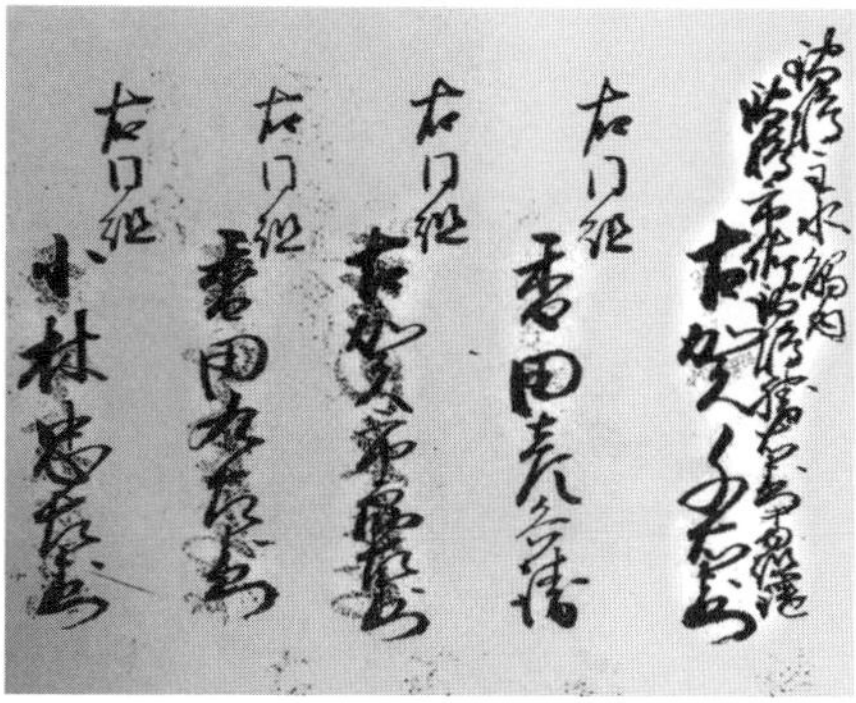

鍋嶋主水触内
鍋嶋市佑組鍋嶋勝右衛門（ママ）番組鐙

右同組
小林忠左衛門

○『五ヶ國配分帳并惣方帳』寛永一九年九月朔日（史料二）

鍋嶋主水組

小林忠左衛門

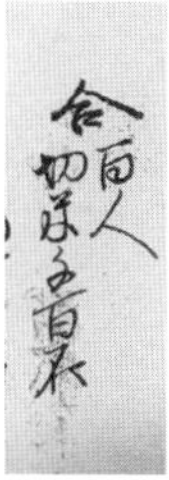

合　百人
切米千百石

但馬廻并諸組手明鑓之者
右合　○四百七拾四人
切米五千五百七拾八石四斗四升

図版4

○『光茂公御代組着到』寛文元年

小林十郎左衛門

○『宗茂公御代惣着到』享保十七年

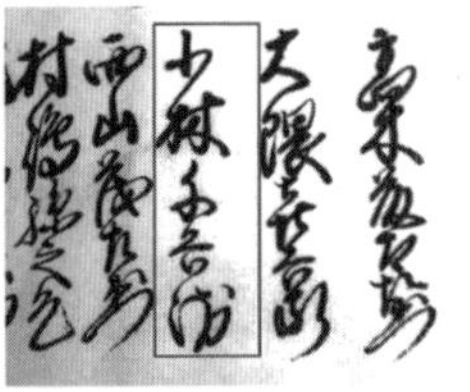

小林千兵衛

○『部類到着』十三天保元年（史料四）

鍋嶋淡路組

同拾五石

右同組内大塚忠兵衛組

小林勘左衛門

倅　佐五郎（久太夫）

○『綱茂公御代分限帳』元禄十二年

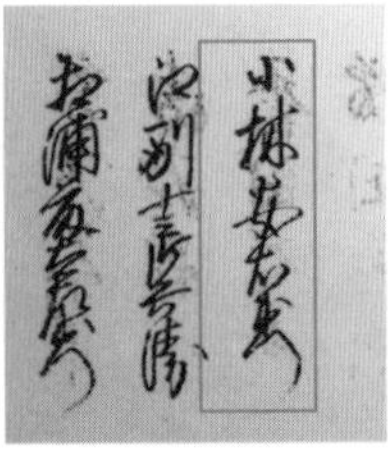

小林安右衛門

○『部類到着』八宝暦十年（史料三）

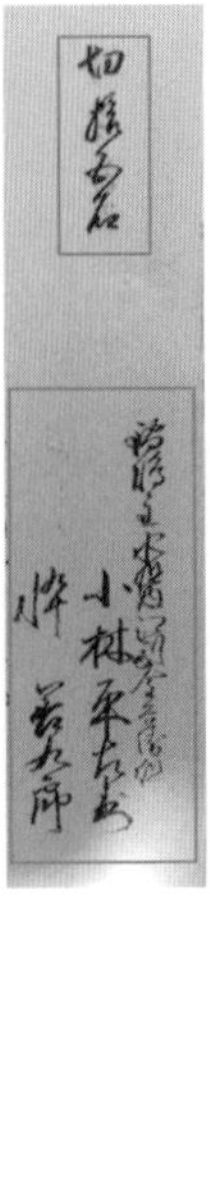

切拾五石

鍋嶋主水組内江副金兵衛組

小林平左衛門

倅　若九郎

図版5

○『弘化二巳年惣着到』（史料五）

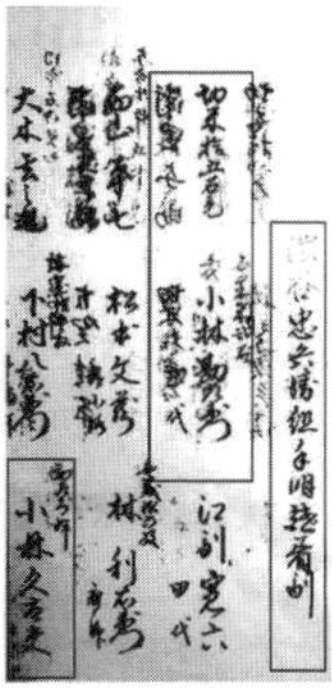

毎年米弐石
切米拾五石充　与代小林勘左衛門
田代
勘左衛門倅
小林久太夫

○『佐賀藩拾五組侍到着』（史料八）　※元治元年頃

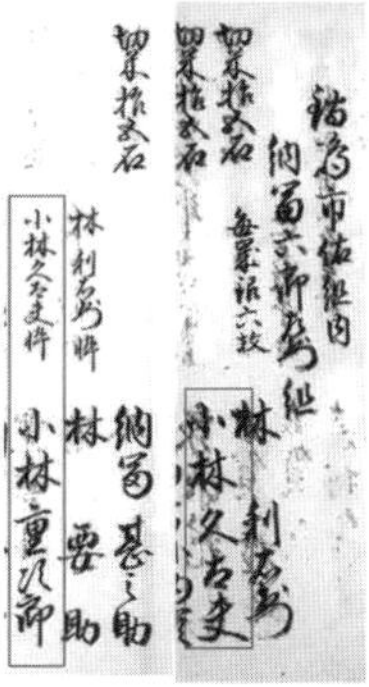

鍋嶋市佑組内
納富六郎左衛門組
切米拾五石　小林久太夫
小林久太夫倅　小林重次郎

○『安政六年　物成』（史料七）

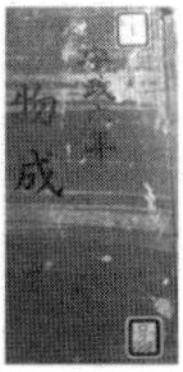

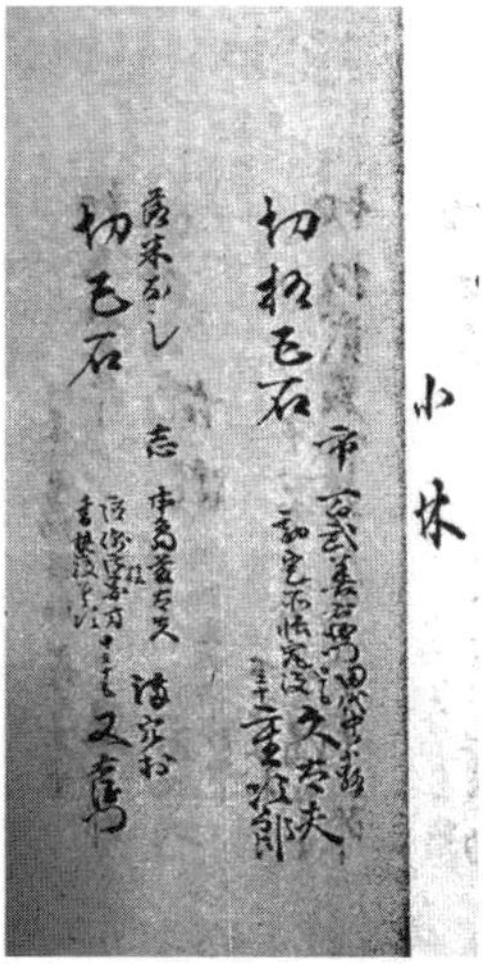

小　林
市　百武善右衛門 田代中ノ小路
切拾五石　勘定所帳究明役 四十五 久太夫
二十一 重次郎

泉州地域の「関東系板碑形墓標」

三好義三

一　はじめに

東京や関東地方の墓地において、近世初期から前半にかけて造立された一般的な墓標の形態で、「尖頭舟形墓標」がある。「尖頭舟形」という呼称は、坂詰秀一が千葉県市川市の中山法華経寺における墓標調査[1]において用いたもので、「正面中心の一観面、背面は荒削り、断面が舟の横断部に似ている。頭部の記銘区画の部分は、上部に∩・∪・∧状の三種があり・・・」との説明がなされている。以降、当該地域の近世墓標の発生期の形態であり、中世の板碑の系譜を持つとの考えから、「板碑形」と呼称される場合もあった。

こうした状況のもと、近世墓標の類型を整理した池上悟がこの形態の特徴について、「頂部は稜をもって前面に傾斜し、正面上部には突出する半円形の刳り込みを具有し、本体の枠内を彫り窪めて戒名などを鐫刻する。」とまとめ、「尖頂舟形墓標」と呼称した。そして、池上は東京やその近郊における調査成果から、当該墓標を「近世初頭に幕府創設された江戸近郊において創出された新墓石型式」であると指摘した。[2]

このように、東京や関東周辺で見られる尖頭舟形墓標は、「記銘区画の上部が∩状」を呈すること、「正面上部には突出する半円形の刳り込みを具有」ことがその特徴である。そこで、本稿では、
① 正面上部に「∩状・半円形」の彫り込み（意匠）を有すること。
② 正面から見た場合の頭部が三角形で尖っている（圭頭である）こと。
③ 背面が荒削りで、舟形を呈していること。
という、三点の特徴を有する墓標について、江戸・東京を中心に関東一円で普遍化して見られることから、「関東系板碑形墓標」と呼称し、あらためて既往の調査や研究成果からその分布状況等を確認したうえで、江戸から離れた泉州地域（大阪府南部地域）に所在する当該墓標の様相について、概観してみたい。

二　既往の「関東系板碑形墓標」にかかる調査研究について

当該墓標の系譜に関する調査研究の最も代表的な業績としては、上述の池上悟[3]をはじめ、磯野治司の研究が挙げられる[4]。

池上は、東京・江戸とその近郊における「尖頂舟形墓標」を調査し、元和五年（一六一九）銘を有する大田区池上本門寺と北区南泉寺に所在する資料が最古銘であることを明らかにした。さらに、初期の銘を持つ資料を集成して分布状況をまとめ（図1・2）、その状況から、上述したように、当該墓標について「江戸周辺で創出された」と位置付けた。

一方、磯野は論をまとめるに当たり、自身では当該墓標を「板碑形」墓標と呼ぶと断ったうえで、既往の研究成果について、総合的かつ簡潔明瞭にまとめている。ここで磯野は、系譜に関する研究として、小沢国平

の中世板碑の終焉に関する論考[5]、一九七三年の横田甲一の成果[6]、半円形の彫り込みの発生を追究した池上年[7]、大田区に所在する池上本門寺における千々和實の墓標調査[8]などを取り上げている。そして、自身では埼玉県北本市において行った墓標調査の成果をまとめたうえで、和歌山県高野山の宝篋印塔、愛知県岡崎市や大阪府貝塚市に所在する板碑に刻まれた蓮座などの意匠を分析した。その結果、当該墓標の発生については、三河石工や和泉石工との関係性があったとし、半円形の意匠は唐破風など建造物を意識したものではないかと総括している。

三　「関東系板碑形墓標」の分布

本項では、当該墓標の江戸・東京、関東以外における分布について、既往の調査や研究成果から確認してみたい。

（一）東北方面

山形市において、山寺で知られる立石寺などの複数の墓地で確認されている。寛永年間の銘を有する資料があり、全国的にも早い段階からの造立されていた可能性がある[9]（図3）。なお、

	所在地		年号		高さ	頂部	本体	基礎	幅	指数	下端幅	指数	蓮座	
①	大田区	池上本門寺	元和５年	1619	74cm	16	61	23	28cm	38	33cm	118	なし	
②	北　区	南泉寺	元和５年	1619	107cm	21	60	19	34cm	32	39cm	115	線刻	7・3
③	大田区	池上本門寺	元和６年	1620	87cm	20	56	24	28cm	32	34cm	121	なし	
④	大田区	池上本門寺	元和６年	1620	114cm	13	64	23	37cm	32	44cm	119	線刻	7・3
⑤	木更津	選択寺	元和６年	1620	123cm	20	61	19	40cm	33	46cm	115	陰刻	5・3
⑥	大田区	池上本門寺	元和８年	1622	124cm	21	57	22	40cm	32	41cm	103	陰刻	7・3
⑦	大田区	池上本門寺	元和８年	1622					30cm		33cm	110	陰刻	5・7
⑧	足立区	正覚寺	元和９年	1623	154cm	19	60	21	50cm	33	60cm	120	陰刻	7・3
⑨	三郷市	常楽寺	元和９年	1623	109cm	20	61	19	44cm	40	46cm	105	陰刻	7・3
⑩	大田区	池上本門寺	元和９年	1623	124cm	19	65	16	33cm	27	33cm	100	なし	変形
⑪	大田区	池上本門寺	寛永３年	1626	117cm	23	55	22	42cm	36	52cm	124	陰刻	5・3
⑫	大田区	池上本門寺	寛永５年	1628	170cm	19	56	25	68cm	40	80cm	118	陰刻	5・3
⑬	大田区	池上本門寺	寛永８年	1631	105cm	22	57	21	40cm	39	48cm	120	陰刻	5・3
⑭	大田区	池上本門寺	寛永14年	1637	132cm	21	59	20	43cm	33	47cm	109	陰刻	5・3
⑮	大田区	池上本門寺	寛永15年	1638	195cm	20	62	18	72cm	37	86cm	119	陰刻	5・3
⑯	大田区	池上本門寺	寛永16年	1639	94cm	20	60	20	40cm	43	44cm	110	陰刻	5・3
⑰	大田区	池上本門寺	寛永18年	1641	105cm	17	63	20	36cm	34	40cm	111	陰刻	5・3
⑱	大田区	池上本門寺	寛永20年	1643	96cm	17	62	21	40cm	42	41cm	103	陰刻	5・3

図１　「尖頂舟形墓標初期例集成」（註２より）

墓標ではないが、立石寺の磨崖碑に圭頭で正面上部に半円形を呈する資料がある。山内の磨崖碑を調査した荒木志伸によれば、一八世紀以降の営まれているとしており[10]、当該墓標の造立年代とは差異がみられるようである。

(二) 甲信越方面

池上悟により、長野県上田市において、地元の石材を使用した資料が元和から明暦頃まで継続して造立されていることが報告されている[11](図4)。山梨県では、甲府盆地や県南部の南部町において、一七世紀半ば以降に出現している[12]。新潟では津南町にもみられる[13]。

(三) 東海方面

静岡県では、斎藤忠による静岡県掛川市撰要寺の調査[14](図5)や伊東市の調査[15]では普遍的な所在が認められる。また、三島市の宗閑寺[16]や妙法華寺[17]などで造立がある他、沼津市においても石

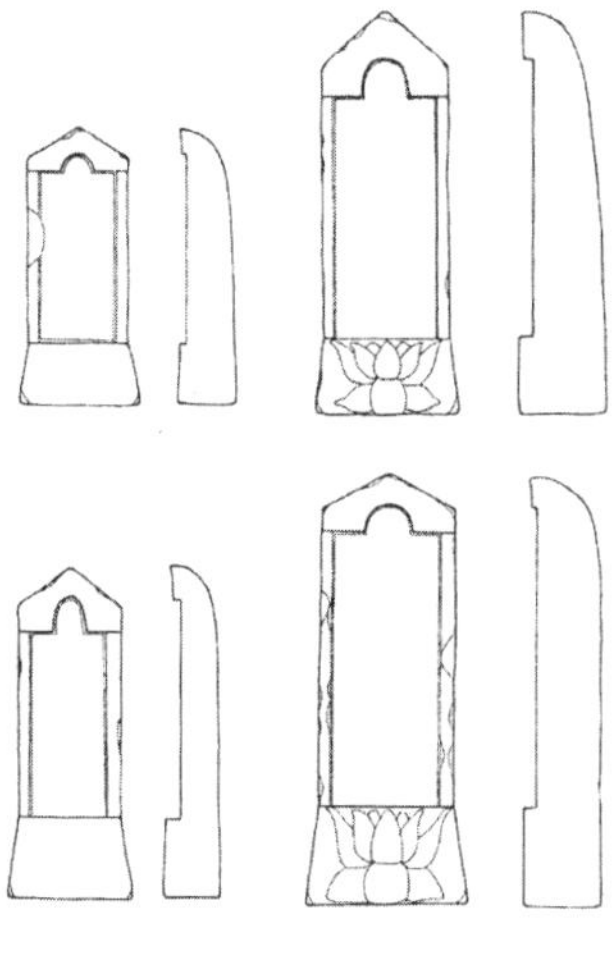

図2　出現期の「関東系板碑形墓標」(註2より)

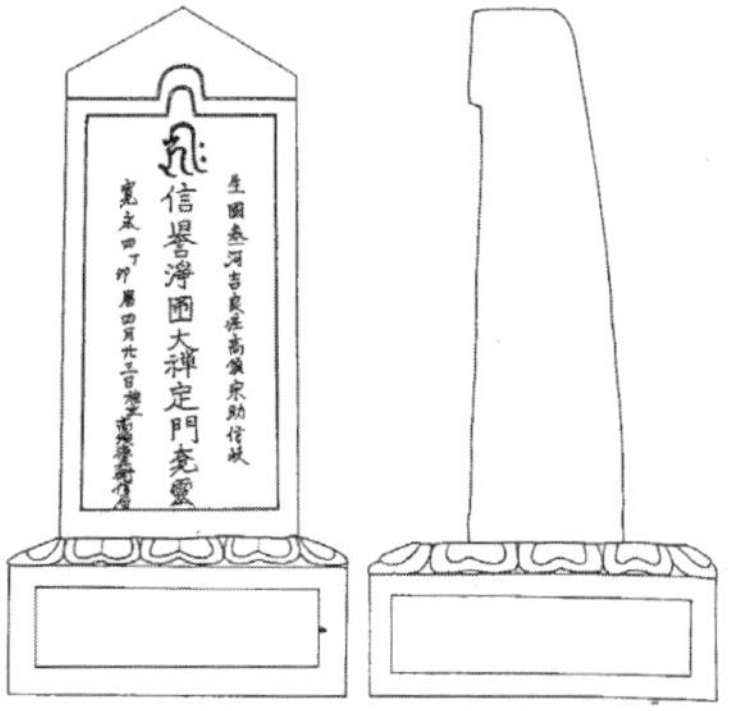

図3　山形市立石寺山門東墓地所在「関東系板碑形墓標」(註9より)

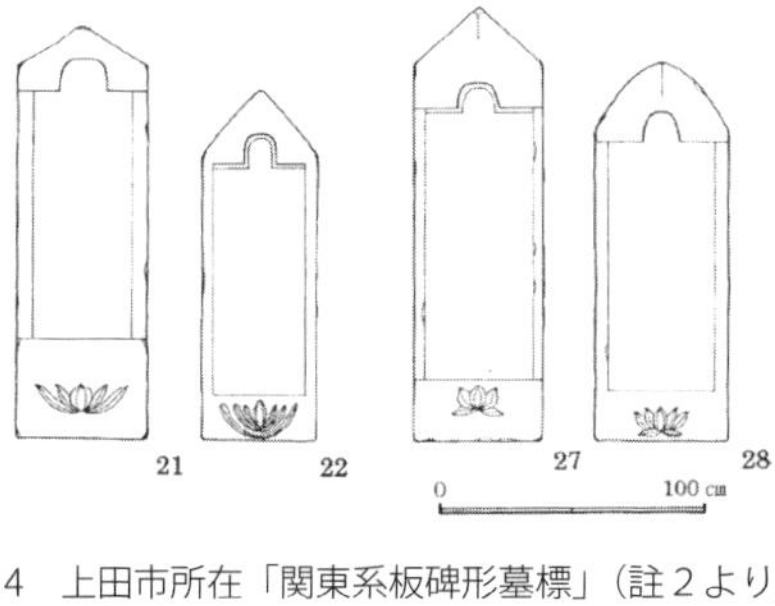

図4　上田市所在「関東系板碑形墓標」(註2より)

造物調査[18]で一定数確認されている。また、愛知県では、上述の池上年による設楽町における研究報告がある他[19]、新城市においても当該形態の庚申塔等の存在がある[20]。また、岐阜県中津川市においては、苗木藩士の墓標に採用されている[21]。

（四）伊勢湾周辺

三重県伊勢市に所在する白米家の墓地[22]や鳥羽市相差墓地、梵潮寺墓地[23]などの調査では、当該墓標の存在が確認できない。しかし、鳥羽市隠殿岡墓地や松阪市の海禅寺、源陽寺で一基から数基の所在を実見した（図６）。

以上、管見に入った報告や研究成果等から当該墓標の分布状況である。東北方面は山形県付近まで、甲信越方面では甲州から新潟県南部の内陸部まで、東海方面では岐阜県や伊勢湾の西海岸付近まで拡がっているという状況である。一方、北陸や近畿地方などで行われている悉皆調査[24]からは、その存在を確認できない。このことから、当該墓標については、関東を中心に日本海側を除く東北南部、甲信、東海、伊勢湾西海岸付近にその分布域を有すると言えよう。

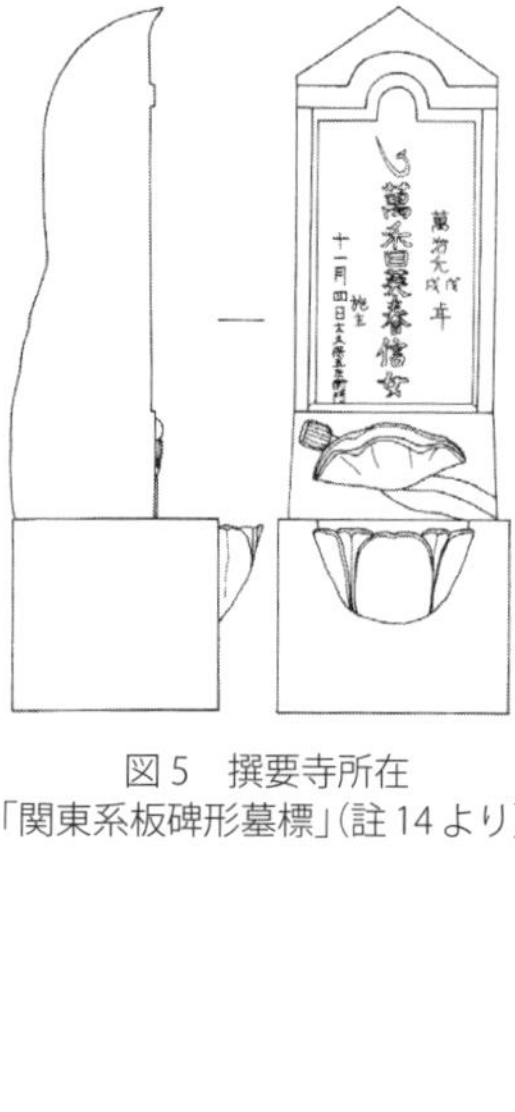
図５　撰要寺所在「関東系板碑形墓標」（註14より）

図６　松阪市所在「関東系板碑形墓標」

四　泉州地域に所在する「関東系板碑形墓標」

前項では、「関東系板碑形墓標」の分布状況を確認した。この状況から、大阪府南部の泉州地域は、その分布域外にあることは明らかである。ここでは、同地域に所在する当該墓標について、様相を概観してみたい。管見に入った当該資料は、次のように一〇か所の墓地で二六基であった。この中には、墓標だけでなく、明らかに供養塔として造立された資料も含めている。また、形態の分類については、上述した磯野が行った分類によるものである(25)（図7）。

（一）阪南市山中渓地福寺（表1）

山中渓（近世では山中村）は、阪南市の最東端部に位置し、近世には紀州街道の宿場として栄えた。本寺は街道沿いに広がる集落の北側に位置する浄土宗寺院である。境内墓地内で、八基の「関東系板碑形墓標」を確認した。一か所に所在する資料数としては最も多い。このうち、一基は本堂脇にある同寺歴代の墓標が造立されている墓域の中央に、三基が檀家墓地、四基が無縁墓群中に所在している。

歴代墓の中の一基（資料1－1）は、正面に「南無阿弥陀仏」「寛文七年七月十五日」との銘がある。これ以外の銘がないことから、歴代に関する供養塔と思われる。檀家墓地内の三基には、寛文から宝永期の銘があり、いずれも正面中央上部に梵字で弥陀三尊が刻まれている。このうち、元禄（資料1－2）と宝永（資料1－3）銘の2基には戒名が見える。一方、寛文年間の資料（資料1－8）には、弥陀三尊の下に四方梵字の発心門を刻む。さらにその下にも文字があるが、読み取れない。こ

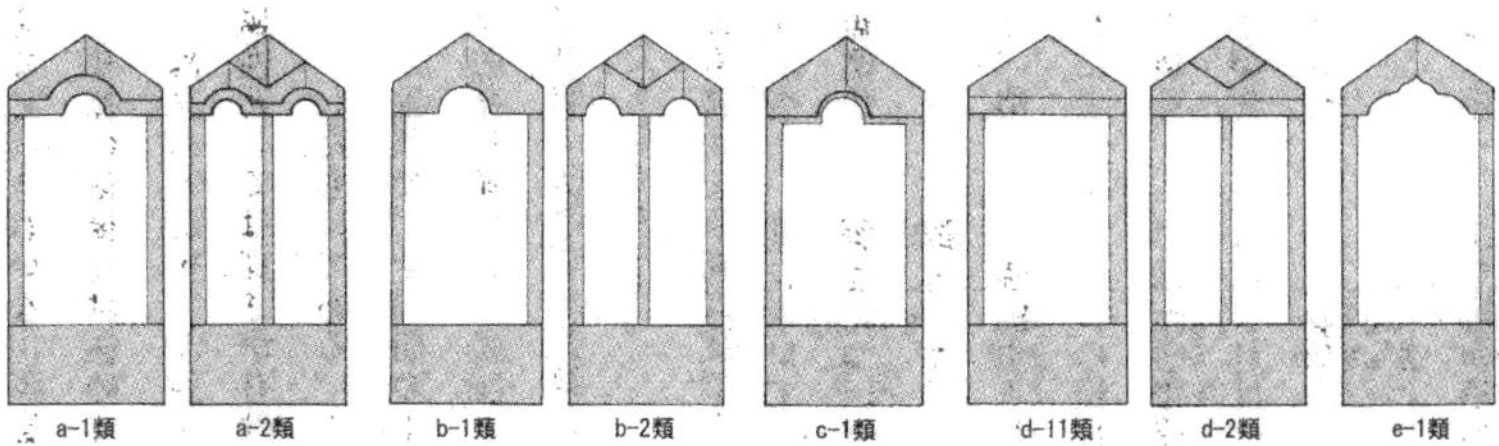

図7　磯野治司による形態分類（註25一部加筆）

表1　泉州所在「関東系板碑形墓標」一覧

資料No.	所在地（市町村）	所在地（墓地名等）	年号（最新年号）	西暦	形態	頭書、種子	基部蓮華	法量（高さ・幅・厚さ）	頂角角度	石材	備考
1-1	阪南市	地福寺	寛文7	1667	c-1	南無阿弥陀仏	陰刻	138・38.5・33	114	砂岩	歴代墓内
1-2	阪南市	地福寺	宝永2	1705	c-1	弥陀三尊	—	73・38.5・18	112	砂岩	
1-3	阪南市	地福寺	元禄15	1702	c-1	弥陀三尊	なし	56・29.5・20	120	砂岩	
1-4	阪南市	地福寺	—	—	x-1	—	なし	44・25・8.5	132	砂岩	無縁墓群内
1-5	阪南市	地福寺	—	—	b-1	—	陽刻（未敷蓮華）	45・20.5・11	128	砂岩	無縁墓群内
1-6	阪南市	地福寺	—	—	a-1	—	陰刻	44.5・27.5・11	105	砂岩	無縁墓群内
1-7	阪南市	地福寺	—	—	c-1	弥陀三尊	—	69・38・―	115	砂岩	無縁墓群内
1-8	阪南市	地福寺	寛文□	1661-1673	c-1	弥陀三尊、発心門	陰刻	75.5・38.5・17.5	106	砂岩	
2-1	阪南市	庚申堂	寛文4	1664	c-1	弥陀三尊	陽刻（開敷蓮華）	98・45.5・40	130	砂岩	
2-2	阪南市	庚申堂	寛文□	1661-1673	a-1	キリーク	陽刻	49・27・13.5	97	砂岩	無縁墓群内
2-3	阪南市	庚申堂	—	—	c-1	—	陽刻（開敷蓮華?）	(44).5・28・13	131	砂岩	内側の掘り込みは半円形ではなく直線
3-1	阪南市	瑞宝寺	寛文13	1673	a-1	キリーク、南無阿弥陀仏	—	—	—	砂岩	無縁墓群内、供養塔と思われる
3-2	阪南市	瑞宝寺	元禄9	1696	a-1	南無阿弥陀仏	—	—	—	砂岩	無縁墓群内、供養塔と思われる
3-3	阪南市	瑞宝寺	宝永2	1705	a-1	南無阿弥陀仏	—	—	—	砂岩	無縁墓群内、供養塔と思われる
3-4	阪南市	瑞宝寺	—	—	a-1	—	—	—	—	砂岩	無縁墓群内
4-1	阪南市	潮音寺	寛文12	1672	a-1	ウーン、南無青面金剛大士	陽刻（開敷蓮華）	99・45・34	97	砂岩	庚申塔
5-1	阪南市	極楽寺跡	正保5	1648	a-1	弥陀三尊	—	—	—	砂岩	不食供養逆修塔、下部埋没
5-2	阪南市	極楽寺跡	万治2	1659	a-1	弥陀三尊	—	(67.5)・39・(11)	124	砂岩	下部欠損、不食供養塔
5-3	阪南市	極楽寺跡	寛文12	1672	c-1	南無阿弥陀仏	—	(43)・31.5・(9)	132	砂岩	下部欠損
6-1	岬町	淡輪共同墓地	—	—	b-2	キリーク・キリーク	なし	64・34・16	119	砂岩	無縁墓群内
6-2	岬町	淡輪共同墓地	—	—	c-1	キリーク	なし	77・27・21	110	砂岩	無縁墓群内
7-1	岬町	常見寺	寛永9	1632	a-1	南無阿弥陀仏	陽刻	93・36・8.5	132	砂岩	
8-1	泉佐野市	ダンバラ墓地	—	—	b-2	キリーク	—	—	—	砂岩	無縁墓群内
9-1	貝塚市	木積共同墓地	—	—	c-1	発心門	—	104・29.5・―	104	砂岩	無縁墓群内
10-1	岸和田市	内畑共同墓地	正徳?	1711-1716	x-1	キリーク	—	—	—	砂岩	無縁墓群内
10-2	岸和田市	内畑共同墓地	—	—	x-1	—	—	—	—	砂岩	

の他、無縁墓群中には、磯野分類に属さない、半円形の額部の彫り込みが一重の資料[26]がある（資料１‐４）。また、基部に未敷蓮華が陽刻されているもの（資料１‐５）がある（図８）。

図８　資料 1-5（阪南市地福寺）

（二）阪南市和泉鳥取（山中新家）庚申堂

上述の近世山中村の一部とされる集落の外れに所在する庚申堂内の墓地である。同堂は無住で、上記地福寺の住職が兼務している。近隣の丘陵地内に埋め墓が存在することから、両墓制の詣り墓とされている。ピラミッド状に積み上げられた無縁墓群内で一基、それ以外で二基、計三基が存在している。

無縁墓群中の一基（資料２‐２）は、半円形の彫り込み下部に梵字のキリーク、その下に戒名と思われる文字を数文字、その左右に紀年銘がある。他の二基のうち一基（資料２‐１）には、四人の戒名とともに寛文四年（一六七四）の他、承応三年、明暦元年、万治三年の銘が刻まれている。戒名が刻まれている位置が均整化しており、追刻されたものではないことから、最も新しい寛文四年以降の造立と思われる。資料２‐３は表面の摩耗が激しく、銘文の有無も不詳である。

（三）阪南市自然田瑞宝寺

自然田は、山中新家に隣接し、現在の阪南市のほぼ中央に位置する。境内墓地内の階段状の無縁墓群中に四基所在する。このうちの三基は階段の最上段にほぼ均一の間隔を設けて、規則的に並べられている（図９）。いずれも額部に凸帯を有する磯野分類のａ‐１類で、中心に「南無阿弥陀仏」の名号が、名号上部には日輪と月輪が刻まれている。三基の紀年銘は、資料３‐１が寛文一三年（一六七三）、資料３‐２が元禄九年（一六九六）、資料３‐３が宝永二年（一七〇五）で、共に「正月廿五日」との銘があることから、墓標ではなく供養塔であると思われる。資料３‐１には、正面最上部の尖頭部に梵字のキリークが小さく刻まれている。三基共に計測はできないが、背後にあるブロック塀などから勘案すると、いずれも幅が六〇㎝程度、高さが一五〇㎝程度あると想定され、本稿で取り上げた資料のなかでは、最も大きいものである。前面下方に別の墓標があるため、資料３‐４ともに下部の銘文や基部などの状況は不詳である。

（四）阪南市鳥取中潮音寺

本堂左奥に庚申塔や西国三十三箇所巡礼供養塔などが数基造立されている。このうちの庚申塔の一基が「関東系板碑形」である。正面上部には日輪と月輪が、中央には「ウーン　南無青面金剛大士」との銘が、下部には三猿と猿の頭に乗る二鶏が彫られている。また、正面中央左側には「寛文十二天」との銘が見える。

（五）阪南市下出旧極楽寺跡

昭和三〇年代に廃寺となった真言宗寺院跡地に残る墓地内に三基が所在している。墓地内には、天正銘の五輪塔浮彫板碑などが散在している。また、慶長一二年銘の名号碑をはじめ、元和九年、寛永一二年の不食供養碑が建立されている。三基の資料のうち、正保五年（一六四八）銘（資料５‐１）と萬治二年（一六五九）

図９　資料 3-1 ～ 3（阪南市瑞宝寺）

銘（資料5－2）の二基もこの不食供養碑である。二基の種子は共に弥陀三尊で、前者は円相の中に梵字を刻んでいる。後者は円相を有せず、半円形の彫り込み上の額部に移動している。形態は共に凸帯を有するa－1類に当たる。これに対し、寛文一二年銘の資料5－3は凸帯のないc類で、名号を刻む。下部が欠損しており、造立趣旨等は不詳である。

（六）岬町淡輪共同墓地

集落の南東部に位置する。中央にあるピラミッド状の無縁墓群中に二基の資料が所在している。

このうち、資料6－1は二基の資料を連結させた形態、b－2類に当たる。正面中央部に未敷蓮華の陽刻が施されており、左右を区画している。それぞれの上部にキリークがあり、その下に戒名や紀年銘と思われる銘文があるが、詳しくは読み取れない。資料6－2（図10）はc－1類で、正面上部中央にキリークを刻み、その下に三行で戒名と思われる銘文がある。蓮華等の意匠は見られない。

（七）岬町多奈川谷川常見寺墓地

多奈川谷川は近世の谷川村に当たり、新旧二か所の湊を有する。この湊は四国や淡路島からの航路上にあり、阿波蜂須

図10　資料6-2（岬町淡輪共同墓地）

図11　資料7-1（岬町常見寺）

賀藩や土佐山内藩が参勤交代の際に利用したとの記録が残されている。同寺は西山浄土宗寺院で、旧の湊地区に所在する。境内墓地奥の斜面を段々に造成した場所に造立されている（図11）（資料7－1）。

額部に凸帯を有するa－1類で、正面中央に「南無阿弥陀仏　一法□貞」、右に「寛永九暦」、左に「正月六日」と銘あり。基部は丸味を帯びて突出しており、蓮華が陽刻されている。寛永九年（一六三二）は、本稿で取り上げた資料としては、最古の紀年である。

（八）泉佐野市ダンバラ墓地

同市では最大級の墓地で、階段状の無縁墓群が数か所に所在する。このうちの一か所内において、二か所の尖頭を作り出して、連なった形態（b－2類）の資料一基を確認した。二か所の半円形の彫り込みの間に梵字にキリークが刻まれているが、無縁墓群の上部にあり、前方にも墓標があることから、これ以外の銘文などについては不詳である。

（九）貝塚市木積共同墓地

木積地区は同市の南部の丘陵部に位置し、墓地はその集落の東端部、河内方面に通じる国道沿いに所在する。ピラミッド状の無縁墓中に一基（資料9－1）の存在を確認した（図12）。

正面の半円形の彫り込みの下から梵字でキャ・カ・ラ・バ・アと四方梵字の発心門を、その下に「道□信士」と戒名を刻む。その左には「酉九月□□」とあり、右にも紀年銘があるようだが読み取れない。形態はc－1類である。

（一〇）岸和田市内畑共同墓地

内畑地区は前述の貝塚市木積と同じく、河内方面に通じる国道沿いに所在する。墓地は集落の南東部にあり、墓地の中央にあるピラミッド状の無縁墓群中に二基の所在を確認した。

うちの一基（資料10‐1）は、半円形の彫り込み部分にキリークを刻み、その下に「道意」「妙雲」など戒名と思われる刻銘が見られる。その左右にも銘文があり、「正徳」とも見えるが断定できない。形態は資料1‐4と同じく、一重の半円形の彫り込みがあるタイプ（X類）である。

図12　資料9-1
（貝塚市木積共同墓地）

五　泉州地域における「関東系板碑形墓標」の様相

前項では、管見に入った泉州地域に所在する当該墓標について、簡単に記した。以下で、この資料について、関東地方の事例と比較するなどにより、その様相を簡単にまとめてみたい。なお、関東地方の事例として取り上げたのは、上述の磯野による埼玉県北本市の調査[27]と神奈川県秦野市における調査[28]である。また、今回の資料数は関東地方の両事例とは、圧倒的な差異があることをあらかじめ付記しておく。

紀年銘を確認できた資料は、二六基中の約半数に当たる一二基であった。その年代については、最古が岬町常見寺の寛永九年（一六三二）で、最も新しい銘は宝永二年（一七〇五）である。紀年銘が造立年であるとは限らないが、最古の資料とされる池上本門寺の資料（元和五年）から十数年後に泉州にも出現している。その後、寛文期に多くなり、元禄、宝永と続き、造立期間は七〇年程である。集約された資料数が大幅に異なるが、北本市の当該墓標の造立状況をみると、一六三〇年代に初出し、一七四〇年代まで造立が見られる。出現の時期は北本市と遜色ないが、終焉の時期には三〇年から四〇年程度、つまり一世代差がある。同様に秦野市では、一六四〇年代から一九世紀初頭まで見られることから、出現はほぼ同時期であるものの、造立期間については、大きな相違が見られる。

次は形態別の造立状況についてである。泉州では、ａ類とｃ類が共に十基ずつ、ｂ類とその他が三基ずつであった。北本市では、二二〇基余りのうち、ｂ類が半数以上を占め、次いでｃ類が約三割、残りがａ類となっている。また、秦野市では、一〇九基中に磯野分類のａ、ｂ、ｃ類はわずか十数基で、残り九〇基は半円形の額部の彫り込みが一重の資料（Ｘ類）である。このように、形態別の造立の状況についても、泉州とは差異が認められた。

さらに年代と形態との関係をみると、北本市ではａ～ｂ類の出現期には大きな差異はないようであるが、泉州では出現から万治二年（一六五九）までの資料がａ類で、寛文期以降の資料にｃ類が見られることから、ａ類が先行している。

石材については、全ての資料が和泉砂岩製である。前述したように、長野県上田市における当該資料は、地元産の石材によって造立されているとのことであり、この点は泉州も同様である。

以上の状況をあらためて簡単に整理してみる。

造立年代については、寛永期から元禄、宝永期となっており、北本市や秦野市の事例と比較すると出現期に大きな差は見られない。しかし、終焉については関東の二か所の事例に比して早い時期となっている。また、当該墓標の造立期間が一八世紀初頭まで見られる秦野市と比べると、泉州での造立期間は極めて短期間である。

形態別では、凸帯を有するａ類と、有しないｂ類及びｃ類とがほぼ同数である。一方、北本市では、後者が八割を占めることから、その差は歴然である。凸帯を有するタイプが多いことも泉州の特徴と言えよう。

　また、石材は和泉砂岩製であることは、当該石材の産地としては当然のことである。これは、形態だけが移動したことを示しており、石工の移動により、江戸や関東地方で採用されていた墓標の形態が泉州に移入されたと考えられる。さらに、移入直後の寛永～万治期の資料は凸帯を有する形態であるが、寛文期に入ると凸帯のない形態が造立されているという事実は、限られた石工だけの移動ではなく、複数の石工が断続的に江戸や関東と泉州とを往来していたことを示している。すなわち、石工が両地方を頻繁に行き来していた、若しくは江戸や関東の石工が間断なく泉州に来ていたことで、時代による形態の差が生じたと言えよう。

　こうして、移入された形態であるが、その採用は泉州内で一部の地域において点在するに留まり、さらには主に特殊な供養塔などとして造立され、墓標の形態として普遍化することはなかったようである。

六　おわりに

　以前、筆者は泉州地域において当該墓標が存在しているという事実だけを簡単に紹介し、それを地元泉州石工の移動によるものとしてまとめたことがある[29]。その時点では、当該墓標は同地域でも近接する数か所の墓地にのみに極めて限定的に存在しているものとして捉えていた。しかし、その後、同地方内において、これらの墓地以外の複数の墓地での存在を確認したことから、本稿でその状況を集約してみた次第である。

　上述したように、現時点では、当該墓標については、泉州地域では複数の墓地で確認できたが、その墓地は必ずしも集中や近接をしておらず、さらに限定的な目的で造立されたものであると言えそうである。

　今後は、同地域内でも未踏査の墓地が多くあることから、これらの墓地における当該墓標の有無を確認するとともに、存在を確認した場合はその資料化を行い、分布状況などの分析を進める必要がある。また、本稿では取り上げなかったが、当該墓標に五輪塔などが刻まれた資料があり（図13）、その資料の収集をはじめ、分析や考察を行うことも重要な課題であると思われる。当該墓標の系譜や出自については、諸見解があるが、磯野が指摘しているように「建造物」がキーワードとなっている。この五輪塔が刻まれた資料は、建造物である廟などに五輪塔が納入されている事例が平面化した形態という考えがあることがその理由である。

図13　五輪塔を刻んだ「関東系板碑形墓標」（阪南市庚申堂）

また、泉州以外の近畿地方において、「関東系板碑形」墓標の存在を確認することも課題として挙げられる。泉州が「飛び地」的に存在するのか、隣接する河内や摂津などにも存在するのか否かは、上述した石工の移動を考えるうえで必要である。

註
1　坂詰秀一「中山法華経寺の墓塔・墓標」『中山法華経寺誌』一九八一年。
2　池上悟「近世墓標の一様相」『日蓮教学教団史の諸問題』（松村壽巌先生古稀記念論文集　松村壽巌先生古稀記念論文集刊行会編　二〇一四年。
3　註2に同じ。

4　磯野治司「武蔵国における近世墓標の出現と系譜」『考古学論究』一八号　立正大学考古学会　二〇一六年)。
5　小沢国平「青石塔婆の終末について」『埼玉研究』第四号一九六〇年。
6　横田甲一「関東の板碑型と称される塔に対する私見」『庚申』七四号　一九七三年。
7　池上年『石塔の形式から見た津具盆地』岡崎石造美術研究所　一九六二年。
8　千々和實「本門寺の古石塔」『大田区の文化財』第二集　一九六五年。
9　村山正市「山形県村山地方における板碑型墓碑の形態分類と変遷試論 - 山形市・天童市を中心として - 」『山形考古』第五巻第三号一九九五年。
10　荒木志伸「立石寺の霊場変遷と景観」『考古学雑誌』九六巻四号　二〇一二年。
11　註2に同じ。
12　畑大介「中世～近世の石塔文化と社会」『南部町誌』上巻　南部町　一九九九年。
13　津南町教育委員会『相吉遺跡』一九九五年。
14　斎藤忠『撰要寺墓塔群』斎藤考古学研究所　一九八二年。
15　伊東市教育委員会『伊東市の石造文化財』(伊東市史調査報告書第二集)二〇〇五年。
16　長濱眞理子「宗閑寺古墓碑群の年代と類型」『山中城跡三ノ丸第一地点』三島市教育委員会　一九九五年。
17　池上悟「東海地方における近世墓石の様相」『立正大学人文科学研究所年報』五五号　二〇一七年。
18　石川治夫「石仏・石神・石塔の形態と変遷 - 沼津地域における近世～近代の石造物について - 」『沼津市史研究』第七号　一九九八年。
19　註7に同じ。
20　新城市誌編集委員会編『新城市誌』一九六三年。
21　千早保之『苗木城墓からみた歴史 - 「廃仏毀釈」以前 - 』二〇一一年。
22　伊勢中世史研究会『白米家墓地総合調査報告～三重県伊勢市(天神丘)所在、旧伊勢御師一族墓の調査～』二〇一五年。
23　佐藤亜聖『熊野灘沿岸地域を中心とした中世・近世葬送墓制の研究』二〇〇九年。
24　坪井良平「山城木津物墓墓標の研究」『考古学』一〇巻六号一九三九年、関根達人『越前三国湊の中近世墓標』二〇一五年　ほか。
25　磯野治司「武蔵国における近世墓標の出現と系譜」『考古学論究』一八号　立正大学考古学会　二〇一六年。
26　磯野の分類に該当しないことから、仮に「X類」としておく。
27　註25に同じ。
28　秦野市『盆地の村』(秦野市史民俗調査報告書五)一九八六年。
29　「近世墓標」『歴史考古学の問題点』坂詰秀一編　一九九〇年。

新見藩関家菩提寺・西来寺徳翁良高寿塔碑銘考

白石祐司

はじめに

近年、『新見史蹟資料』という昭和時代初期に発刊された資料を拝見する機会を得た。本資料は、岡山県新見市内の郷土史家が「温知会」という研究会を組織し、新見藩や藩主関家、市内の社寺仏閣などに関係する歴史や石碑などについて記録し、謄写版により印刷されたものである(1)。私自身『新見市史』や市内で開催された講座資料などで、その一部が転載されているものを確認したことがある程度で、市内図書館はもとより市外図書館などにおいても確認することはできず、原本を見る機会はこれまでになかったのである。

今回確認できたものとしては第一集（昭和三年一月）から第一二集（昭和七年三月）で、各集の内容は、第一集（昭和三年一月）は新見藩主関家菩提寺・西来寺について、第二集（昭和三年二月）は藩祖・関長政と古刹・青龍寺梵鐘銘について、第三集（昭和三年三月）は市内の梵鐘銘と開山塔などについて、第四集（昭和三年六月）は新見御殿と新見館碑、藩儒木山楓渓の墓碣銘などについて、第五集（昭和三年八月）は関家の系譜や『新見記』などについて、第六集（昭和四年二月）は藩儒丸川松隠について、第七集（昭和四年三月）は藩校思誠館について、第八集（昭和四年四月）は『関備前守梅巌居士臨終偈集』について、第九集（昭和四年一二月）は藩儒丸川松隠について、第一〇集（昭和五年三月）は浅尾騒動や歌人や仏像について、第一一集（昭和六年一二月）は関家系譜について、第一二集（昭和七年三月）は神社についてである。(2)

この中で特に目を引いたのが、第一集の西来寺についてである。第一集の目次をみると、「一、新見繋榮之基礎」「二、西來寺開山堂ニアル碑文」「三　1、良高和尚壽塔碑之記　2、月舟和尚納骨之碑文　3、納骨碑撰文」「三、西來寺平面圖（明治維新當時ノモノ）」と記載されており、内容を確認すると、清瀧山西来寺が所有している碑文を写したものと、また明治年間の伽藍配置を図化したものである。本資料の翌年に発刊された『阿哲郡誌』においても、(3)本資料は取り扱われることはなく、このほか関係資料を全て調査したわけではないが、おそらくこれまでに活字にもなっていないうえ紹介されることもなかったと思われる。

そこで、本報告では上記の中でも「良高和尚壽塔碑之記」について簡単な紹介を行いたい。

写真１　西来寺本堂

一　清瀧山西来寺と徳翁良高

清瀧山西来寺は、岡山県新見市新見にあり、黒髪山から南西に延びる尾根と尾根との谷間に位置している。また本寺の南西約三〇〇mには、新見御殿（城郭）があった岡山県立新見高等学校北校地や藩校思誠館があった新見市立思誠小学校がある。さて、本寺は新見藩主関家の菩提寺として庇護を受けた曹洞宗の寺で、当初西来庵として成立し、その後元禄一一年（一六九八）に、初代藩主・関長治が徳翁良高（以下、徳翁と略す）を招聘し、徳翁の師である月舟宗胡の遺骨を迎え開山として、徳翁は第二世として中興している。(4) 境内には、関家墓所が造営されており、初代長治や四代政辰の墓塔（新見市指定史跡）をはじめ、その血縁者の墓標が二区画に分かれて造立されている。

徳翁は、慶安二年（一六四九）に江戸で生まれ、一三歳の時に吉祥寺（東京都豊島区）の離北良重に入門し、その後黄檗宗の鉄眼道光や木庵性瑫らのもとで参学している。延宝元年（一六七三）江戸の大慈庵（東京都江東区）の潮音道海を訪ね弟子の礼を取り、翌年には加賀の大乗寺（石川県金沢市）の月舟宗胡を訪ねている。天和二年（一六八二）からは、正泉寺（千葉県我孫子市）や定林寺（岡山県高梁市）などを転住している。また大乗寺で黄檗清規に従ったとして、元禄九年（一六九六）に追院され大乗寺の世代から抹消されたという。その後、円通寺（岡山県倉敷市）や本報告の西来寺に住している。

宝永六年（一七〇九）二月七日に、円通寺で逝去した。六一歳である。(5)(6)

二　徳翁高禅師壽塔銘并序

『新見史蹟資料』第一集の「良高和尚壽塔碑之記」は、温知会会員の吉村氏が銘文を四頁にわたり写されているものである。本資料を活字にし、読み下しを行った際、意味が通じない部分が見受けられ、吉村氏が銘文を書き写すにあたって誤記や書き漏れなどがあるのではないかと思われた。このことも含め西来寺第二五世松永哲也氏に相談したところ、同碑などは現存していることをご教授いただき、また同氏のご厚意によりこの度拝見する機会を与えていただいた。

先に述べておくと、「良高和尚壽塔碑」（写真２）は宝塔や五輪塔のような所謂塔に書かれた碑文ではなく、矩形の基礎石に矩形の板石を載せ銘文が刻まれた石碑の形式をしている。本碑は、西来寺本堂から北側に続く最奥にある開山堂内に安置されており、堂内最奥部には上下段の二段構造で、上下とも中央左右の三つに間を区切られている。上段の中央の間には、木造達磨立像(7)を中央に、その右に第一世月舟の木造頂相、左に第二世徳翁の木造頂相が配されており、また上段左右の間には、それぞれ仏像などが並

写真２　徳翁寿塔碑

べられている。そして、下段中央の間に、本報告の石碑が造立されており、右の間には『新見史蹟資料』に記載されていた「月舟和尚納骨之碑文」、左の間には「納骨碑撰文」の石造供養塔が安置され、またその下段の間には全てに両開きで絵付きの扉が備え付けられている。本碑の外形と大きさは、まず基礎石は矩形をしており、幅約一二三㎝、奥行約四五㎝、高さは現状で約一〇㎝である。基礎石の中央付近に、幅約九七㎝、厚さ約一八㎝、高さ約六〇㎝の矩形の板石を載せ、その板石の正面に『新見史蹟資料』に記録されていた銘文が刻まれている。(8) また石碑周辺は土であり、その土上には一〇㎝内外の川原石が全体的に敷かれている。

以下、銘文を記載する。なお、銘文の漢字は原則そのままとし、改行も本碑に合わせている。

徳翁高禅師壽塔銘并序
洞源之水流入扶桑者自永平元祖(道元)自永平至今幾乎五百歳宗風一興
而後寢衰矣及乎月舟和尚應世廻狂瀾於既倒天下靡然稱之中奥嗣
其法聲價重叢林者其惟徳翁禅師歟禅師諱良高字道山號徳翁武州
江府人父平氏野州宇都宮之族也師幼慕僧儀常以佛事為戯果十三
師事吉祥(寺)重和尚十五為驅烏焉二十二禮黄檗木菴禅師登壇受具尋
参萬徳潮音和尚咨決心要辤遊諸方還再参音見來即問久遊大方汝
還有新會處麼師云青山无異路東西任意遊音云無別有否師云行到
水窮處坐看雲起時音云玄沙未徹意作麼生師云賊知賊音云道□□
半師禮退後投大乘(寺)月舟和尚服勤有年日増智證和尚上堂師出問□(至)
道無難唯嫌棟擇如何是不棟擇趙州云天上天下唯我獨尊意旨如何

和尚云天上天下唯我獨尊師云還許学人借水献花也無和尚云許師
云有水皆含月無山不帯雲和尚云似則似是来是師竪奉云這箇是下
是和尚云只這云道無難唯嫌棟擇師云將謂胡鬚赤更有赤鬚胡便禮
拜和尚休去爾来針芥相投密傳衣法并永平高祖(道元)　戒本也延寶庚申(八年)冬
首衆于濃陽桑山天和壬戌(二年)秋住總州正泉寺明年春瑞世于總持(寺)次移
定林(寺)及大乗(寺)元禄丙子(九年)春退大乗(寺)寓于備之中州崎山(明崎山のち円通寺)戊　寅(元禄一一年)秋於州之新
見府得古寺基鼎建堂宇名曰清瀧山西來寺乃請先師月老和尚為開
山自居第二世己卯(元禄一二年)年應請董法雲(院)纔円法歳而已壬　午(元禄一五年)結夏於西來(寺)海
衆無地容焉時師五十四歳矣惟師之為性仁慈及物如春育群卉以故
到處衲子服膺恰似水赴壑其挙揚宗乗則凛然学者鋒不可觸焉四方
道俗為弟子受戒者指不勝屈於戯如師所謂苦海津梁末法允明幢
也茲法曽(村)三上氏為師造壽塔諸子命余為之銘余雖不敏而往來師
門沾于示誨者深矣豈敢辭卑拙哉是兮銘銘曰
永平之道蕃衍扶桑日往月來將失宗綱吾師時出數坐道場継絶興
廢法雨大　功成身退鏟彩韜光西來之境水浄山蒼鍥銘石上傳徳
無彊道山壽域地久天長
　元禄十五龍輯壬午仲秋穀旦
　　寓洛陽相國寺慈照院稟戒小師藏山玄機稽首拝撰
　　　　門人白龍等敬立

本碑の内容は、徳翁の出自から元禄一五年（一七〇二）五四歳までの経過であり、中には黄檗宗の木庵性瑫、潮音道海との会合や、曹洞宗の禅師であり、黄檗宗との繋がりが指摘されている大乗寺の月舟宗胡への師事、[9]そのほかに法曽村（現新見市法曽）の三上氏が徳翁のために寿塔を建てたなどの事跡が書かれている。この三上氏に寿塔については、徳翁の事跡を記載した『西来徳翁良高年譜』（以下、年譜と略す）にも記載されており、それによると元禄一三年九月に西来寺に造立されたことになっている。[10]

また銘文の文末から元禄一五年に相国寺慈照院の蔵山玄機により選文され、門人の白龍によって建立されたものとわかる。本碑を造立した白龍は睡翁白龍といい、先の年譜の集録に関わった僧の一人で、西来寺においては第四世を襲名している。[11][12]本碑と年譜はどちらも白龍が関わっていることもあり、表現がやや異なるものの、銘文には共通項が多い。しかし、異なる点もあり、例えば二二歳時での黄檗宗の禅師との参偈は、本碑では木庵であるに対し、年譜では日本黄檗宗の祖である隠元隆琦などとなっている。碑の文字制限のため、内容の取捨選択がなされることは当然であるが、この今後改めて史料批判も含めて、比較検討を行う必要があると考えられる。

この徳翁に関する塔はいくらか造立されており、徳翁が逝去した五年後の正徳四年（一七一四）に編纂された『徳翁高禅師語録』には二基の塔銘文が記載されている。[13]一基は「西來徳翁高公禪師塔銘」で正徳元年に相国寺の第一〇三世別宗祖縁が撰文しており、もう一基は「西來徳翁高禪師塔銘并序」で正徳三年に泰林が撰文している。これらも本碑と同様に徳翁の出自から経歴を記載し、最後に「銘銘曰…」と同様の流れを形成している。また本碑と「西來徳翁高公禪師塔銘」は、撰文を臨済宗の相国寺関連の僧が行っており、当時の宗派や僧同士の繋がりを考える上で重要な資料と思われる。

おわりに

本報告は、調査日程の都合上、寿塔碑の確認と銘文の紹介に主眼をおいたものである。そのため、本碑と三上氏の寿塔との関係や、年譜の宝永六年（一七〇九）にある徳翁の逝去後について、「火後分骨於三處西來永壽預設塔所至如本庵則徑就影堂之下甕置石上唯書開山高和尚塔六字別樹木塔盛衣鉢安之於像左木牌置於右邉」とあるため、記載されている塔所や木塔との関係性、そして、年譜との比較検討を考える必要がある。

また本碑などが開山堂内に安置されているが、松永氏によると開山堂は文化文政期（一八〇四〜一八三〇）に建てられたとの口伝があるとのことで、元禄一五年銘をもつ本碑などとの関連をどう捉えるかも考える必要がある。なお、現状としては、本碑や左右の供養塔に対して、その正面の両扉の大きさや位置が正確に備え付けられていることから、少なくとも開山堂は本碑の位置に合わせて建立したと思われる(14)。

調査後、松永氏に改めて本碑などの実測調査などのお願いを行ったところ快諾していただいた。今後、別稿にて本碑などについてさらに深めた調査・研究を行いたい。

最後に、末筆ではございますが、今回の調査などにご協力いただいた松永哲也氏、内池英樹氏に御礼申し上げます。

註

1　温知会は現在閉会している。

2　第三集から機関誌名が『新見史資料』と変更されている。また『新見史蹟資料』は今後何らかの形で紹介していきたい。

3　『阿哲郡誌』は、新見市における歴史関係書の基礎的資料集とされており、様々な分野が網羅され、また資料が掲載されている。

4　西来庵から西来寺への流れを含め徳翁の事跡について、『西來徳翁高和尚年譜』に詳しく記載されているが、現在寺に伝承されている内容と異なるため、西来寺の歴史について改めて調査研究を行いたい。
5　木村得玄『黄檗宗の歴史・人物・文化』二〇〇五年九月。
6　国士大辞典編集委員会編『国史大辞典』一〇　一九八九年九月。
7　西来庵当時の本尊と伝えられている。
8　本調査では、石碑の背面を確認していない。
9　大槻幹郎・加藤正俊・林雪光編『黄檗文化人名辞典』一九八八年一二月。
10　白龍・良英・良機等『西来徳翁高和尚年譜』貝葉書院　二〇〇八年八月
11　原本は寛政一一年（一七九九）に編纂されたもので、本貝葉書院版は松永哲也氏などが徳翁三百遠諱に合わせて、『來註西来家訓　全』『徳翁高禅師語録（上）（下）』とともに、同書院に保存されていた版木から再版されたものである。
12　曹洞宗岡山県寺院歴住世代名鑑編集委員会編『曹洞宗岡山県寺院歴住世代名鑑』一九九八年一一月。
13　松永氏によると、西来寺の住職になっていること以外不明とのことである。なお、註11によると、享保一〇年（一七二五）一一月一〇日に逝去している。
14　徳翁良高『徳翁高禅師語録（下）』貝葉書院　二〇〇八年八月
西来寺の開山堂のように本堂奥に建立される形式は徳翁由縁の寺院に使用されており、倉敷市の円通寺もその形式を採用している。

II

埋葬の実態

北脇義友

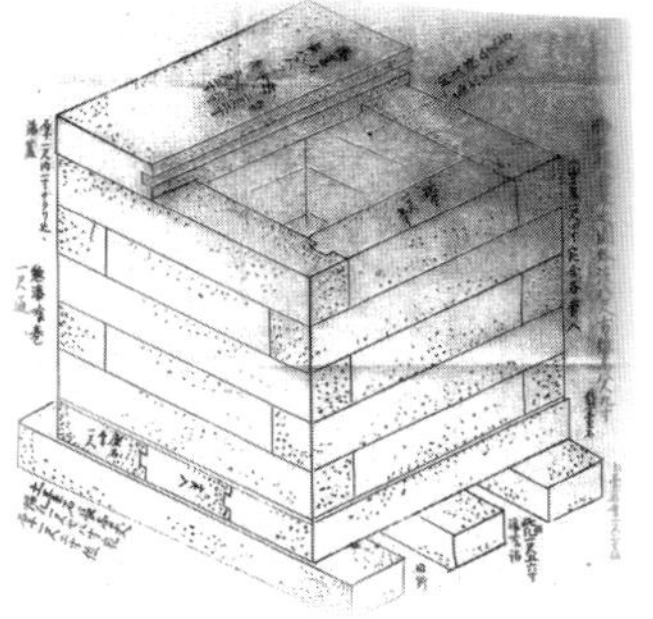

岡山藩池田家埋葬考

北脇義友

一　はじめに

本稿では、近世から近代にかけて岡山藩主池田家一族が遺骸をどのように埋葬したかを明らかにしたい。埋葬の仕方が分かるのは、慶長一八年（一六一三）に亡くなった池田輝政に始まり、池田忠雄（一六三一年死）と続く。そして、最も新しいのは大正一〇年（一九二〇）に亡くなった池田章政の侍妾花子である。この約三〇〇年間にわたる遺骸の扱い方を文献史料及び発掘調査からみることとする。

近年には土葬から火葬、そして最近では樹木葬や海洋散骨など遺骸に対する扱い方も大きく変化している。それは遺骸に対する人々の考え方の変化ともいえよう。藩主一族の遺骸をどのように葬ったかを見ることは、死に対する考え方の変化をみることと考えた。

支配層における墓の地下構造についての研究は、徳川将軍家の墓所である増上寺・寛永寺の改葬に伴う調査(1)によって、将軍家の地下構造が明らかになった。それを基に今野春樹が将軍家の地下構造について論じた。(2)

それによると、次のことを挙げている。①石室石槨が構築され、水銀朱・銅棺を用いている。②将軍の埋葬方法は土葬であるが、御台所は初期では火葬が行われて、土葬への転換は五代綱吉の生母桂昌院（一七〇五年死去）からである。③明治一〇年（一八七七）に亡くなった静寛院（十四代家茂正室）は座位から伸展葬に変化している。

将軍家以外で藩主一族の地下構造が発掘で明らかになった例は仙台藩伊達家や深溝松平家などがあるが、その数はごく限られている。[3] 地下構造については考古学の立場から研究が進められている。しかし、発掘調査ができる墓は限られており、物理的限界がある。さらに、棺は長い年月により腐敗することから、どのように埋められたかを詳細に知ることは困難である。そこで、考古学による知見に加え、文献史料を基に埋葬法を見ていくことにした。池田家文庫には本藩のみならず支藩の池田家における埋葬に関する文書が残っており、それらを基にみていくことにする。

二　藩主（世子）とその室（側室）の埋葬

（一）光政以前の埋葬

姫路城主池田輝政は慶長一八年（一六一三）に亡くなると播州で火葬にされたが、元和年中に京都妙心寺護国院（臨済宗）に遺骸は葬られた。子利隆は元和二年（一六一六）に亡くなると播州栗林に埋葬されたが、後に護国院に遺骸は葬られた。[4]

寛永九年（一六三二）四月に亡くなった岡山城主忠雄（輝政子）の遺骸は、岡山龍峰寺（臨済宗・後の国清寺）に葬られた。この墓は寺の移転に伴う発掘調査[5]で、土葬で行われたことが分かった。その地下構造を図[6]1に示した。それによると、石室は花崗岩の切石積三段構築で、石組にはかなりの隙間があり、花崗岩の破片を詰めている。内法は約一m×〇・九八m・深さ一・三五mである。床下には小礫（三～五㎝）が厚さ五㎝ほど敷かれていた。表面敷石から約一m掘ったところで石室蓋石が検出された。石室の中から棺の鉄釘・角金具・引手金具が検出された。このことから、防水工事を行うことなく簡素な石槨の中に箱型の座棺によって埋葬されたことが分かる。寛永九年（一六三二）正月に亡くなった忠雄室三保（芳春院）の墓は江戸で亡くなると、江戸法浄寺に葬られた。[7]彼女の墓は、忠雄の墓の横にあったが、遺骨はなかった。

（二）光政による埋葬

初代藩主光政（三一万五千石）は寛文六年（一六六六）に京都妙心寺にあった輝政・利隆などの先祖の遺骸を新たに造った和意谷墓所（備前市吉永町）に移し、自らの信奉した儒教で改葬した。このとき、移転されたのは、輝政・利隆、政貞（利隆子・一六三三年死）・政虎（輝政子・一六三五年死去）・利政（輝政子・一六三九年死）であった。その埋葬状態は、骨壺に入れられた遺骸と土葬による遺骸であった。[8]輝政の墓壙は長さ三尺二寸×横三尺一寸、深さ一丈一寸まで掘り下げ、その後土を五六寸ずつ埋め、突き固めた。そして、瀝青・三物・炭を詰めた。利隆の墓壙は長さ四尺七寸二分×横三尺五寸二分、深さ八尺五寸まで掘り下げた。[9]造営のために、大坂から石工河内屋治兵衛を呼び寄せた。彼は和意谷墓所完成後も、そのまま岡山に住み着いた。

光政の母福照院が寛文一二年（一六七二）一〇月二六日江戸で亡くなると、二七日には棺に納められた。そして、翌月二六日和意谷墓所に葬られた。その棺は杉板で内法横一尺八寸・横一尺二寸×一尺八寸、高さ一尺二寸で台形状の寝棺である。[10]これ以後、火葬されることはなくなった。

光政の妻円盛院が延宝六年（一六七八）一〇月七日江戸で亡くなると、翌月二日和意谷墓所に葬られた。棺は外法横一尺八寸・横一尺一寸×長さ六尺一寸四分、高さ一尺四寸五分である。墓壙はまず深さ約一丈まで掘り下げ、底に炭粉を約二寸ほど敷き、さらに三物（石灰・赤土・細砂）を練り合わせたもの）を約三寸ほど敷き固めた。そして灰隔の箱（杉）を入れ、周囲にも三物と炭粉を詰めた。灰隔の箱内に約二寸ほど瀝青（松脂・蝋・油・石灰を練り合わせたもの）を塗った。外棺は杉板で釘を使わず、チキリで止めた。江戸から来た棺を灰隔の箱に入れ、この間に松脂の粉を搗き収めた(11)。これらの方法は「右の寸尺ハ家礼に相見候周尺之寸法ヲ和尺ニ直シ書付申候(12)」と『朱子家礼』に従っている。

光政は天和二年（一六八二）五月二二日岡山で亡くなると、翌月一三日和意谷墓所に葬られた。亡くなった当日に棺に入れられ、その棺を図2‐1・2に示した(13)。その棺は外法上横一尺四寸五分・下横二尺一寸三分半×長さ五尺七寸六分半、高さ一尺六寸七分である。その棺には一寸ほど内外に漆を塗り、底には糯米の灰を

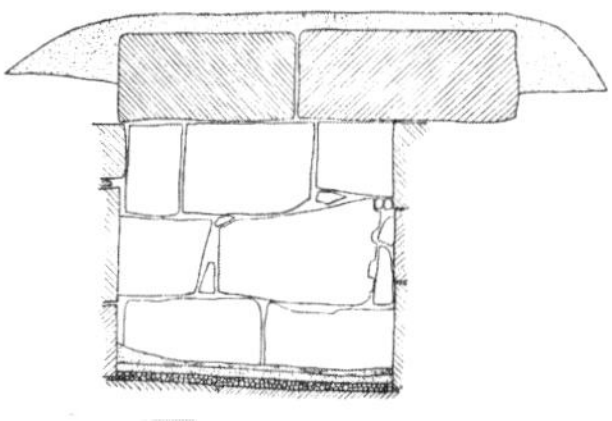
図1　忠雄の石室

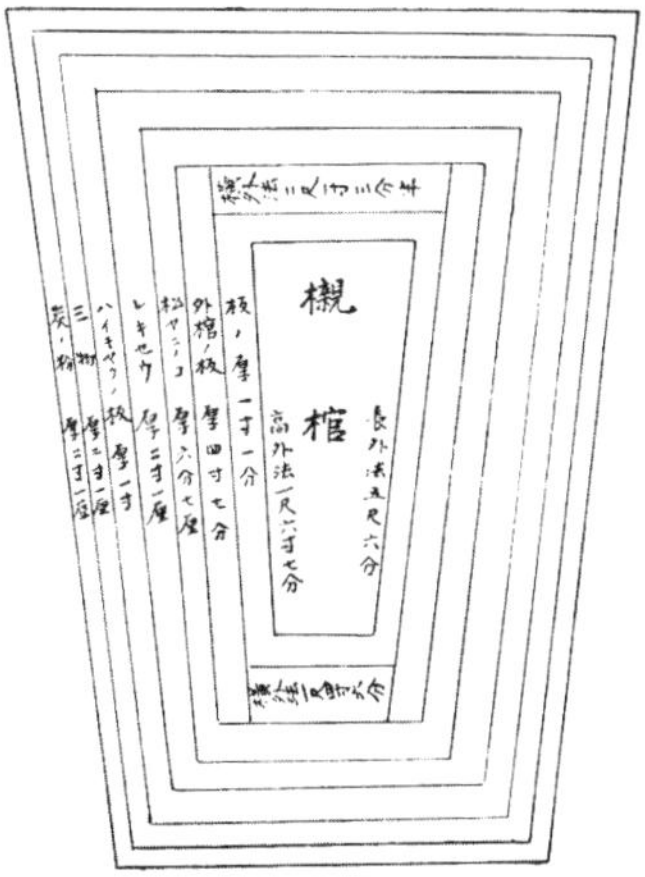
図2-1　光政の地下構造（平面図）

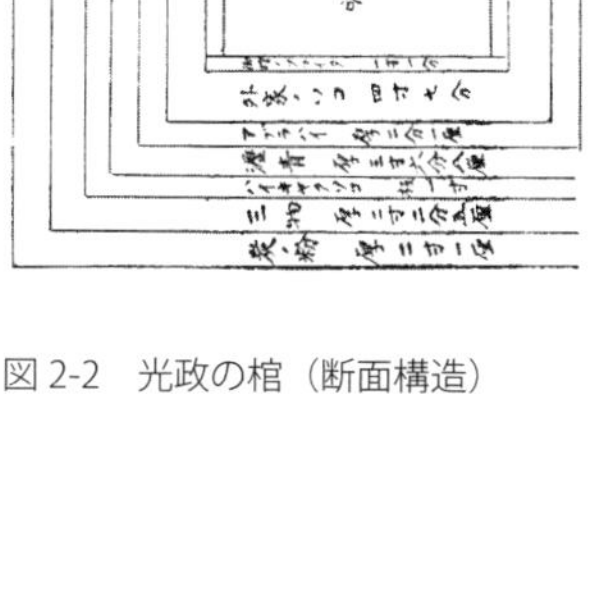
図2-2　光政の棺（断面構造）

三寸敷く。さらに紙を敷き、七星を加えた。[14] 外側から炭二寸一厘・三物二寸一厘・灰隔板・瀝青二寸一厘・松脂粉六分七厘・外棺・櫬棺となっている。[15][16]

埋葬方法も円盛院と同様に、埋葬時外棺を入れ、蓋をされた。台形の棺や瀝青・三物・炭・七星は『朱子家礼』に書かれている方法である。『朱子家礼』によると、炭は木の根が入るのを防ぎ、水や蟻を防ぐためとしている。三物は次第に固くなることで、虫や盗賊の侵入が出来なくなるためとしている。

(三) 綱政以後の埋葬

綱政が二代藩主となると仏教に戻した。綱政の世子である吉政が元禄八年(一六九五)九月に亡くなると江戸東禅寺(臨済宗)に葬られた。これ以後、東禅寺は江戸における池田家の菩提寺となった。その棺は石塔の近くの地下約二mの所から検出された。その木棺は寝棺で、約横幅六〇cm×奥行一八〇cm・高さ七〇cmであった。[17](図3)[18] 彼の墓石には、「寂照院殿中大夫備前守靈普明大居士」と刻み仏式であるが、光政時代の寝棺を踏襲している。綱政室千子(真証院)は元禄一三年(一七〇〇)四月に亡くなると、江戸霊巌寺(浄土宗)に土葬で埋葬された。[19] 改葬に伴う発掘では約一間半の棺(桧)に胡座の形で検出された。その棺の外側は銅板に包まれ、二重・三重の棺(桧)があった。[20] その中には、石灰・綿・炭・イオウなどが大量に詰められていた。[21]

綱政が正徳四年(一七一四)一〇月二九日に亡くなると、新たに曹源寺(臨済宗)円山墓所が造られ、翌月一八日に葬られた。埋葬は「瓶蓋以石灰堅之」[22]と遺骸は瓶に入れられ、蓋は石灰で固められた。そして、外側は石槨に収められた。[23] 綱政の側室で三代藩主の母高科(栄光院)は延享三年(一七四六)八月二三日に亡くなると、翌月二〇日円山墓所に葬られた。その遺骸は綱政と同様に瓶が用いられた。[24] 瓶の内側は二重の箱からなり、内側の箱は外法横一尺九寸四方・高さ二尺八寸で、銅釘でとめている。二重箱は杉で外法横二尺二寸六分四方・高さ三尺二寸で、仙花紙を張り、四方に鉄のとってを付けている。瓶の外箱は桧で外法横四尺五寸四方・高さ四尺七寸である。石棺は内法五尺五寸としている。瓶と郭の間には白漆喰、郭と石棺の間には三物・漆喰でそれぞれ固めている。石棺の石蓋の上には三物を置き、さらにその上に平石・砂を盛り上げた。以上のことから、五重（内箱・二重箱、瓶・外箱・石棺）になっていることが分かる。

三代藩主継政（保国院）は安永五年（一七七六）二月六日に岡山で亡くなると、円山墓所に葬られた。棺の詳細は不明である。

四代藩主宗政（寿国院）は明和元年（一七六四）三月一〇日に岡山で亡くなると、翌月一三日に円山墓所へ葬られた。その室藤子（宝源院）が寛政六年（一七九四）一一月に亡くなると、東禅寺に葬られた。[25]図4のように内棺・銅棺・三重棺・待棺・石棺の五重になっている。内棺は二尺五寸四方・高さ三尺二寸五分で、底は二重になっている。その外側に銅棺（二尺六寸七分四方）、三重棺（二尺八寸五分四方）となっている。そして、土壙に備えられた待棺は四尺三寸四分四方で、石棺は内法五尺二寸四方、高さ内法五尺七寸五分である。[26]

五代藩主治政（顕国院）の室米子（鳳台院）は寛政五年（一七九三）六月に亡くなると、東禅寺に葬られた。その棺は内側から内棺・銅棺・三重棺・待棺・石棺の五重からなる。（図5）[27]内棺は縦横二尺五寸四方・高さ三尺一寸で、二重底になっている。銅棺は二尺六寸七分四方・高さ三尺で、石棺は内法で横五尺四寸四方・高さ五尺二寸になっている。[28]発掘では石棺内には木炭が詰められていた。[29]側室筆野（清操院[30]）が文化一四年（一八一七）三月四日に亡くなると、九日円山墓所に葬られた。その棺は内箱・中箱（杉）・外箱（杉）・待棺（杉）からなる。[31]内箱は内法二尺四方・深さ二尺八寸、中箱は外法二尺三寸八分四方・高さ三尺四寸五分、外箱は内法二尺四寸八分四方、待棺は内法三尺五寸四方・深さ五尺としている。内箱にはチヤン（瀝青）を流し、内外に海田紙を貼っている。外箱には海田紙を貼っている。外箱と中箱の間にはチヤンを流し、外箱と待棺の間には炭をつめている。治政が文政元年（一八一八）一二月一九日に亡くなると、翌年一月一四日円山墓所葬られた。それを図6－1・2に示した。[32]棺は内箱・中箱（杉）・外箱・待棺・石棺からなる。上堀口は五間四方（約九・一m）で、深さ一丈六尺（約四・八m）まで掘り下げ、深さ一丈五尺（約四・五m）とした。内箱は外法二尺二寸四方で、す板を入れている。石棺は内法横五尺・高さ六尺九寸で、周りは漆喰で固めている。内箱と中箱の間にはビンヅケ（油蝋）を詰めている。石棺と待棺・待棺と外箱の間には炭を詰めている。石工工事は河内屋治兵衛と和島屋重吉が請け負っている。

六代藩主斉政室伊渡子（麗光院）は文化三年（一八〇六）に亡くなると江戸霊巌寺に埋葬された。[33]斉政世子斉輝（龍泰院）が文政二年（一八一九）三月一八日に江戸で亡くなると、閏四月九日円山墓所に葬られた。彼の地下構造を図7に示した。[34]埋葬の経過を次に示した。四／四－墓所見分。四／五－石棺絵図並仕様書、評定所に持参。御用石工河内屋治兵衛と和島屋重吉に提示。翌日より犬島にて石割。四／一三－墓穴掘り下げ開始、上堀口は一丈九尺で、下堀留は一丈四尺で深さ一丈一尺六寸とした。四／二四－石棺を見分。閏四／九－江戸より来た三重棺を待棺に埋葬した。石棺は土台石三本敷き、その間は固定するために漆喰を詰めた。石棺の大きさは内法で横四尺八寸四方・高六尺一寸である。石棺と待棺の間には炭を詰めている。斉政（観国院）は天保四年（一八三三）六月二六日に岡山で亡くなると、翌月五日円山墓所に葬られた。斉政の側室桂昌院は、天保七年（一八三六）一一月一二日に亡くなると国清寺に葬られた。改葬時の手記に書かれている棺を図8－1・2に示した。[35]三重の棺からなり、最も内側の棺（杉）は外法二尺二寸四方×高さ二尺九寸で四方に金具がついている。この箱の中には一尺八寸五分四方・高さ六寸の下ヶ箱（提ヶ箱）を入れ、下す板（杉）は三本の切れ込みがあった。その継ぎ目にはロー引もしくは松脂が見られる。内側の棺と二番目の棺には松脂を一寸ほど詰

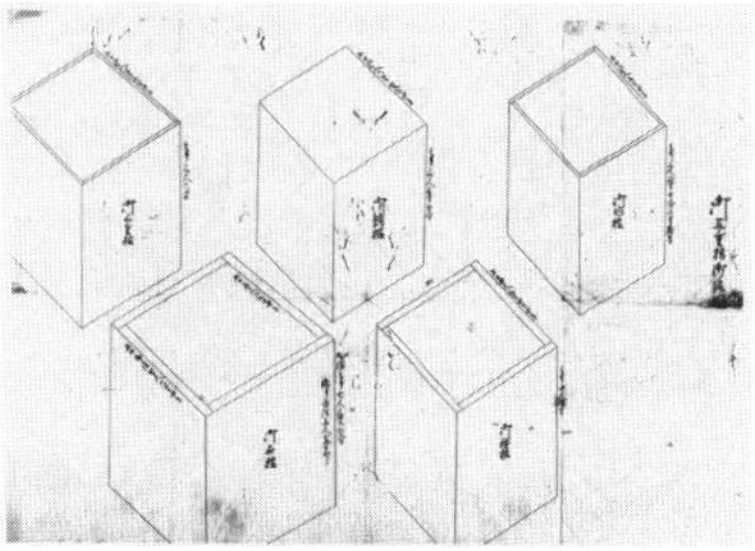

図４　藤子の棺

図３　吉政の遺骸

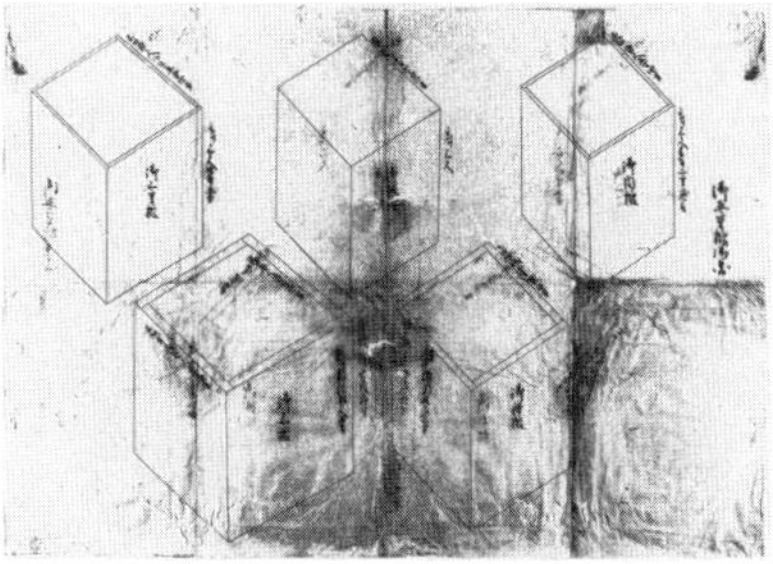

図５　米子の棺

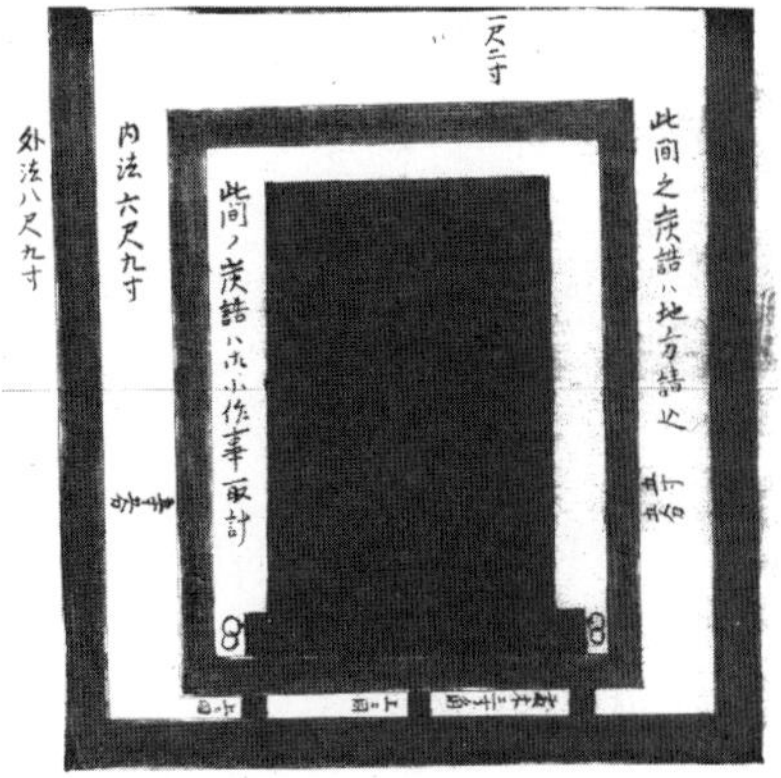

図 6-1　冶政の地下構造

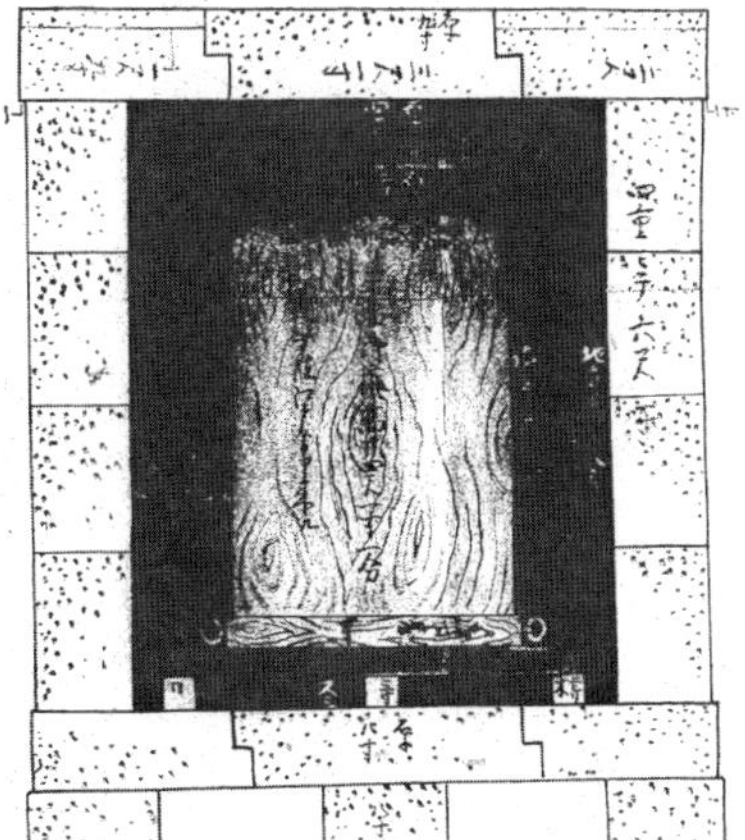

図７　斉輝の地下構造

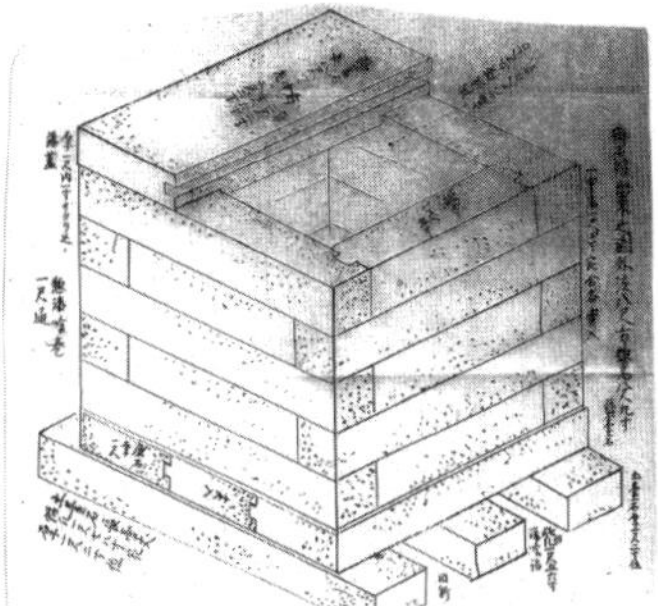

図 6-2　冶政の石棺

めている。二番目の棺と最も外側の棺には二寸ほど炭を詰めている。[36] 斉輝妻知子は安政五年（一八五八）一〇月二一日に亡くなると、夫と共に二九日円山墓所に葬られた。

七代藩主斎敏（雄国院）は天保一五年正月三〇日に岡山で亡くなり、四月二五日円山墓所に葬られた。

（四）近代の埋葬

九代藩主茂政室万寿子（正源院）が明治元年（一八六八）八月五日に亡くなると、翌月一二日和意谷墓所に埋葬された。再び光政の墓所と同様に墓石の背後には墳が造られ、寝棺になった。その棺を図9に示した。[37] その棺は三重の棺からなり、内側からビンヅケ・チヤンを詰めている。厚さ六分の箱を置き、その間には瀝青二寸を詰めている。さらに外側には三物二寸、炭粉二寸を詰めている。厚さ四寸七分の待棺（杉）の外側には厚重の棺と待棺の間には松脂の粉を詰めている。内棺には朱を引いている。棺の全長は九尺一寸三分×五尺九寸三分で高さ五尺五寸三分である。

慶政長男鼎五郎政実は明治二年八月七日に二〇歳で亡くなり、翌月三日和意谷墓所に葬られた。その地下構造を図10に示した。[38] 棺は台形状の三重の棺なり、その間には内側からビンヅケ・松脂を詰めている。埋葬時には三重の棺と灰隔板の間には石灰（しっくい）を詰められている。また灰隔板と土の間には二寸ほど灰を詰めている。

八代藩主慶政室宇多子が明治一〇年（一八七七）一〇月二四日に亡くなると、一一月一九日に和意谷墓所へ葬られた。その棺は内箱・中箱・外箱の三重の棺からなり、内箱は内法五尺五寸×一尺八寸・高さ一尺七寸である。そして内箱の中には深さ七寸の提ケ箱（図11－1）[39]に七星を施した下す板を入れている。その外側には、待棺と二ノ箱と三の箱からなっている。待棺と二ノ箱の間には漆喰を詰めている。待棺と二ノ箱の間に漆喰を、

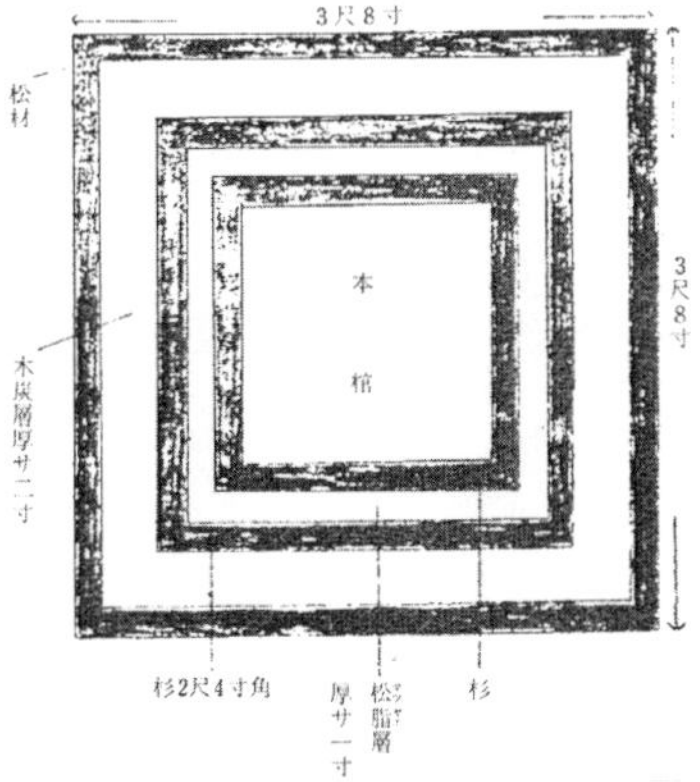

図 8-1　桂昌院の地下構造

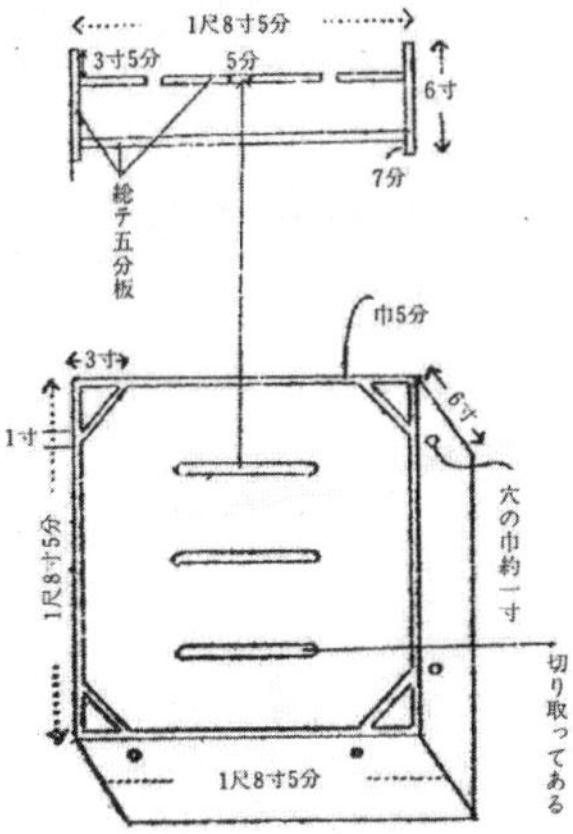

図 8-2　桂昌院の下ケ箱

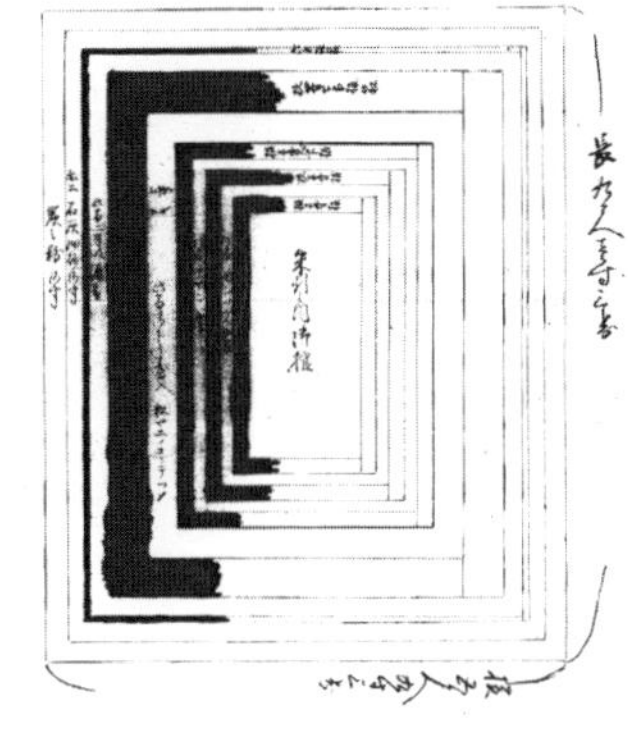
図 9　万寿子の地下構造

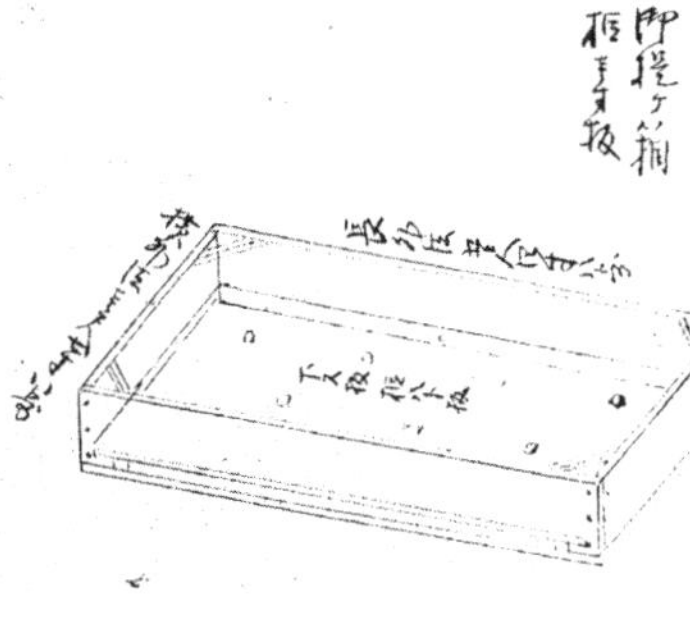
図 11-1　宇多子の堤ヶ箱・下す坂

二ノ箱と三ノ箱の間に炭を詰めている[40]。内箱は桧、中箱・外箱は杉、待棺は赤杉、二ノ箱・三ノ箱は松が用いられた（図11‐2）[41]。

斎敏室金子（嶺泉院）が明治一五年三月二〇日に亡くなると、四月九日に円山墓所へ葬られた。その墓は和意谷墓所と同様に墓石の背後に墳をもつ。棺は内箱（桧）・中箱（桧）・外箱（栂）、待棺（杉）・大外箱・境箱からなっている。内箱には下す板のはいった下ケ箱（桧）が入っている。墓穴には漆喰・炭を詰めている[42]。棺と待棺との間にセメントを詰め、待棺の蓋をして釘で止めた。外周りには漆喰で

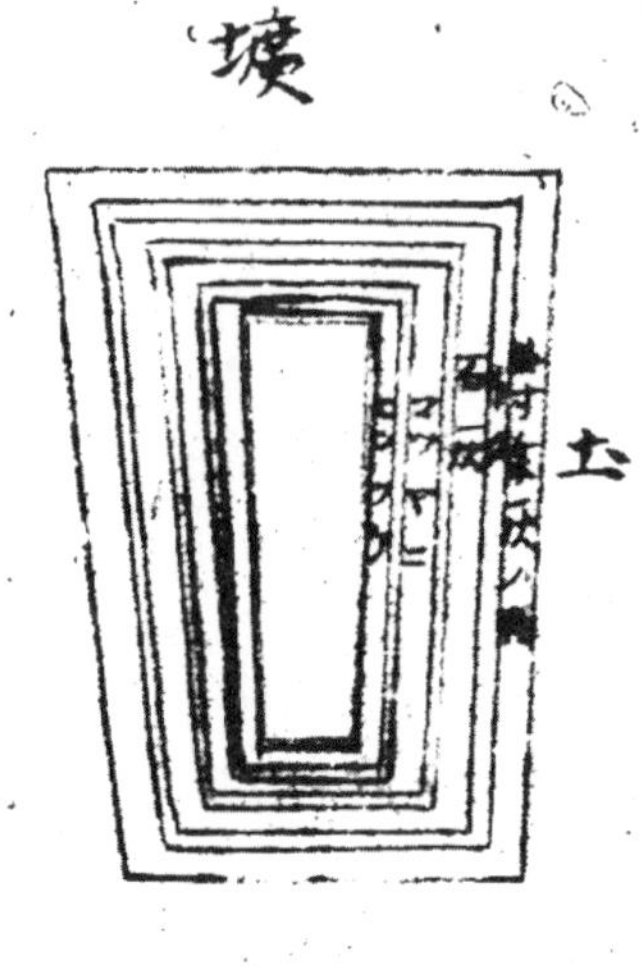

図 10　政実の地下構造

図 11- 2　宇多子の地下構造

巻いた[43]。

　慶政は明治二六年（一八九三）三月三日に岡山で亡くなった。埋葬までの経過を次に示した[44]。四日‐埋葬地として和意谷墓所・円山墓所のどちらにするか決めるため実地調査をすると共に旧藩士の香川真一・中川横太郎・奥村左近太[45]等に意見を求めた。ここで問題となったのは和意谷墓所が円山墓所に比べて遠く、洪水のために道路が破損していることであった。五日‐中川・奥村両氏章政に建議する。中川は円山に埋葬されるとの話もあることに驚愕し、「浮屠香火の一庭園ニ勝」ということから和意谷墓所に埋葬するように求めた。奥村も費用の点からも円山に決定との話もあるが、これを批判し和意谷墓所に埋葬するように求めた。六日‐二つの墓所の実地調査を行う。七日‐相談人との協議の上、和意谷墓所に決定する。八日‐掘り立ての担当者を決定する。墓壙は縦四間三尺×横二間で階段状に深さ二間一尺五寸まで掘り下げた。底の広さは縦二間一尺九寸×横一間四尺二寸である。一一日より一八日の間に炭・漆喰を納めた。二〇日 - 香川氏建議する。彼は「御遺骸ヲ山谷間ニ投棄スルト一般香花ヲ絶サラント欲スルモ不可得儀ニ有之候」とのことから、円山に埋葬するよう建議した。二三日 - 和意谷墓所に埋葬する。埋葬時、岡山から来た棺を待棺に納めると間にセメントを詰める。そして待棺の蓋をして、釘で締めた。そして、その上に銘旗を納めて撥土の式を行った(46)。

九代藩主茂政は明治三二年（一八九九）一二月一一日に亡くなると、二四日和意谷墓所に葬られた。埋葬は六尺まで掘り、戻し土は六寸ごとに千本搗で固く締め、その上に石を備え付けた(47)。埋葬では棺を待棺に納めると、その間にセメントを詰めた。東京に棺の大きさを聞いた上で、先例の通り待棺の大きさを決めた(48)。

一〇代藩主章政は明治三六年（一九〇三）六月五日に東京で亡くなると、遺体は汽車で送られ、一六日に円山墓所に葬られた(49)。埋葬は深さ六尺まで掘り、戻し土は六寸ごとに蛸木あるいは千本搗で固く締めた(50)。その妻鑑子は明治三九年九月二五日に東京で亡くなると、汽車にて遺体を運び一〇月四日に円山墓所に埋葬された(51)。

当主詮政は明治四二年（一九〇九）六月一日に東京で亡くなると、八日自邸において神葬祭が行われた後目黒村墓地に埋葬された(52)。

大正九年（一九二〇）に亡くなった当主禎政とその母安喜子の墓は東京で葬られた。その地下構造は砂利をもって埋め立て厚さ六寸毎に蛸木あるいは千本搗で固く締め、その上にコンクリートを施し、根石を備え付けるとしている(53)。章政の侍妾花子は大正一〇年に亡くなると、「池田花子殿納骨式【並】法会費(54)」から火葬によって円山墓所に葬られた(55)。

三　支藩の埋葬

（一）近世の埋葬

岡山藩の支藩である鴨方藩（二・五万石）は光政の子政言によって立藩され、歴代の藩主は江戸東禅寺と国清寺に葬られた。政言は元禄一三年（一七〇〇）に亡くなると東禅寺に葬られた。

六代藩主政養（養賢院）は文政二年（一八一九）に亡くなり、東禅寺に葬られた。発掘で地中一mほど下に石室が現れ、石室内は炭に覆われ銅棺が検出された[55]。

七代藩主政共（常観院）は文政七年（一八二四）五月二二日に摂津国で亡くなり、国清寺に葬られた。石棺は六月一二日に和島屋重吉と河内屋治兵衛が請け負った。石棺の大きさは内法三尺七寸四方・高さ四尺八寸五分である[56]。そして、石工への石棺（墓所への据え込みまで）代は銀札一貫二九五匁であり、大工への棺代四八〇

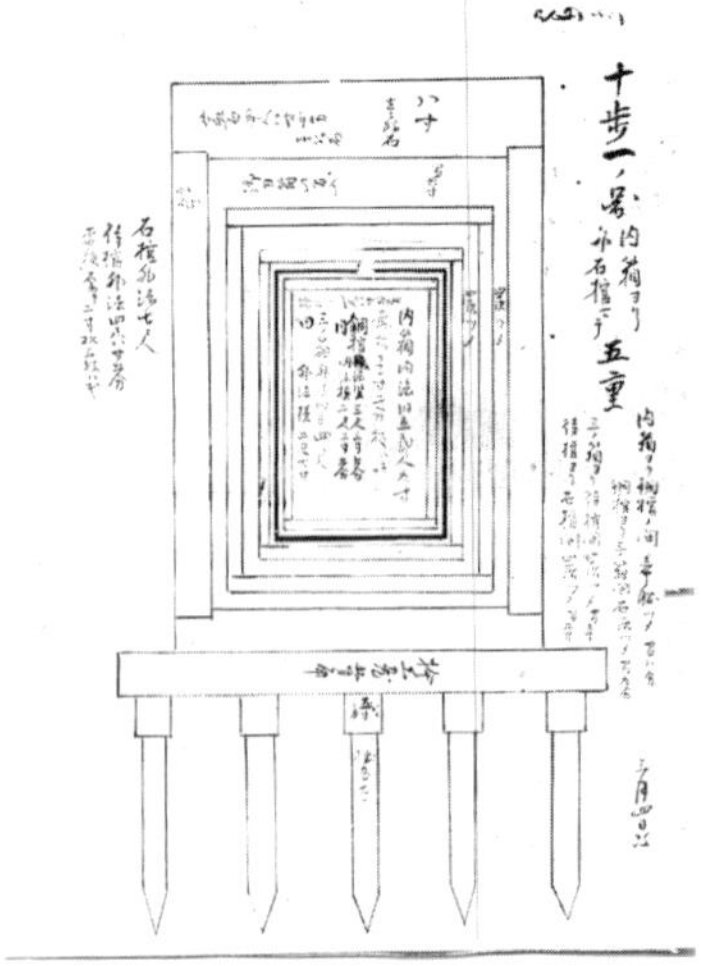

図12-1　政善の正面図

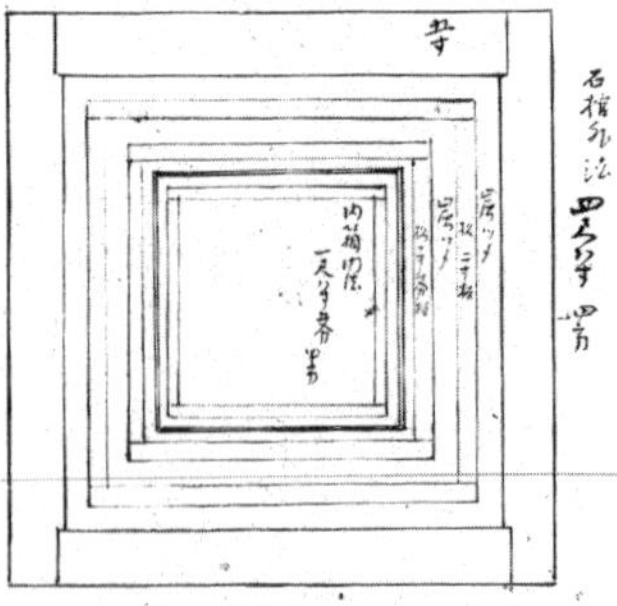

図12-2　政善の平面図

匁・小道具代二七〇匁、石工への石塔代は三貫二九一匁である。[57]石工の占める割合は八六％であり、石工における石棺代の割合は二八％である。このことから、墓における職人の請負高の多くは石工で占められ、石棺代は石塔代と比べてもその割合は少なくない。

八代藩主政善（大宝院）は弘化三年（一八四六）一〇月四日に亡くなり、国清寺に葬られた。その地下構造[58]を図12‐1・2に示した。内箱（赤杉）・銅棺・三ノ箱（杉）・待棺（赤杉）・石棺からなる五重で作られている。内棺は内法横一尺八寸五分四方・高さ二尺九寸で、継ぎ目にはチヤンを塗っている。銅棺は内法高さ三尺三寸五分・横二尺二寸五分で本ロウ引きである。三ノ棺には美濃紙を六重に張って渋引きをしている。[59]さらに渋煎のりにて美濃紙を五重に張っている。三ノ箱より待棺及び待棺より石棺の間には二寸ずつ炭を詰めている。内箱と銅棺の間に樟脳八分を、銅棺と三ノ箱の間に石灰九分、石棺は外法横四尺八寸四方×高さ七尺で、石棺の基礎には松丸太を打ち込んでいる。埋葬の経過は次に示した。一〇／四‐死去・内箱でき、チヤン入れる。一〇／九‐棺蓋釘を締める。一〇／一六‐一〇／五に申し付けた銅棺出来る。一〇／一七‐内棺と銅棺の間に樟脳八分、銅棺より三ノ箱の間には石灰九分を詰める。三／九‐墓所見分する。三／一三‐石工和島屋重吉石棺を請け負う。四／一四‐地面見分する。五／六‐埋葬する。[60]跡目が決まっていなかったことから、亡くなってから埋葬まで約七か月を要している。このように、埋葬は対外的に藩主の死を知らせる意味をもっている。

もう一つの支藩である生坂藩（一・五万石）は、光政の子輝録が初代藩主となった。輝録は正徳三年（一七一三）に亡くなると、東禅寺に埋葬された。安永五年（一七七六）七月二五日に亡くなった四代藩主政弼は、東禅寺に八月七日甕棺で埋葬された。[61]石棺は伊豆石を用いて、内法七尺五寸×三尺五寸、高さ二尺五寸である。

（二）近代の埋葬

政共の妻清厚院は明治元年（一八五八）一二月に亡くなり、国清寺に葬られた。その地下構造[62]を図13に示した。棺は肌棺（桧）・二ノ箱（桧）・待棺（松）と石棺からなっている。肌棺と二ノ箱の間には石灰、二ノ箱と待棺の間には炭、待棺と石棺の間には炭を詰めている。松丸太（長さ三尺）の杭を打ち、その上に肥松を敷いている。一二月二六日に亡くなってから、翌年一月二四日の埋葬までの経過を時系列で示すと次のようになる。一二／二六‐直ちに肌棺作成、その大きさは内法横一尺七寸四方・深さ二尺六寸である。一二／二七‐肌棺の内側に美濃紙をはり、チヤンを流す。外側には奉書紙をはる。一二／二九‐葬地（国清寺）を見分する。一／二‐二ノ箱が出来る。一／四‐墓穴の支度をする。一／五‐石工和島屋重吉へ石棺（内法横四尺四寸五分×総高さ五尺六寸）の見積書提出を要請する。一／一八‐穴に石棺を据える。一／二二‐石棺に待棺(松)を納める。一／二四‐埋葬する。

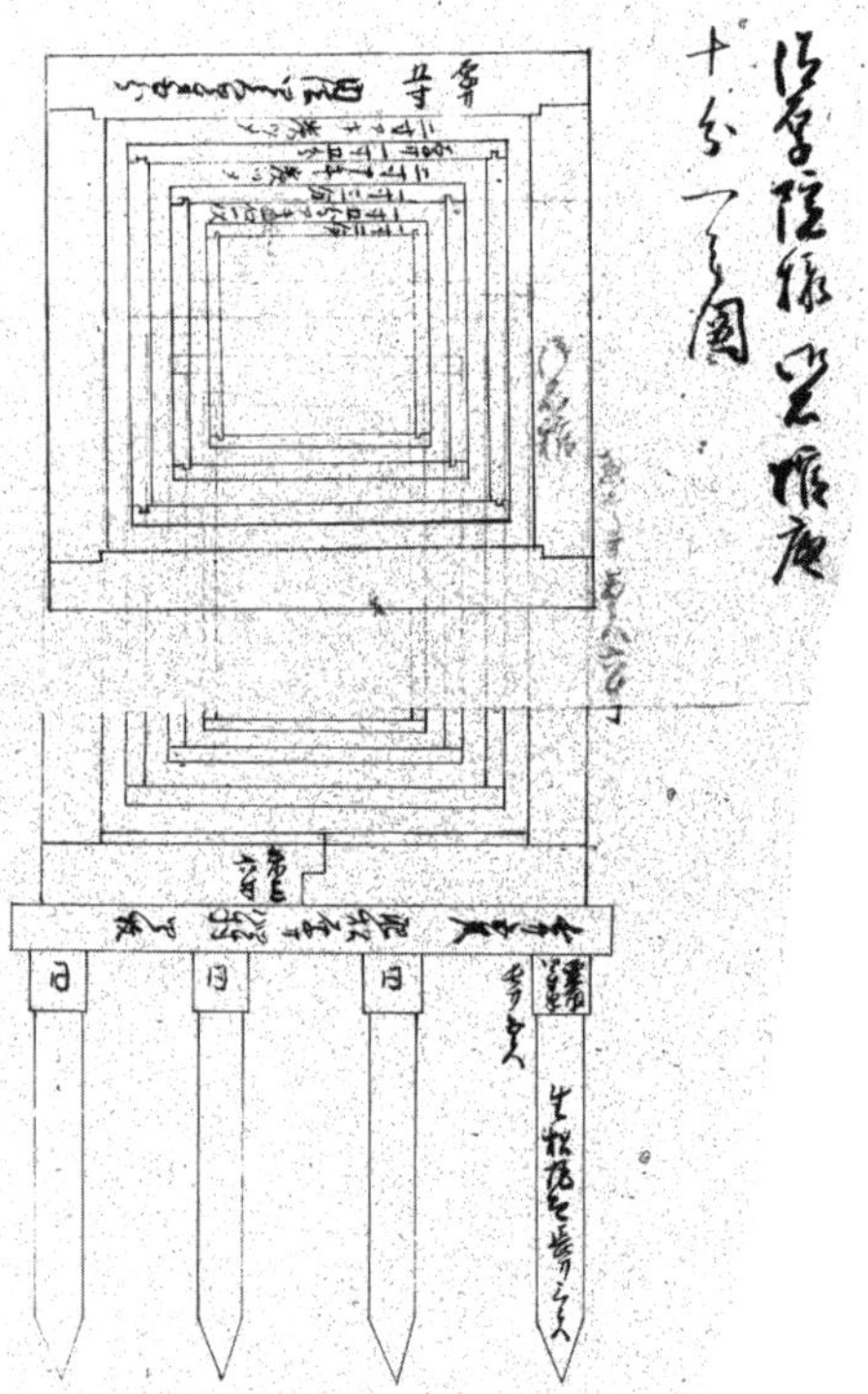

図13　清厚院の地下構造

藩主政保妻（靖恭院）は明治二二年（一八八九）一二月九日に亡くなると、一四日には東京谷中墓所に葬られた。その墓壙の深さは一丈二尺である[63]。

四　子供たちの埋葬

（一）近世の埋葬

綱政四男輝尹（六歳）は延宝七年（一六七九）正月元日に亡くなると、三日に和意谷墓所へ埋葬された[64]。綱政の子芳顔花神童子は貞享三年（一六八六）三月一七日に亡くなると、一八日に東禅寺へ葬られた[65]。慶政四女鋭子（一歳）は明治三年九月二日に亡くなると、九日に和意谷墓所へ埋葬された。このように、子供の場合亡くなって短期間に埋葬していることから、大人と異なる埋葬が予想される。そこで、具体的に子供たちの埋葬について見ることにする。

斉輝の子本之丞（謙良院）は文政三年に五歳で亡くなり、東禅寺に葬られた。移転工事に伴う発掘では地表面から五〇cmほど掘ったところ石室が見え、石蓋を取ると木炭混じりの骨が検出された[66]。

鴨方藩了通童女は安政四年（一八五三）九月一一日に亡くなった。亡くなるとすぐに箱（赤杉）・二ノ箱（松）・待棺が用意された[67]。最も内側の箱は幅一尺三寸四方・深さ一尺八寸で、チヤンを塗っている。二ノ箱は埋葬の時に取り払った。待棺は二尺二寸四方・深さ三尺二寸である。墓壙は深さ一丈一寸で、三尺四方である。一八日に墓壙に納め、待棺の上には板石二枚を置いている。これは和島屋重吉が請け負っている。

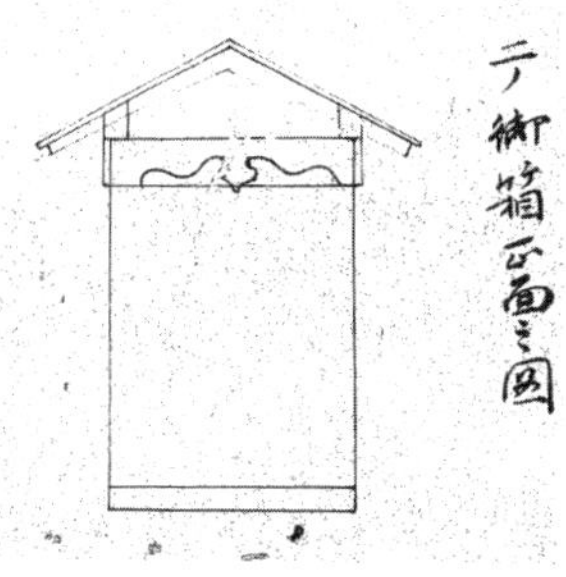

図14　幻泡童女の二ノ箱

鴨方藩玄空童女は万延元年（一八六〇）六月に亡くなり、一箱（赤杉）・二ノ箱・待棺からなっている。[68] 一箱は赤杉で幅一尺四寸四方・深さ一尺九寸で、二ノ箱は埋葬の時に取り払った。待棺は幅二尺五寸四方・深さ三尺二寸である。墓壙は三尺四方で一丈一尺である。

慶応二年（一八六六）九月七日に亡くなった鴨方藩お米（幻泡童女）の場合、棺（赤杉）・二ノ箱（桧）・待棺（松）からなる[69]（図14）。最も内側の棺は外法一尺四寸四方・深さ一尺九寸で、内側に美濃紙・外側には奉書を貼り、抹香[70]を詰めている。そして、二ノ箱は外側に奉書を貼り、埋葬の時に取り払った。待棺は外法二尺四寸四方・深さ三尺四寸で底には石灰、中は炭を詰めている。待棺は埋葬までの経過は次の様に行われた。七日 - 先例について調査。九日 - 場所の見分。一〇日 - 深さ一丈一尺の穴を掘った後待棺を納める。一一日・一二日 - 見分。一三日 - 埋葬。死後六日で埋葬された。

（二）近代の埋葬

慶政六女芳子は明治一三年（一八八〇）三月五日に生まれたが、生後間もない一六日に亡くなった。二〇日には円山墓所に埋葬された。その棺は内箱（松）と外箱（松）と待棺（松）からなっている。内箱には下ス板（杉）が置かれた。[71]

慶政の子政尚は明治一四年（一八九三）年一八才で亡くなり、円山墓所に葬られた。その棺は、内箱（桧）・外箱（桧）・待棺（松）からなっている。[72] 内箱には下ヶ箱（桧）と下す板を付けている。[73] 待棺には炭を詰めている。さらにチヤン・漆喰を使っている。

茂政四男勝定（八才）は明治三四年七月七日に亡くなると一二日に円山墓所に葬られた。内棺（松）・外棺（松）・待棺（松）からなっている。内棺は縦四尺一寸×幅一尺二寸・深さ一尺一寸六分である。内棺と外棺の間にはビンヅケ、外棺と待棺の間には三寸ずつ炭を詰めている。七日晩に内棺ができ、八日に納棺が行われた。

五　おわりに

池田家本藩における藩主の遺骸は一七世紀後半以降、藩内の和意谷墓所と円山墓所に葬られるようになった。藩主が自らの領地を意識するようになったためと考えられる。このことは近代になっても旧藩主は国元で埋葬された。その妻は綱政死後江戸で葬られたが[74]、近代になると妻も子供も夫と共に遺骸が葬られるようになった。これは藩主の墓所から家族の墓所へと意識の変化がみられる[75]。

池田家本藩における藩主とその妻の埋葬の仕方は多様で、時代とともに変化している。その変化は大きく分けると次の四期に分けられ、その特徴を表1に示した。

第一期－和意谷墓所以前（主に一七世紀前半）
第二期－和意谷墓所以後（一七世紀後半）
第三期－綱政死後（一八世紀〜一九世紀前半）
第四期－明治維新後（一九世紀後半）

第一期は、火葬と土葬が入りまじっている。忠雄（一六三二年死）の石室は隙間も多く、防水工事がなされていない。石室の中に木棺（座位）を入れ、詰め物もない簡単な構造になっている。第二期になると、光政の儒教政策により『朱子家礼』に沿って埋葬されるようになっ

表1　本藩の藩主とその妻の埋葬

	場所	埋葬法	身体	石	新材料
和意谷墓所造営以前	京都妙心寺・龍峰寺	火・土葬	不明	石積	詰めものなし
和意谷墓所造営以後	和意谷墓所・霊巌寺	土葬	伸展	無	炭・瀝青・三物（詰めもの）
綱政死後	円山墓所・東禅寺・霊巌寺	土葬	座位	石棺	銅棺・樟脳・ビンヅケ・紙など
近代	円山墓所・和意谷墓所	土葬	伸展・座位	石棺・無	セメント

た。遺骸は伸展で葬られ、棺の間に三物・瀝青・炭を詰めた。そのことで防水・防虫・防腐がなされて、遺骸を丁寧に葬られるようになった。実際、発掘された吉政（一六九五年死）や千子[76]（一七〇〇年死）の遺骸は良好な状態で発掘されている。千子は銅棺を用い、胡座であることから第三期への過渡期であった。第三期は綱政の死（一七一四年）をきっかけに伸展から座位に変化し、石棺が用いられるようになった。さらに、綱政の死後瓶を用いた時期（主に一八世紀前半）とそれが用いられなくなった時期（主に一八世紀後半以降）に分けられる。第三期の棺の基本構造として、内箱（内棺）と待棺からなる。藩主やその妻では内箱の外側に二重棺・三重棺、待棺の外側に石棺が加わる。埋葬の経過は、亡くなるとすぐに棺が用意され、順次二重棺・三重棺が作られる。内箱には下ス板付きの下ヶ箱を入れている。その後、石工によって石棺が用意され、待棺が取り付けられる。埋葬時には待棺の中に内棺（二重棺・三重棺）を納めた。和意谷墓所造営（一六六六年）のために来た石工河内屋治兵衛は幕末まで活躍し、明治時代にはその流れを組む藤原伊平が継いだ[77]。治兵衛は光政の葬送で「御穴方手伝[78]」として、石塔だけでなく、地下部分でも参加している。また、「御請負仕一札之事」によると「御場所へ持込并御据方迄一切御請奉申上候[79]」としているように、石工は石を切り出して加工するだけでなく、墓所に持ち込んで石棺を据えるまでの工事を請け負っている。その石積みは第一期と大きく異なり、整形された石を使っている。つまり、城の石垣を得意とした穴太石工[80]から細工を得意とした石工への変化でもあった。それぞれの棺には、第二期と同様に棺の間に詰め物をし、さらに錆びにくい銅棺を用いている。このことから、遺骸をより丁寧に葬っているという点で第二期の延長線上にある。以上のことから、藩主は死んでもなお朽ちることを拒み、藩主としての威厳を保とうとした。第四期には万寿子の死（一八六八年）をきっかけに神葬で葬儀が執り行われたが、その実態は光政による儒葬の形態をとっている。それにともない円山墓所から和意谷墓所となった。しかし、慶政が一八九三年に亡くなると、埋葬場所で議論になる。墓所に利便性や経済性を求めるようになった。また、埋葬にあたってはセメントが詰められるようになり、遺骸をより丁寧に扱うための工夫を施した。その後は火葬になったことで、遺骸に対する工夫もなくなった。つまり、遺骨とすることで、埋葬法において経済的・社会的な差も見られなくなった。

支藩の鴨方藩・生坂藩の初代藩主は共に東禅寺に葬られた。その後も支藩の藩主は東禅寺及び岡山城下の国清寺に葬られた。近代になると鴨方藩一〇代藩主政保（一九三九年死）は谷中霊園、生坂藩八代藩主政礼（一九〇七年死）は目黒墓地と、共に東京で埋葬された。支藩においては自らの領地に対する希薄さを見て取れる。支藩の埋葬は、基本的には本藩と同様に瓶・銅棺などを用い、五重の棺からなっている。棺の間に詰め物も同様である。石工も本藩の河内屋治兵衛・和島屋重吉によって作られている。しかし、近代には本藩は神葬ということから一時寺と離れたが、支藩では国清寺に埋葬すると共に以前と同様に石棺を使っている。つまり、近代になると本藩と異なる動きをしている。

藩主やその妻の場合が亡くなってから一か月前後かかって埋葬されたが、子供の場合数日で埋葬された。それは石棺をつくることなく、内棺を待棺に納めるといったように簡単に埋葬されているためである。それらの間には石灰・炭を使っているのは藩主と同様である。

埋葬法に関する文書が詳しく残っているのは光政の儒教による埋葬法である。その後は文政元年（一八一八）一二月に亡くなった治政の埋葬である(81)。彼の埋葬に当たって今までの地下構造に関する書類を調査したが、「組頭ゟ御先代様御石槨其外記録可有之哉否之義御尋御座候得共、左様成御留類之迄見及不申旨及御返答候(82)」と見当たらなかった。そこで、御用聞石工の中嶋町和島屋重吉と邑久郡羽嶋の河内屋治兵衛を呼びよせ聞いたが、「御先例之義相覚へ不申(83)」と分からないとのことであった。このように埋葬方法は藩にとって大きな関心事でなく、彼以前の埋葬はそのときどきで考えられたと言えよう。その後は、この時の地下構造を基に造られるようになった。

今回の調査で、藩主は将軍家の埋葬方法にならって行ったのでしたのでなく、藩独自の方法で埋葬した。そして時代とともに変化していったことが分かった。それは藩主池田家に限ったことなのかどうかは、今後の課題である。

註

1 増上寺については『増上寺徳川将軍墓とその遺品と・遺体』（一九六七年）、寛永寺については『東叡山寛永寺徳川将軍家御裏方霊廟』（一九六七年）の大著がある。ここでは調査で分かった将軍及びその家族の地下構造について掲載されている。

2 坂詰秀一監修、今野春樹著『徳川家の墓制』平成二五年、北隆館。これによると、歴代将軍の埋葬施設が発掘調査や文献から判明しているのは二代・六～九代・一一代・一二代・一四代将軍である。

3 発掘調査が行われたのは島原藩二代藩主松平忠雄、仙台藩初代藩主伊達政宗・二代忠宗三代綱宗である。この他にも藩主の墓で発掘調査が行われた例もあるが、その家族を含め限定的である。

4 池田家文庫「和意谷御墓所記」資料番号C五 - 一五七〇

5 『池田忠雄墓所調査報告書』岡山市教育委員会、昭和三九年

6 『池田忠雄墓所調査報告書』岡山市教育委員会、昭和三九年、P五一

7 『池田忠雄墓所調査報告書』岡山市教育委員会、昭和三九年

8 『池田光政公伝　上巻』昭和七年、七一〇頁

9 池田家文庫「和意谷御墓出来之記」明治八年、資料番号C五 - 二〇一六　ここでは『吉永町史　資料編』から転載した。

10 『吉永町史　資料編』昭和五九年、一二〇九頁

11 池田家文庫「満寿子夫人安貞公子鋭子君和意谷治葬書類」明治一九年、資料番号C五 - 二三五九　この書類の中の「御墓壙并御埋葬之記」に納められている。これは明治維新に再び和意谷墓所に葬るにあたって、儒葬を参考するために作られた。

12 池田家文庫「故少将様之御前様和意谷御納り一件」延宝六年、資料番号C五 - 二五六三。

13 「仰止録附録」『吉備群書集成（四）』（昭和四五年、P三〇一）より転載した。

14 七星は北斗七星をかたどったもので、通常板に七つの穴を空けている。

15 「仰止録附録」『吉永町史　資料編』昭和五九年、P二〇九

16 池田家文庫「光政君喪記」文化一〇年、資料番号P二一 - 二二六。

17 秋元茂陽『江戸大名墓総覧』平成一〇年　鳳台院の墓は平成四年に改葬工事が行われ、秋元氏がその様子を実見した。保存状態は極めてよくミイラ状の遺骸があった。その写真を同書に載せている。

18 秋元茂陽『江戸大名墓総覧』一五頁の写真を転記した。

19 池田家文庫「東京霊巌寺御墳墓岡山改葬記事」昭和二年、資料番号C五 - 一五六七　真証院・麗光院（斉政室、一八〇六年死）・了幼院（綱政三女、一六八五年死）・蓮響院（綱政三女、一六九六年死）の四基が区画整理のため改葬された。これらの遺骸は岡山に移された。

20 将軍家で銅棺が用いられた最も早い例は二代将軍秀忠（一六三二年死）である。その後もしばしば銅棺が用いられている。『徳川家の墓制』では、銅棺について将軍家の棺槨で特徴的なものとしている。岡山藩では本藩・支藩で銅棺を用いている。

21 「東京朝日新聞」昭和二年七月二八日

22 『池田家履歴略記』日本文教出版、一九六三年、P六四八

23 『池田家履歴略記』日本文教出版、一九六三年、P六四九

24 池田家文庫「栄光院様御病中御逝去御葬送一件」延享三年、C五 - 二五二八。

25 池田家文庫「宝源院様御葬式行列帳、御棺御絵図面」寛政六年、資料番号C五 - 六〇九。

26 池田家文庫「宝源院様御葬式行列帳、御棺御絵図面」寛政六年、資料番号C五 - 六〇九。

27　池田家文庫「御輿御絵図，御五重棺御図」寛政五年、資料番号C五‐五七一。

28　池田家文庫「御輿御絵図，御五重棺御図」寛政五年、資料番号C五‐五七一。

29　秋元茂陽『江戸大名墓総覧』平成一〇年　鳳台院の墓は平成四年に改葬工事が行われ、秋元氏がその様子を実見した。

30　治政と筆野との子兼姫は鴨方藩藩主政養の妻となっている。

31　池田家文庫「清操院御卒去御法事留」文化一四年、資料番号C五‐四一七。

32　池田家文庫「顕国院様御御葬送前御地方普請御仕構留帳并絵図」文政元年〜二年、資料番号C五‐二二五九

33　池田家文庫「東京霊巌寺御墳墓岡山改葬記事」昭和二年、資料番号C五‐一五六七。

34　池田家文庫「龍泰院様御葬送前後地方普請御仕構留帳并絵図」文政二年、資料番号C五‐二二二三。

35　仁保寛真［一九五二］「桂昌院殿の墓の移転」『岡山民俗』第三号（五八頁）を転載した。

36　仁保寛真［一九五二］「桂昌院殿の墓の移転」『岡山民俗』第三号墓地整理の移転に伴い立ち会った仁保寛真の手記である。

37　池田家文庫「正源院様御葬送記」明治元年、資料番号C五‐二〇九九。

38　池田家文庫「池田鼎五郎政実の葬儀記録」明治二年、資料番号C五‐二五九五。

39　池田家文庫「御用御拵物控」明治一〇年、資料番号C五‐一三〇一。

40　池田家文庫「従四位様御逝去葬祭次第」明治一〇年、資料番号C五‐一四六二。

41　池田家文庫「御用御拵物控」明治一〇年、資料番号C五‐一三〇一。

42　池田家文庫「嶺泉院様御逝去被遊候ニ付営作手御入用帳」明治一五年、資料番号C五‐一二二九。

43　池田家文庫「黄金姫命御逝去之記（一）」明治一五年、資料番号C五‐二三五一。

44　池田家文庫「慶政命薨去記録（四）」明治二六年、資料番号C五‐二一四四。

45　香川真一は第一回欧米視察団員として、欧米を視察した。後に岡山県会議長を務めた。中川横太郎は儒者の家系で閑谷学校の再興に尽力を尽くした。奥村左近太は剣術家である。

46　池田家文庫「慶政命御発葬御次第書」明治二六年、資料番号C五‐一四九四。

47　池田家文庫「従一位様御建碑書類」明治三三年、資料番号M四‐一一。

48　池田家文庫「従一位章政命御葬儀事件品々書類入」明治三六年、資料番号C五‐二六三五。

49　池田家文庫「埋葬次第書」、資料番号C五‐二六〇〇。

50　池田家文庫「章政公御建碑書類」明治四二年、資料番号M四‐一。

51　池田家文庫「岡山御行列、円山斎場御埋葬次第書」、資料番号C五‐二六四二。

52　池田家文庫「詮政命薨去岡山記事」明治四二年、資料番号C五‐二五一〇。

53　池田家文庫「慶政命御発葬御次第書」明治二六年、資料番号C五‐一四九四。

54　池田家文庫「池田花子殿納骨式【並】法会費」大正一〇年三月、資料番号C五‐二五三七。

55　秋元茂陽『江戸大名墓総覧』平成一〇年、平成四年一〇月に改葬工事が行われた。

56　池田家文庫「常観院様御葬送関係書類」文政七年、資料番号C5‐53。

57　池田家文庫「常観院様御葬送関係書類」（文政七年、資料番号C5‐53）及び池田家文庫「御石塔御石棺御絵図并御葬式切手留帳」（文政七年〜弘化四年、資料番号C5‐43）。

58　池田家文庫「大宝院様御葬送一件」弘化四年、資料番号C五‐九。

59　渋引きとは防腐や補強のため紙などに柿渋をぬることをいう。渋煎のりは柿渋の汁を入れて煮た糊をいう。

60　このように、亡くなってから埋葬に時間がかかっているのは政善の後目相続に関係している。亡くなっても、後目が決まるまでしばらく内密にされた。遅れて幕府に死亡届を出した後、埋葬した。
61　秋元茂陽『江戸大名墓総覧』平成一〇年、平成四年二月に改葬工事が行われた。その時墓誌が検出された。
62　池田家文庫「清厚院様御葬送一件」明治元年〜二年、資料番号C五‐一六。
63　池田家文庫「靖恭殿御送葬前後帳簿書付類」明治二二年、資料番号C五‐四四。
64　『吉永町史　資料編』昭和五九年、P二二〇。
65　『池田家履歴略記』日本文教出版、一九六三年。
66　秋元茂陽『江戸大名墓総覧』平成一〇年、平成四年一〇月に改葬工事が行われた。
67　池田家文庫「お通様御事、了通様御葬送道具御入用切手留」安政四年、資料番号C五‐四一。
68　池田家文庫「玄空童女様御葬送切手留」万延元年、資料番号C五‐五二。
69　池田家文庫「お米様御事、幻泡童女様御葬送切手留【並】御行列其外諸事取計一件共」慶応二年、資料番号C五‐五〇。
70　抹香は香のひとつで粉末状をしている。現在では焼香時に使われる。将軍家一族で抹香の使用は一二代家慶女蓮玉院（一八四三年死）など未成年子女の墓で見られる。
71　池田家文庫「お芳様御逝去ニ付営作手御入用帳」明治一三年、資料番号C五‐一二七一。
72　池田家文庫「政尚様御逝去被遊候ニ付営作手御入用帳」明治一四年、資料番号C五‐一二六〇。
73　池田家文庫「勝定命御葬儀書類」明治三四年、資料番号C五‐一六〇三。
74　円山墓所では藩主室の墓はあるが、遺骸は埋められていない。
75　藩内でなくなった子供や側室は岡山近傍で葬られた。（池田家文庫「岡山市并近傍御籍」）江戸でなくなった童子・童女の多くは東禅寺に葬られた（前掲『江戸大名墓総覧』）。
76　前掲「東京霊巌寺御墳墓岡山改葬記事」によると「真証院殿ノ御棺ハ尤完全ニシテ聊カノ欠損腐食等モ無之従ツテ二百三十余年後の今日ニ於テモ御薨去後の時日ヲ経過セサル如キ御様子」であった。
77　和意谷に葬られた万寿子・安貞公子（鼎五郎政実・明治二年死）・鋭子（明治三年死）の墓石は明治四年に山本重吉・岸野治兵衛によって建てられた。明治時代になると、治兵衛が廃業すると石工藤原伊平が請け負った。治兵衛と伊平は同じ村であるから、弟子と考えてよいであろう。
78　『池田光政公伝　下巻』昭和七年、P一三六九
79　池田家文庫「常観院様御葬送関係書類」文政七年、資料番号C五‐五三。
80　岡山藩にも一七世紀前半に穴太石工棟梁が来て、多くの城郭建築に当たった。このことについては、北垣聰一郎『石垣普請』（法政大学出版会）に詳しい。
81　池田家文庫の中で、埋葬の方法が詳しく書かれているのは「故少将様之御前様和意谷御納り一件」（延宝六年）、「光政君喪記」（文化一〇年）、「和意谷御墓出来之記」（明治八年）、「満寿子夫人安貞公子鋭子君和意谷治葬書類」（明治一九年）などがある。明治期に再び光政による埋葬法を参考にしたことがわかる。
82　池田家文庫「顕国院様御御葬送前御地方普請御仕構留帳并絵図」文政元年〜二年、資料番号C五‐一二五九。
83　池田家文庫「顕国院様御御葬送前御地方普請御仕構留帳并絵図」文政元年〜二年、資料番号C五‐一二五九。

Ⅲ　墓と親族形成

松原典明

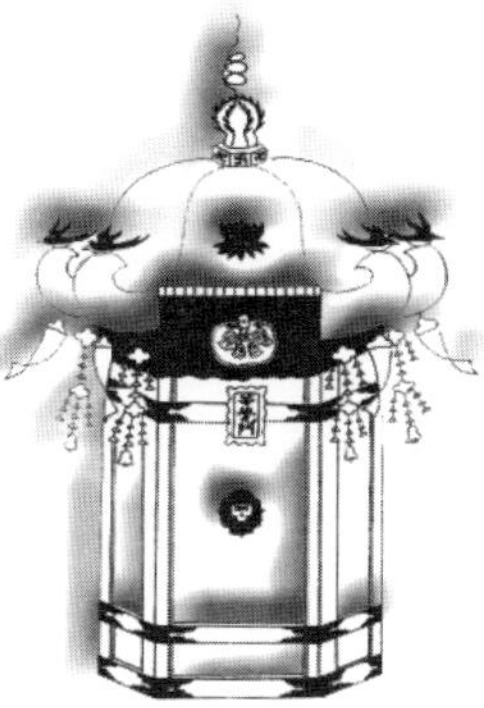

米沢藩上杉家葬制の再検討

松原典明

はじめに

筆者は、二〇一五年に米沢藩上杉家の葬制を知るために、整備・発掘調査が行われた九代藩主鷹山墓の埋葬構造を分析し、その宗教性について言及したことがある。(1)鷹山の遺骸は、朱熹の『家礼』の「治葬」に従って埋葬された点を強調した。しかし、上杉家における歴代の葬制は勿論、謙信の改葬についてはは触れてこなかったため、上杉家としての葬制には言及できなかった。そこで、先ず上杉家の最も重要な祭式として淵源となったであろう上杉謙信（以後、謙信と表記する）の遺骸を「御堂」に祀る祭祀について、加澤昌人氏の視点に導かれながら確認をしてみたい。(2)特に春日山城から会津を経て転封と共に改葬されて祀られた点に着目し、明治期の御堂移転に伴う改葬時の記録から墓構造の復元を試みてみたい。また、後半では、上杉家の葬制について、養子として九代を継いだ鷹山が、実子顕孝と父重定とを続いて亡くすが、自らの意思で上杉家の儀礼である真言宗による仏教葬であった火葬を回避し、葬法を土葬へと改変した。鷹山自身の埋葬も儒葬とした思惟について、鷹山までの上杉家親族構造の形成過程について女縁を含め再確認しながら鷹山の思惟を読み解いてみたい。

上杉家の葬制については、二〇二〇年、宗教法人 泰安寺から刊行された『史跡米沢藩主上杉家墓所保存修理工事報告書（下巻）』に上越教育大学・浅倉有子氏が「第四章 近代における上杉家廟所の変容」と題して纏められている。また、二〇一五年刊行の『月間文化財』六二六号で原淳一郎氏が「米沢藩上杉家墓所と葬送儀礼」として纏められておられているので、これらの成果に導かれながら、先の新たな視点から上杉家の葬制を再考してみたいと思う。なお「註」として特に断らない限り、上杉家の歴史的事項等については、先に示した報告書と二〇〇四に刊行された上杉家『史跡 米沢藩主上杉家墓所保存修理工事報告書（上巻）』の内容に依拠して用いている。また婚姻関係や歴代藩主の系譜などは主として『寛政重修諸家譜』に依拠したことをあらかじめ示しておきたい。

一　米沢藩上杉家の葬送

原純一郎氏は、『上杉家御年譜』の詳細な研究により上杉家の葬制が鷹山によって変革されたとしている。鷹山の父重定と長子顕孝《あきたか》の葬送において火葬から土葬への変更を、財政逼迫に伴う藩政改革の一環として「簡略化」したと捉えた(3)。まさに葬儀式の一部を省いたという点では、藩政の倹約改革の一環として捉えられないわけではない。しかし、鷹山の葬儀実践へ内実は、真言宗による仏葬の形式を保持させつつ、遺骸の保全にこだわったため、丁寧な儒葬の実践となったのである。これは簡略化ではなく、思想的な配慮による実践の結果であろうと考えている。従って儀式が省かれた事の評価よりも、遺骸を丁寧に埋納することに払われた思惟の重要性に着目すべきではなかろうか。埋葬過程で漆喰と炭を大量に用い、文献には記されていないが灰隔板を用いたと思われる埋土の状況からも、遺骸への大きな配慮を読み取ることができる。儒葬が、火葬による葬送以上に時間と労力を要したことは想像できる。

葬送は、亡くなった人物に対してどの様な尊崇が払われたかということを端的に示している。つまり、被葬者の存在は、自らの存在を正統化するために必要であり、儀礼そのものが「家」存続のための相続に直結しているので、これを省くことは、「家」の存続には不可欠であることを意味している。被葬者をどの様に葬ったかこそが、相続者の思惟を直接示している。そしてさらに、被葬者と自分の存在は、「他家」の存在なしには成立しないので、親族形成と密接に関連しているということである(4)。この様な意味からすれば、養子縁組や、婚姻関係こそが「家」の存続を可能にする。養子縁組・婚姻関係による親族構造の形成過程は、実践者の思惟の形成に直結する問題であろうと考えているところである。

二　謙信の信仰

内乱続きであった越後国を統一し、戦や藩政だけではなく、産業を振興し国を繁栄させようとした謙信は、「綸言の旨」を御旗に王法と仏法あるいは、朝廷と幕府の権威回復を願ったとされる。特に源頼朝が目指した「最勝王勅」を拠り所に鎮護国家を果たしたことに準えて、鎌倉鶴岡八幡宮を参詣し護国の経典『仁王般若経』を奉納した。また、鎮護国家祈願の場として改めて位置づけた。領国では鎮護国家のための国分寺における法会の再興に『般若心経』の奉納を行っている（永禄五年－一五六二）。そして、謙信の仏法回復への思いは、天文二二年（一五五三）に初めての上洛を果たすが、後奈良天皇および将軍・足利義輝拝謁による綸言の旨を賜り、臨済宗大徳寺九一世徹岫宗九《てつしゅうそうく》に参禅、受戒（「宗心」）するに至った。さらに高野山参詣で、無量光院の清胤《せいいん》との交流により、永禄五年の越後国分寺再興を期し、受明灌頂が授けられ、真言の行者として密教を学ぶ弟子の資格（弟子位の灌頂）をも得たとされる。そして謙信は、天正二年一二月（一五七四）に清胤越後下向に際して寶幢寺にて剃髪し、真言密教金胎両部における最も重要な「四度加行」「伝法灌頂」執行により血脈を得て法体（権大僧都位）となった[5]。これが後の米沢藩の真言宗帰依への淵源となったと言える。

謙信は、『重修寛政諸家譜』では、天正六年三月一三日（一五七八）春日城において死去し、景勝によって不識院に埋葬された（「不慮の虫気」によって倒れる）。埋葬地は、『謙信年譜』にも同所埋葬と記されている。

三　謙信埋葬と御堂のその後

景勝によって春日山城内の不識院に埋葬された謙信の姿は、甲冑を纏い甕に治められ葬られたとされている。謚号は、不識院殿真光謙信法印大阿闍梨尊儀公である。

一方、景勝は、慶長三年（一五九八）に会津転封となり、堀秀治が小田原攻めや文禄の役等の論功で入封した。春日城内には謙信廟を守護するために、大乗寺・妙観院・寶幢寺が留め置かれたが、堀家はこれを嫌い、謙信廟を会津に移転させることとなった。不識院に埋葬された棺が掘り出され、新しい槨《かく》が用意され会津に運ばれた。会津では二三回忌に当たる慶長五年（一六〇〇）に一万部法華経の万部供養が執行された。さらに関ヶ原の戦い後の慶長六年米沢に転封となり、慶長一四年（一六〇九）米沢城本丸東南隅に謙信廟を新設が始められ「御堂」とし祀られ、御堂本堂完成は慶長一七年（一六一二）であった。その間も法華経読誦の万部供養が行われていた[6]。

御堂は西に霊仙寺が管理し、二の丸に二一箇寺の真言宗寺院が建立され、御廟の護持に仕えた。

さて、謙信墓は死後、上杉家の転封により会津、そして米沢と二度改葬が行われたが、近世においてはほぼその姿を留め守護され、明治新政府による神仏混淆を正す教化政策で、御堂は仏式から神式の上杉神社へと祭式も転換させられたとされている。そしてこの時に御堂を守護した諸寺院が、移転や廃寺となった。さらに明治七年（一八七四）、御堂‐上杉神社を米沢城内中央への移転が計画され、新社殿建築とその地下に埋葬されている謙信墓所の改葬が実施された。御堂の祭祀の転換について加澤昌人氏と朝倉有子氏の研究を参照し、遺骸を治めた構造などを確認してみたい。

このことで、不識院に最初に埋葬された時の構造が確認でき、近世初期の景勝の時期の葬制の一端を知ることが出来る。また後に触れるが、鷹山の葬送への意識や思想的な意識との比較が可能になると考える。

今回は、加澤氏が指摘されているが、御堂が祖先祭祀の場としての他、藩の安寧を祈祷する場としての位置づけがされたとされていることは注視したい。

四　謙信墓の構造

さて、謙信墓地下構造については、朝倉氏が示している明治八年二月付けの池田成章の書簡(7)の資料が重要である。

明治政府の神道国教化政策による上杉神社の米沢城内移転新造に伴い、御堂内の謙信の遺骸と祭祀についての検討が進む中で、祀る際の社殿の向きが問題視された。その議論で謙信墓の改葬が検討され、事前調査の必要性から御堂下の石棺の構造調査が実施されるに至った。

次にあげる史料1は、その時の構造調査記録とされ、先の池田成章書簡と同史料中に「書類」として遺されていたものである。この史料を朝倉氏が翻刻を行っているので示しておきたい。

また、この資料を用いた朝倉氏による考察があるため屋上屋の感はあるが、ここでは、改めて考古学的な視点から謙信墓の地下構造を見直してみたい。以下、史料1は「仕掛ケ」と表記する。

なお、表1は、朝倉氏の翻刻と対比的に考古学的な視点による構造の復元を簡略的に示したので参考として頂きたい。そして略図として構造復元図を図1として示した。併せて参照いただきたい。

【史料1】

《御堂御内陣御仕掛ケ(8)》

御内陣ハ二間三二間ナリ、其中央御穴深サ七尺堀リ、最下ニ古瓶クツ幷元御地形御座所ノ砂納置、其真中ニ地鎮之輪着埋置、此南北ニ越後春日山ヨリ伝来之切石二枚納之、其上炭井清浄ノ砂五寸バカリ、其上切石十一枚スキ、其上厚サ一寸位シツクイニテ塗り、其上切石四枚並ヘ、其上竪石四枚箱形ニ立也、高四尺一寸、厚ミ九寸、其外廻リシツクイニテ塗ル、シツクイノ厚ミ二寸五分位、尤御箱石数十六枚也、御箱之内寸法二尺九寸四方也、其シツクイヌリノ外切石三十二枚ナリ、厚キコト七寸位、其外ケシヅミヲツメル厚サ七寸位ナリ、其中エ御尊体奉入、御蓋石ハ四枚、厚サ一尺二寸五分位、長五尺ホト、是ハ南ヨリ北エ並ヘカケルナリ、万一ノ時ニハ北ノ石ヨリ取発スヘシ、其上如此十枚並置。

史料1で注視したいのは、使い分けされた用語があることである。それをどの様に捉えるかによって墓の地下構造が変わる。表1の翻刻文（上段）の圏点を付した箇所が使い分けられた用語の部分である。構造を構築順番に復元してみた。

表1　御堂御内陣御仕掛ケ

No.	御堂御内陣御仕掛ケ	仕様（大きさの表記は曲尺三〇・三を用いたが、鯨尺三七・八八の可能性もあろう。）
1	七尺	墓壙を約二m掘る。
2	最下ニ古瓶クツ幷元御地形御座所ノ砂納置	遺骸を納めた甕棺破片と旧領地の春日山の砂を納める。
3	其真中ニ地鎮之輪着埋置	輪宝による地鎮か。
4	此南北ニ越後春日山ヨリ伝来之切石ニ枚納之	墓誌か。
5	其上炭井清浄ノ砂五寸	砂は土砂加持祈祷か。
6	其上切石十一枚スキ	新石棺設置の基底面を構築
7	其上厚サ一寸位シックイニテ塗り	漆喰三cm内外塗込める。
8	其上切石四枚並へ	石棺構築の基底面。
9	其上竪石四枚箱形ニ立也、高四尺一寸、厚ミ九寸	厚さ二七cm・高一二五cm内外の板状石で構築。
10	其外廻リシックイニテ塗ル、シックイノ厚ミ二寸五分位、	板石で構築の石棺を厚さ六cm内外で漆喰塗込め固める。
11	御箱石数十六枚	縦に一六枚の板石を並べ構築。
12	御箱之内寸法二尺九寸四方也	内寸が八八cm内外の石棺。
13	其シックイヌリノ外	石棺の外側に漆喰塗り込め。
14	外切石三十二枚ナリ	石棺の周りに厚さ二七cm内外の切石三二枚積み石槨を構築。
15	其外ケシヅミヲツメル厚サ七寸位ナリ	土壙と石槨の間約二一cmに消し済み充填。
16	其中エエ御尊体奉入	石棺にご遺骸を納める。
17	御蓋石八四枚、厚サ一尺二寸五分位、長五尺ホト	使用石材の中で最も厚い三八cm・長さ一五一cm内外の切石四枚を蓋石とした。

最初の行程として、墓壙を素掘りすることから始まる。深さは約二m掘る。墓壙の最下面に「古瓶クツ」（遺骸を納めていた甕破片）と「御座所ノ砂」を納め、地鎮具の輪宝を置く。それらの南に越後春日山から発掘した二枚の切石を据える。墓誌ではなかろうか。その上に土砂加持祈祷と思われる砂を敷き詰める。その後、柩を納めるための床を形成するために切石一一枚を敷き詰める。切石の目地及び全面に漆喰を塗込める。その上に改めて棺としての空間を造るために「堅石」で石組を構築。「堅石」の数は総数で一六枚であった。一側面に四個積み上げたことになり、組合せの石棺状態を構築した可能性がある。仮に「石棺」とし

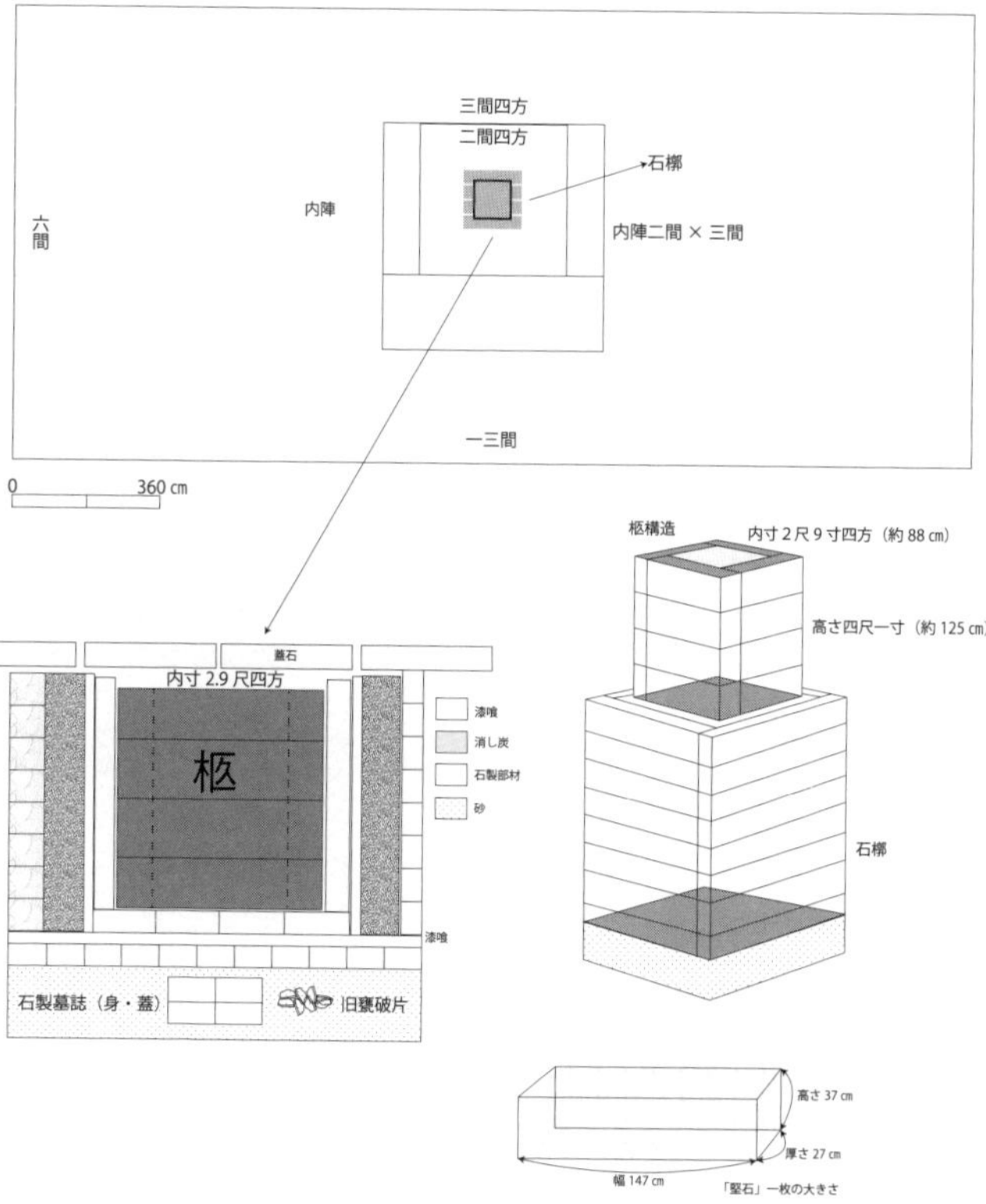

図１　謙信埋葬構造推定図

ておきたい。

具体的に石棺の大きさは、内径が約八八cm四方、厚さ約二七cmとされる。角を直角に組み合わせることから一石材の両端部が厚さの分の二七cmが重なる。その両端部分の長さを足した長さが、一枚の板石の大きさとなる。幅は八八cm＋二七cm＋二七cmで、約一四七cm前後となろう。また石棺の高さは、四枚石を重ね約一四九cmになるので、一枚石の高さは、四分の一で約三七cmとなる。この「堅石」を四枚積み上げて一面を築き石棺を構築している。石棺の外側は、総数三二枚の切石で囲むように石槨状に構築し、上部全面を蓋石四枚で覆ったと解される。石棺の平面規模は、板石の一片長さから

図２　清光院主体部 灰隔板痕跡

一四七㎝四方となり、その外側に漆喰を塗るか流し込んで、さらにその外側と石槨の間に消し炭が充填されたと解釈できる。この場合、石棺の構築と石槨の構築順序が重要で、「仕掛ケ」を読む限りでは、石棺の外側の消し炭と漆喰の状態が明快に記されていることから、『家礼』に記された埋葬方法で、儒葬の要ともいえる仕様材である「灰隔板」の存在を想起する。灰隔板は、石棺と石槨の間に仕切りとして入れ、内側に漆喰を流し込み、外側に消し済みを充填させることから、両者が混ざることなく石棺の外側全面に漆喰の充填が明確に確認できたものと想像している。石棺は、石材を組み合わせて箱状に造っているので途中で塗込める作業は難しく、灰隔板を入れ、漆喰を流し込んでいると想定した。こうした状況が判る調査事例として図２（熊本藩二代藩主光尚側室清光院墓所石棺断面写真）を参考として挙げた。池上本門寺の発掘調査[9]で確認した灰隔板の痕跡を示す具体的な例である。この様な仕様が観察されたのではなかろうかと想定しておきたい。

五　「仕掛ケ」と謙信墓の年代的な再検討

以上、朝倉氏の翻刻に導かれながら考古学的な視点を加え、謙信墓の構造を復元的に示してきた。続いて復元した構造について年代的な位置付けを考えてみたい。

先ず、「仕掛ケ」に記された構造の年代的な上限として、景勝が転封に伴い会津から米沢に改葬した慶長六年（一六〇一）と考えられる。

「仕掛ケ」に記された通り読めば、墓壙の基底面に埋置した「古瓶」と「地鎮之輪」「切石二枚」と、その上に築かれた石棺部分は、同時に埋置されていると思われ、「古瓶」と「切石二枚」の帰属年代は、本来は春日山城不識院への最初の埋葬された年代に用いられた副葬品の一部と考える。そして「地鎮之輪」は、地鎮具の転宝輪と考えれば、米沢に埋葬した慶長六年に帰属する品と考えられよう。これらからも切石を敷き詰めた上の構造物（石棺）の年代は、慶長六年の構築かそれ以降となる。敷石下部の構築年代を何時にするかによって、下限も明確ではなくなってしまうといのが現状であろう。

そこで構造の特徴などから、この下限の年代を探ってみたいと思う。

先ず、構造全体について朝倉氏は、伊達政宗墓の構造に類似するとするが、政宗墓は、ブロック状の石を組んで石棺を造る点では共通するものの、石槨を有さないことなどから構造的には同一視出来ない。また、謙信墓は、石槨と石棺の重層構造として埋葬主体部を仕上げており、柩を丁寧に保護・埋置する構造に創り上げている。政宗墓と同時代的な墓として二代将軍徳川秀忠墓とも比較してみると、秀忠墓は、遺骸を籠に治め、柩としている点で違いがあるものの、ブロック状の石を積み上げて石槨とした点は、政宗墓との構造的な共通点は見いだせる。謙信墓の切石による堅固で丁寧な石槨と石棺の二重構造差をどのように捉えるかが重要であろう。謙信の没年は、政宗、秀忠より遡ること、品階の差などを考慮すると、重層構造という謙信墓の堅固な造りは、新しい要素が取り入れられていると考えられないであろうか。景勝が会津から転封し、春日山城から改葬した慶長六年（一六〇一）当時の埋葬構造と年代的な違いを想定しておきたい。つまり、「仕掛ケ」が記されるまでに改修などの段階を経ている可能性が想定され、最後に埋置された甕に遺骸（遺骨）を治めた葬法を一口に、他の大名家の埋葬構造を有する主な例を年代的に確認しておきたい。

年代的には、京都阿弥陀ケ峰で明治三〇年改葬時に確認された豊臣秀吉墓[10]（慶長三年没－一五九八）が最も早く、続いて南部藩二代・南部重直墓[11]（寛文三年没－一六六三）、仙台藩三代・伊達綱宗墓[12]（正徳元年没－一七一一・図3）、福岡藩四代黒田綱政墓[13]（正徳元年没－一七一一・図4）の事例が挙げられる。

再度、謙信墓の「仕掛ケ」の記録で、墓壙の最下層に「古瓶」が埋め置かれた点に注目すると、「古瓶」は、遺骸を埋納した際に用いられた甕の破片と目される。つまり転封によって運ばれた遺骸の甕が壊れたか、春日山城内の不識院から掘り出され、新しい椁《かぐ》が用意され会津に運ばれた折りに甕も替えられている可能性もあろう。その甕を丁寧に最初に埋置したことも想定できる。埋置に際して、真言宗で特に行われる土砂加持祈祷が行われ、清浄の砂によって「地鎮之輪着埋置」と共に埋納されたと解される。[14]

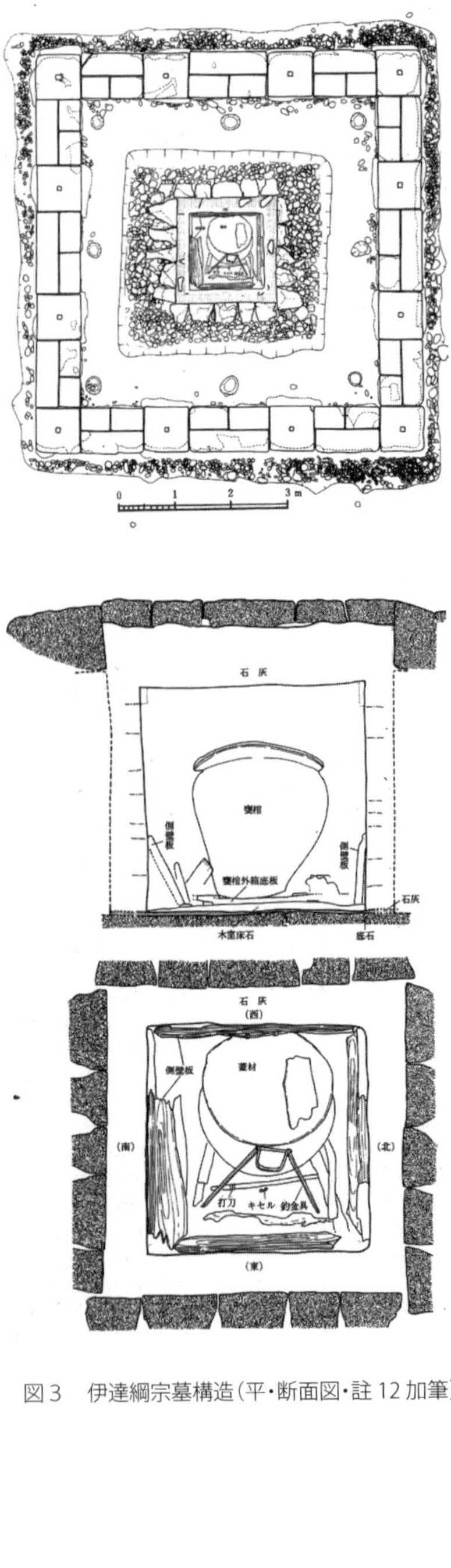

図3　伊達綱宗墓構造（平・断面図・註12加筆）

次に、切石による堅固で丁寧な石槨構造構築について、秀吉墓の構造と比較検討してみたい。

豊臣秀吉墓は、文献で確認される限り二度の盗掘にあっていることが湯浅文彦によって示されている[15]。湯浅は、有職故実を家職とした公家の野々宮定基卿の日記を読み解き、最初の盗掘を元禄元年（一六八八）としている。阿弥陀ケ峯山頂にあった秀吉廟は、瓦葺宝形造り、内部は板敷、内陣が一段高くなり板間広さは二間あまりと読み解き、内部板敷直下に「瓶」（＝甕）を用いて治めたとしている。そして甕の上には、二間四方の石が置かれ、その中に甲冑・太刀・黄金等があったことを記している。二間四方の石の重量を考えると、石槨状の部屋の存在は想定できよう。この様な湯浅の秀吉墓考察から読み取れる墓構造（慶長三年没‐一五九八）と、謙信墓（天正六年没‐一五七八）の「仕掛け」の記載された内容には、没年を比較すると二〇年の差があるが、戦国末期の埋葬様式として、遺骸埋納に甕を利用する点に共通性を見いだせるのではなかろうか。そして、「仕掛ケ」に記された「越後春日山ヨリ伝来ノ切石二枚納之」を、「墓誌」と想定すると、最も古い墓誌埋納の事例となる可能性も示唆している。現在、近世で確認された墓誌例は寛文期が古い例である。謙信の事例はこれを遡ることになると同時に、当時なぜ儒葬特有の墓誌が存在したのかという点に疑問が残る。従って謙信の遺骸埋葬と「切石二枚」には、時間差がある、墓構築の上限をこの「墓誌」が示しているのかもしれない。

同じように慶長期の埋葬と時間差を想定したほうが良い点が二点ある。先に触れたように、戦国期末の埋葬様式として甕を用いる点は両者共通するが、秀吉の埋葬には「炭」の記載がない。これに対して謙信墓は、消し炭、漆喰の記載が顕著に見られる。先の墓誌の可能性と炭と漆喰の多用などを考えると、やはり、秀吉墓構造とは年代的な差を考えてお苦必要があろう。

結論的には、「仕掛ケ」に記載された墓構造の特徴から読み取れる年代観として、先にあげた一八世紀前半の伊達綱宗墓や黒田綱政墓の構造に類似していると思われる。墓誌や炭・漆喰の多用は、『家礼』に則った埋葬様式として捉えられる。

以上のような考古学的な視点からは、謙信墓の最終的な構築年代としては、慶長以降で、一八世紀前半に改修・修復の可能性が想定できる。関連する事業としては、米沢藩による高野山の謙信・景勝廟の修復[16]事業が謙信没後一二〇年に当たる元禄一〇年（一六九七）年と、正徳五年（一七一五）に行われた記録があり注視したい。

以上のように一八世紀代における謙信墓の改修あるいは、再構築の可能性を想定したが、加えて炭・漆喰あるいは、墓誌の存在などの特徴から、『家礼』の「治葬」に則った儒教的な埋葬方法の要素が多分いあったことを見落としてはならないように思う。藩祖である謙信を祀る祖先祭祀の思惟が醸成される背景は、上杉家と他家との婚姻関係・養子縁組の影響についても検討する必要がある

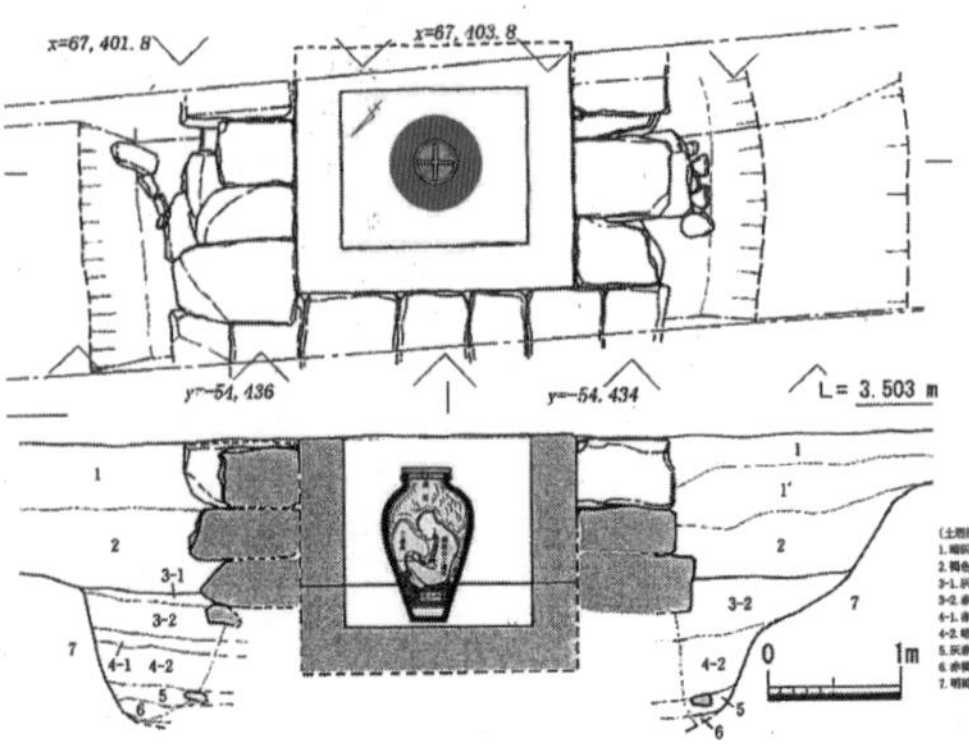

図４　黒田綱政墓構造（平・断面図・註 13 加筆）

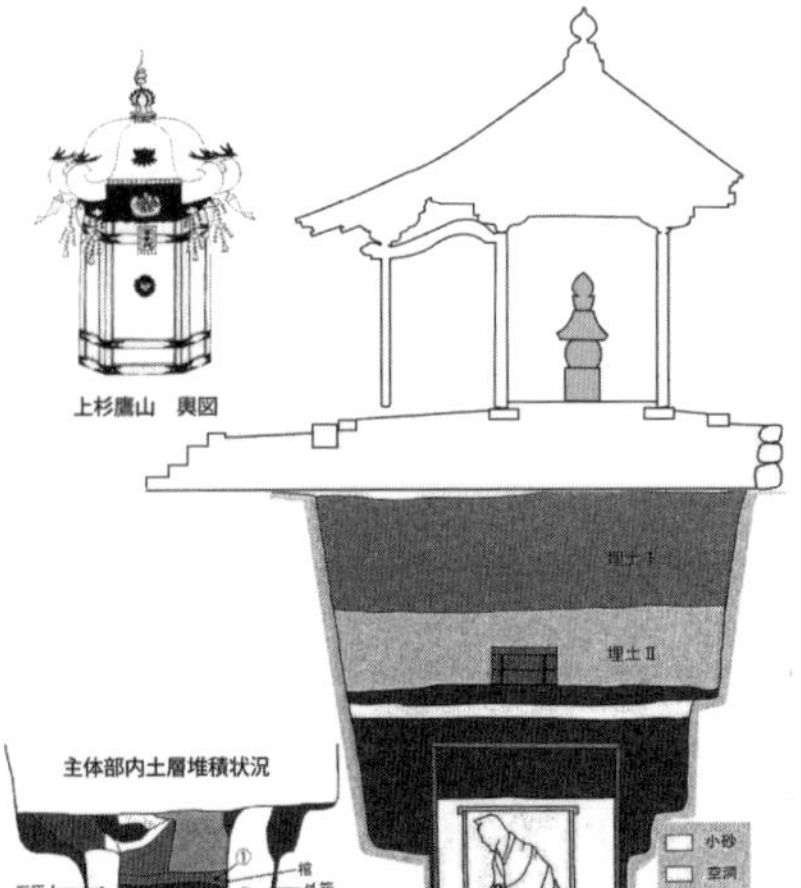

図５　上杉鷹山墓所構造（註７加筆）

と考えている。つまり婚姻関係は、近世武家社会における社会的・宗教的・思想的なネットワーク構築の基礎となる重要な要素であると思われるからである。そこで続いて、特に父系的な血統による親族関係は勿論であるが、姻戚や相婿関係など女縁親族[17]関係から構築されたネットワークの形成が思惟の醸成に重要な関係にあったことを確認してみたい。

六　上杉家歴代と女縁親族

初代景勝は、長尾政景と謙信の姉の子の間に生まれた。叔父謙信没後に家督争いに勝って上杉家を継いでいるが、もともと上杉氏の血を受け継いでいた。関ケ原の戦いでは西軍豊臣方に仕え敗退するが、戦後、辛うじて家の存続は許され、会津から米沢に減封された。この時以来、上杉家の存続には危機感をもって常に対峙したのではなかろうか。これらの危機感が、婚姻関係によるネットワーク形成の重要性を認識させたことも想像し得る。二代定勝による婚姻関係構築は注目に値し、その後の近世上杉家の基礎を創り上げたといっても過言ではない。この様な背景が家の存続と宗教的な思惟を構築させたと考えている。歴代の姻戚関係形成を確認してみたい。

定勝の正室は、佐賀藩初代鍋島勝茂娘である。また、女子の嫁ぎ先に注目しておきたい。長女徳姫は、加賀藩三代藩主・前田利常の三男で後に大聖寺藩初代となる前田利治の正室、虎姫は、佐賀藩二代藩主鍋島光茂の正室として嫁した。亀姫は大聖寺藩三代前田利明の正室として嫁した。そして三姫が高家・吉良義央の正室となった。この吉良家との縁が綱憲から治憲の養子入りまで繋がった。

三代綱勝は、会津藩初代藩主保科正之娘を娶るが無嗣であったため、定勝の娘・三姫と吉良義央の間に授かった長男・三之助（後に綱憲）を養子（当時二歳）とし迎え、四代を相続させ家の存続が叶った。

寛文四年（一六六四）の四代綱勝の死去（二七歳）から一四年後の延宝六年（一六七八）、綱憲一六歳で紀州藩主二代徳川光貞の娘・襧為姫（後に栄姫）を娶る。保科家で実らなかった徳川家との縁を築き継続が叶った(18)。さらに、綱憲は他の有力大名との姻戚関係を養子縁組によって築くと同時に、吉良家の存続も目論んだ。簡単にみると、嫡男・吉憲は、元禄一六年（一七〇三）五代を襲封させ、二男春千代を綱勝の妹三姫の縁と実家であることなどから、孫にあたるが祖父吉良義央の養子とし、義周と改め吉良家を継がせ存続させた。また吉憲の妹の鶴姫は、実は吉良義央の娘であるが綱憲の養女とし、薩摩藩三代藩主島津綱貴の継室として嫁がせた。さらに阿久里姫は、陸奥国弘前藩分家で黒石領の三代当主津軽政兕に嫁がせた。阿久里もまた吉良義央の娘であるが綱憲の養女として嫁している。また、上杉吉憲妹・豊姫は、黒田長政の三男長興が分知、五万石で立藩した秋月藩の四代藩主黒田長貞の正室に嫁した。長貞の娘・春姫は、日向国高鍋藩六代藩主秋月種美《やねみつ》の正室として嫁した。この女縁は、上杉家八代藩主重定の家督相続に置ける養子縁組に反映された。つまり春姫と秋月種美が儲けた次男を、米沢藩主八代上杉重定に養子入させ、九代藩主・治憲として家督を継がせたのである。吉良義央は、上杉家の女縁を上手に自らの家存続にも利用し、上杉家内に後見人的な立場を創り上げた。

一方、六代を継いだ宗憲は、土佐藩六代藩主山内豊隆の娘・整姫を迎えたが、無嗣のため末期養子として実弟の宗房に跡を継がせた。

加えて示しておきたいのは、図6の略系図で示したように鷹山の実父・秋月種美の姉壽昌院は、肥後人吉藩二代相良長在《ながあきら》の正室として嫁している。また、種美の四男晃長《みつなが》は、人吉藩八代頼央《よりひさ》に養子と迎えられている。晃長《みつなが》の兄が、治憲で米沢藩九代を継いでいる。相良家との関係は、既に相良家初代藩主頼房の正室に秋月種実の娘を迎えたことに遡るが、ここに、改めて上杉家・秋月家・相良家のネットワークが再確認されていることになる。

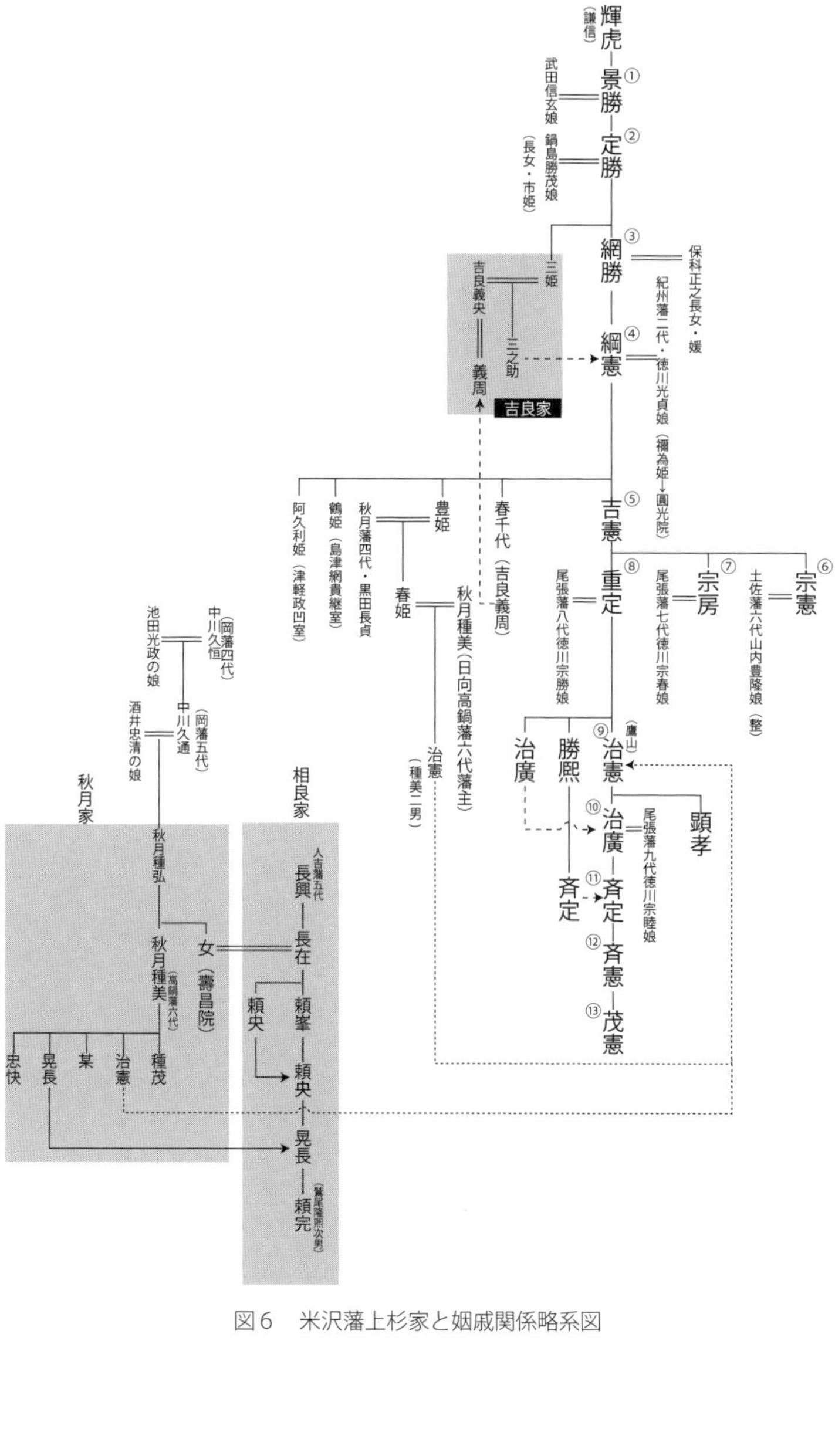

図6　米沢藩上杉家と姻戚関係略系図

さて、少し横道に逸れたが、もとの上杉家の系譜に戻って七代の宗房から治憲まで確認してみたい。

宗房は、陸奥国梁川藩の二代藩主松平義方の娘を大久保松平家の縁で尾張徳川七代藩主宗春の娘として嫁に迎えている。しかし無嗣のまま没してしまったため、八代を弟の重定が継いだ。また、宗房の尾張徳川家との縁は、八代重定が尾張八代藩主徳川宗勝の娘を娶ること、一〇代治廣（重定二男）が尾張九代藩主徳川宗睦《むねちか》の娘を娶る縁に繋がったことになる。

八代重定は、五代吉憲の四男であったが、六代・長兄の宗憲、七代・次兄の宗房が相次いで無嗣で死去したため延享三年（一七四六）に家督を相続した。重定の時代は、財政・藩政ともに大変厳しく、藩士の俸禄削減などが恒常的であったという[19]。この様な財政逼迫の中、宝暦九年（一七五九）三月、先に触れた日向国高鍋藩六代藩主・秋月種美の次男・松三郎を養子とする内約が結ばれ、明和四年（一七六七）重定隠居に伴い、治憲が家督を相続し九代藩主となった[20]。正室には、重定の娘幸姫を娶った。また、側室との間に嫡子顕孝を儲けるが自らより早く若くして没したため、重定の三男治廣を養子に迎え一〇代を継がせた。

続いて、確認した歴代藩主の婚姻関係と思想的思惟の形成の可能性について確認してみたい。

初代景勝以来、上杉家の信仰で特徴的に確認できることは、規模は違うものの謙信の経供養が継続的に続けられたことであろうか。代表的な回忌をあげておくと次の通りである[21]。

謙信三三年忌（慶長一五年－〈一六一〇〉）（『景勝公年譜』慶長一五年三月一二日条）、慶長年間以降は、五〇年忌（寛永四年－一六二七）、百年忌（延宝五年－一六七七、千部経）、一五〇年忌（享保一二年－一七二七、五百部経）、二百年忌(安永五年－一七七六、五百部経)、二五〇年忌(文政一〇年－一八二七、五百部経)である。

万部経について、定勝の正室が鍋島勝茂の娘とされているが、この鍋島家においても近世初期から万部供養を行っている。鍋島家の万部供養について見てみると鍋島家における法華経読誦の先祖祭祀は、古くから確認でき、現在、佐賀市水ヶ江一丁目の万部島に法華経一万部読誦供養塔が遺存している（図7）。宗家歴代藩主が同型式の塔を踏襲している点は興味深い。鍋島家における万部供養は、近世鍋島家に直接系譜する龍造寺隆信の曽祖父・山城守家兼（剛忠）が永正二年（一五〇五）三月、天亨和尚を導師として行ったのが最初とされている。図7は、勝茂が寛永九年（一六三二）六月に奉納したされた万部塔である。同型式の万部塔が歴代藩主によって献塔されており、回忌供養の在り方に姻戚関係で共通している点が興味深い。

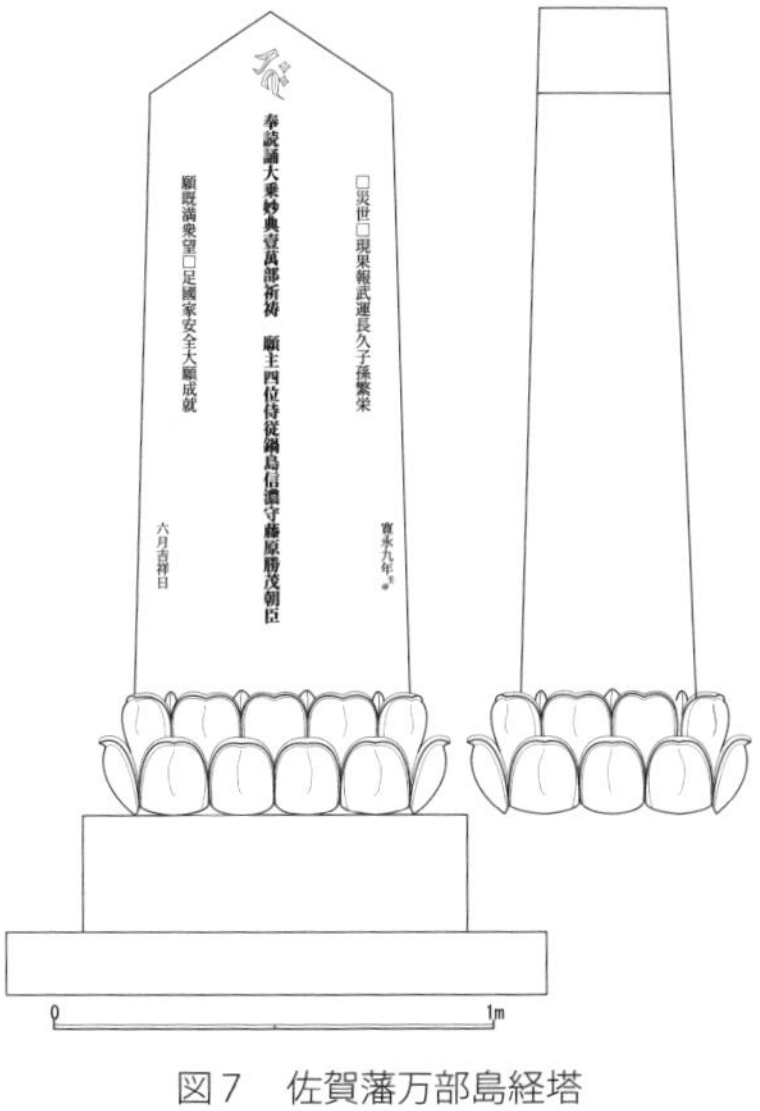

図7　佐賀藩万部島経塔

また、先に触れたが、治憲の祖父は、高鍋藩五代藩主秋月種弘で、種弘の母は、岡藩五代藩主中川久通の娘である。また久通の母は左阿姫と云い岡山藩池田光政の娘である。また久通は、大老酒井忠清と清岸院（姉小路公景娘）の娘・紀伊姫を娶っている。この様に池田光政、中川久清・久恒、酒井忠清らで明かなように儒教的な思惟を実学的に実践した人物といえる。祖先祭祀を重要視する思惟はここに共通して醸成されている。

七　鷹山と細井平洲

宝暦九年（一七五八）、上杉家世子入りした治憲は、当時、米沢藩医であった藁科松伯《わらしなしょうはく》が、江戸で細井平洲《ほそいへいしゅう》の辻講釈を聴き、藩家老の竹俣当綱《たけのまたまさつな》の進言もあり、平洲が幼い鷹山の賓師として迎えられ藩主教育が行われ、以来、鷹山は、生涯の師と仰いだ。ここで鷹山の思惟形成について平洲との関係に少し触れておきたい。細井平洲は、折衷学者とされる中西淡淵《なかにしたんえん》に師事し門に属した。平洲は、教育史において藩校教育（嚶鳴館《おうめいかん》）に尽力した人物で、教育実践家として名高く、師の影響もあり折衷学派の代表的な人物としても評されている。近年、前田勉氏の研究では、江戸思想史研究における平洲の位置づけとして、独自の「公論公評」[22]を唱え教育・学問論を展開させた教育家としている。またその評価は、これまでの思想史研究で位置づけられてきた横井小楠《よこいしょうなん》より早く「公論公評」を説いた先駆的な功績が示されている。[23]

また、平洲は、米沢藩・興譲館《こうじょうかん》における藩校教育に大きく関わったことは周知のことで、鷹山は、最後まで師と仰いだ。さて、鷹山と細井平洲との交流は、平洲の師である中西淡淵まで遡りそうであるので、簡単に触れ確認してみたい。

師・淡淵は、尾張徳川家の筆頭家老の家である竹腰家の家臣・中西家の養子として育ち、この縁によって平洲は、寛延三年（一七五〇）から竹腰家に使えた。尾張徳川家八代宗勝との縁は、この時に繋がったと思われる（平洲二四歳）。宝暦二年（一七五二）年、平洲は師である淡淵を亡くすが、以来、多くの門下生が平洲のもとに集まり門人となった。そして、宝暦七年（一七五七）、米沢藩医であった藁科松伯が、江戸で細井平洲の辻講釈を聴き、藩家老の竹俣当綱の進言もあり、宝暦九年（一七五八）、上杉家世子入りした治憲の賓師として迎え、藩主教育を受けることになる。前田氏の解釈による平洲の教育論の中でも「身分や性別を越えて、他人の交わりの中で、様々な堪忍苦労の経験を通して人間的な成長ができる」とする点に、平洲らしさが見出せ、平洲が農民の家に生まれ「無位素賎の士」として育った生い立ちからが、この教育論の背景をなしている点を指摘している。[24]

これらの指摘から考えると、平洲の教育は、幼くして上杉家（財政破綻状態時）の跡を継がなければならなくなった鷹山の思惟の醸成に多大な影響を与えたのではなかろうかと想像する。そして、平洲を鷹山の師に招請した八代藩主重定の思いがいかばかりだであったろうか。また、さらなる鷹山の藩主教育に繋がる平洲事績として、重定の女である鷹山の室・幸姫の大奥における質素倹約への心構えの教育があげられる。平洲のこの教育は、鷹山による世子・治廣の娘たちへの教育においてもみられる。娘たちが他家へ輿入れするのに「女訓」をわきまえさせた上で嫁入りさせた点が挙げられる。後にも示すが、文化五年（一八〇八）二女貞姫に「桃の嫩葉《わかば》」を与え板倉勝俊（福島藩九代藩主で妹は、綾部藩九鬼隆都《くきたかひろ》に嫁している）、同一〇年、三女演姫に「千歳の基」を与え、池田斉稷《いけだなりとし》（鳥取池田藩一〇代）に、同一二年、畠山義宣に四女祇姫《まさひめ》に「野辺の若葉」を与えて嫁がせた、とされている。(25)

一方、平洲の重要な事績として、宝暦六年（一七五六）伊予西条藩五代松平頼淳に請われ長崎福済から萬福寺一五・一八代住持になる寺唐僧・大鵬正鯤《たいほうしょうこん》との通事を務めたことをはじめ、尾張九代藩主徳川宗睦《むねちか》の侍講を務めたことなどが重要である。

松平頼淳は、安永四年（一七七五）紀州徳川家治の跡を継ぎ、治貞と改名し、紀州徳川家一一代藩主となっている。

伊予西条藩と紀州家との縁は、上杉家が四代綱憲の正室に紀州徳川家二代藩主光貞の娘・禰為姫を迎えたことと繋がり、教育者としての平洲の得た縁を通して「他家」である紀州家との因縁の重要性を認識したものと推測する。そのことは、平洲が鷹山にした最初の講義で紀州頼宣（南龍公）の痣《あざ》の話をしたことが『小語』に印象的に記している(26)、ということからも推測できよう。

八　鷹山の儒教的思惟形成

平洲の教育と関係するが、鷹山の儒教的な思惟の形成という点について示しえおきたい。

鷹山の思想的な一面が読み取れる事柄として、明和四年（一七六七）、一七歳で米沢藩襲封に際して、先ず国元の春日社に誓詞奉納し、同九月に国元の白子神社に国家中興の祈願文を奉納した、[27]とある。儒教的な思惟とは違う面ではあるものの、儒家神道に繋がる一面ともとれる。

また治憲の葬送について、儒葬と位置づけ、『家礼』の「治葬」に従った方法による埋葬であったことには間違いないのであるが、八角形の龕（輿・図5）を用いる点などは、神道的な影響も想起でき、先述の春日社等への祈願のことともとも関連しよう。また葬送の宗教性について付け足せば、副葬品として数珠・六文銭が確認されている点は、仏教への葬礼にも配慮が窺える。この様な様々な構成から考えると、複数の宗教性が混淆している可能性が指摘できる。

このことは、平洲没後に門人の西条藩士上田雄次郎によってまとめられた（天保六年〈一八三五〉刊行）の遺稿集『嚶鳴館遺草《おうめいかんいそう》』巻四「管子牧民国字解」に記された（順民之経在明鬼神祇山川敬宗廟恭祖旧）で示された内容とも通ずる所があろう。少し長くなるが、示しておきたい。

「尊キ君ノ上ニテ上トシ玉フハ、天地山川祖父親ノ神霊先祖ヨリ立置玉フ古キ掟ハ皆々君ノ尊ビ順ヒ玉フベキコト故ニ、天神地祇ヲハツキリト畏レ敬ヒテ見セ、山川ノ神事ヲ如才ナクツトメ玉ヒ、宗廟ノ儀式ヲ厳重ニシテ見セ、先祖ノ法度ヲ大事ニ守リテ見セ玉フ時ハ、人々上ニタツモノニハ敬ヒ従フハヅト云コトヲワキマヘシル風ニナリテ、上ニハ是非ニサカラワヌモノト万民ノ心一定スルコト也。」

さて最後に、鷹山の出自に係わる秋月家と黒田家のことに触れ、真言宗への思惟と儒教的な思惟形成の背景を示しておきたい。略系図である図6を参照いただきたい。

鷹山の祖父に当たる秋月藩黒田長貞は、福岡藩重臣・野村中老家当主である野村祐春の次男とされる。黒田家に着目してみると黒田長貞の正室は、福岡藩の三代藩主黒田光之で、そもそも真言宗東長寺を菩提寺とした(28)。光之の二女は、秋月藩二代黒田長重の正室で、二代長軌《ながのり》が無嗣であったため養嗣子として長貞が継ぎ、福岡藩黒田家との縁が強かった。一方、長貞の祖父・黒田長重は、福岡藩四代黒田綱政の妹を正室と迎えている。また綱政の末の娘は、嫁す前に没してしまったが、上杉家五代藩主吉憲と婚約するなど縁が繋がっていた。さらに藩主の思想という点では、綱政長子・吉之は、二九歳で父より先に没したが、黄檗宗に帰依し、亀趺を用いた独特の墓所を築いた大和郡山藩本多忠常の娘を娶るなど、黒田家の系譜を見ても、独特な儒教的な思惟が強かった大名家との婚姻関係を確認できる。

綱政自身の葬制は、発掘調査（図4）によって明らかであるが、甕底部に七星板を敷き、遺骸を治め真綿を充填するなど『家礼』に準ずる埋葬方法であったことが既に指摘している(29)。

以上みてきたような鷹山の出自に係わる婚姻関係や姻戚関係を背景として思惟醸成があったことは、想像に難しくない。そう考えると、鷹山の遺言による葬制の選択も理解でき、鷹山が父重定あるいは、長子顕孝を葬るに当たり、火葬ではなく土葬を選択したことは、決して原淳一郎が指摘している「建前(30)」という理由ではなく、自らの選択した思惟の積極的な実践であったことに他ならないと考える。

最後に、真言宗による仏式の儀礼を重視した点に触れておきたい。儒教的な思惟形成によって祖先祭祀を重視し、謙信の思惟を学び、上杉家の儀礼の基本としたのではなかろうか。つまり、謙信自身が法体を得て築き上げた真言宗儀礼先の重要性を保つことこそが、上杉家の伝統的支配の基本と考えたのではなかろうか。これを鷹山は他家からの養子入りしたことで、その重要性に誰よりも早く的確に気づいたのではなかろうか。まさに目的的合理性を重視した実践としても評価で紀要。

そして福岡藩の二代藩主光之が、真言宗東長寺を菩提寺としたことや、人吉藩が真言宗に帰依をした理由として、六代藩主相良長在《さがらながあり》の正室が、秋月種弘の娘・於祢為姫で、鷹山の叔母に当たること、実弟・秋月晃長《みつなが》が、人吉藩の八代藩主相良頼央《よりひで》の急死により断絶を避けるために相良家の後継者として入ることとなった(31)ことも関連するであろう。この様な鷹山を中心とした親族形成には、秋月家の家の思惟が反映された可能性もあり、改めて検討する必要もあろう。

因みに、相良家の伝統的な宗旨は臨済宗と思われるが、人吉にある菩提寺・願成寺の相良家歴代墓所を人吉市史等で確認すると、頼央を継いだ晃長（民部）の墓が存在しない。この点は、真言宗との宗旨不一致との関連なのか、あるいは、大森氏(32)が指摘の通り、家督相続に関する影響なのかは、両家にまつわる「お家」存続の問題と関係ある可能性も想像はしている結論には至っていない。ここでは言及出来ないが、今後の課題としたい。

註

1 拙著 二〇一五年、「近世大名家墓所の地下構造と喪礼実践の歴史的脈絡」（『近世大名葬制の考古学的研究』雄山閣）。

2 加澤昌人 二〇〇八「上杉謙信の崇敬と祭祀 - 謙信の「仏教」と米沢藩における廟堂祭祀 -」（『仏教大学大学院紀要』36 佛教大学大学院）。

加澤 昌人 二〇一九 「上杉謙信の祭祀の転換：御堂から上杉神社へ」（『米沢史学』35）。

3 原淳一郎 二〇一五「米沢藩主上杉家墓所と葬送儀礼」（『月間文化財』第六二六号）、同二〇二一「近世中期の米沢藩主の葬送儀礼と高野山納骨」（『近世の旅と藩 - 米沢藩領の宗教環境 -』小さ子社）。

4 小池 誠 二〇〇三「「家」の人類学的研究 - レヴィ＝ストロースからブルデューへ」（『国際文化論集』二九号 桃山学院大学）。

5 註2の七〇～七二頁。矢田俊文 二〇〇五『上杉謙信』（ミネルヴァ書房）。

6　米沢市上杉博物館学芸員・池野理氏から謙信の改葬や万部供養について、ご教示を賜った。記して御礼申し上げる。

7　朝倉有子　二〇二〇「第四章 近代における上杉家廟所の変容」（宗教法人 泰安寺『県指定史跡 津山藩主松平家菩提所 泰安寺―災害復旧に伴う発掘調査報告書―』）で示された『明治八年従一月日九年五月迄来状留』の中の二月付け書状に掲載されている。実見未了。

8　註7の論考で浅倉有子氏が示した史料である。

9　坂詰秀一編　二〇〇二『池上本門寺 近世大名家墓所の調査』（雄山閣）。

10　湯浅文彦　一九〇六「豊太閤改葬始末」（『史学雑誌』第一七編第一号）。

11　盛岡市教育委員会　一九九八『聖壽禅寺 南部重直墓所発掘調査報告書』。

12　伊東信雄 編　一九八五『感仙殿伊達忠宗・善応殿伊達綱宗の墓とその遺品』（仙台瑞鳳殿）。

13　福岡市教育委員会　二〇〇四「市指定史跡黒田家墓所（崇福寺）立会報告」。

14　近世の土砂加持祈祷の明確な事例として井伊家四代直興（直孝四男）は、元禄一二年（一六九九）に関ヶ原の戦いの戦没者の供養のため「大坂戦死供養碑」と長寿院（真言宗）の建立事業を実施している。碑の地下に霊地の土砂を石櫃に埋め『真言光明儀軌』に従った供養を行っている。と当該期には真言による加持祈祷が全国的にも広まるとされている点は興味深い（二〇一九年『論集 葬送・墓・石塔』で、「近世大名家墓所の本質を考える―井伊家初期歴代の信仰と思惟から―」）。

15　註10に同じ。

16　上杉家　二〇〇四『史跡 米沢藩主上杉家墓所保存修理工事報告書（上巻）』四頁下段。

17　笠谷和比古　一九八八『主君「押込」の構造―近世大名と家臣団』（平凡社新書）。

18　北村行遠　二〇〇三「上杉家圓光院殿日仙榮壽大姉」（坂詰秀一編『池上本門寺近世大名墓家墓所の調査』）。

19　大矢野栄次　二〇一八「米沢藩の財政改革と上杉鷹山」（『久留米大学経済社会研究』第五八巻第一・二合併号）。

20　鬼頭有一　一九七七『細井平洲（附）中西淡淵』（明徳出版社）、辻本雅史一九九〇『近世教育思想史の研究』（思文閣出版）。

21　註6と同じ。

22　前田勉　二〇一四「細井平洲における教育と政治―「公論」と「他人」に注目して―」（『愛知教育大学研究報告―人文・社会科学編六三）。

23　註22と同じ。

24　註22と同じ。

25　関口すみ子　二〇〇五『大江戸の姫さま―ペットから輿入れまで』（角川学芸出版）。

26　註20と同じ。

27　註20に同じ。

28　宮野弘樹　二〇一〇「近世大名の葬送儀礼―福岡藩三代藩主黒田光之を例に―」（『福岡市立博物館 研究紀要』第二〇号）。

29　拙著　二〇二一『近世大名葬制の考古学的研究』（雄山閣）。

30　註3と同じ。

31　大森映子　二〇〇五「肥後人吉藩相良家における相続問題－「公辺内分」の身代り相続－」（『湘南国際女子短期大学紀要』一三）。
32　大森映子　二〇〇八「近世中期における仮養子制度－肥後人吉藩相良家の場合」（『湘南国際女子短期大学紀要』一五）。

参考文献

藤野　保　一九八一『佐賀藩の総合研究－藩政の成立と構造－』（吉川弘文館）。

Ⅳ 儒家の葬制

吉田博嗣
豊田徹士

豊後の三浦梅園と葬制

吉田博嗣

はじめに

江戸時代の大分県を代表する先哲として、三浦梅園（哲学者・教育者・医家、一七二三～一七八九）・帆足萬里（日出藩儒、一七七八～一八五二）・廣瀬淡窓（儒者・教育者・漢詩人、一七八二～一八五六）を「豊後の三賢」と呼んでいるが、本稿では三浦梅園の墓を紹介する。

梅園は豊後国国東郡富永村（旧杵築藩領・現在の国東市安岐町富清）の出身で、父・義一と母・ふさ（旧姓矢野）の間に生まれた。

三浦本家は代々富永村の庄屋を務めたが、梅園の曾祖父で清兵衛義正(1)（以下、義清）の代に庄屋本家から分家し、その後は医を業としている。梅園は医家であるとともに、哲学や天文学など様々な学問を究めた思想家として知られ、天地の条理にたどり着いた。郷里では私塾「梅園塾」を創設するなど後進の指導にも注力した教育者でもあった。

現在、「三浦梅園旧宅」は国の史跡として昭和三四年に指定され、旧宅のほか土蔵一棟が現存するほか、旧宅の南側には一段高い平地に塾跡と伝わる場所があるが、発掘調査では建物の遺構は検出されなかった。また、旧宅から西南方向に二〇〇mほど離れた高台にある梅園墓所も史跡に含まれているが、平成一八年には旧宅と墓所をつなぐ参道が追加指定されている。(2)

現在、旧宅の側には平成一二年に開館した「三浦梅園資料館」があり、梅園に関する調査研究や普及啓発の取り組みがなされているほか、関係資料の展示やガイダンス映像などの設備がある。

これまで国東半島における近世墓地については、村落の開発史研究の一環として「豊後国田染荘の調査」や「豊後國安岐郷の調査」など広範な調査が行われ、その成果がまとめられているが、(3) 三浦梅園の墓は儒教の影響を受けたと思われ、型式及び石材の点などで特徴を有しており、小稿ではその様相について考察してみたい。

図１　三浦梅園旧宅及び墓遠景

一　三浦梅園の人物略伝

梅園は享保八年（一七二三）の生まれで、名は晋、字は安貞、号には梅園のほか、攣山、洞仙、東川居士、二子山人などがある。

幼少期に父から学問の手ほどきを受けたが、本格的な学びは一六歳のときで、杵築藩の儒者・綾部絅斎(4)

（一六七六～一七五〇）に師事したのが始まりである。その後は中津藩儒の藤田敬所[5]（一六九八～一七七六）にも学んでいるが、綾部、藤田ともに京都の儒者・伊藤東涯の門人である点が共通している。
梅園は豊後森藩などから仕官の誘いもあったが全て断り、終世仕えることは無かった。富永の地で医を業としながら、塾を開いて門人を指導した。また、先祖や両親に対する「孝」の精神に厚かった人物としても知られる。
梅園の業績については、他著に明るいが『玄語』、『贅語』、『敢語』の梅園三語を著わして独特の哲学的構想をたて、「条理学」を構築したほか、近代的な経済論『価原』を著わして社会経済に深い考察を加えるなどすぐれた業績をあげている。また、村民救済のために「慈悲無盡講」を創めるなど、民生の向上に意を注いだことも忘れてはならない。ところで、先に紹介した廣瀬淡窓は、世代が異なるため未見であったが梅園（安貞）のことを『儒林評』の中で次のように評している[6]。

「我豊後ニテ先輩ノ高名ナルハ。杵築ノ三浦安貞ナリ。安貞ハ條理学　ト云フ事ヲ。自ラ始メタリ。宋儒窮理ノ説ニ似テ。少シク異ナリ。生　涯仕ヘズ。弟子ヲ教授スルコトヲ事トセリ。従遊ノ者。筑ノ亀井ト相　比セリ。海西ニテ。四方ヨリ生徒ノ多ク聚マルコトアルハ。三浦亀井　ノ二先生ヨリ始レリ。三浦ノ門人ニ。脇義一郎ト云フ儒者アリ。予ガ　童幼ノ時。書信往復セシコトアリ。即チ日出ノ帆足愚亭ガ師ナリ。帆　足モ窮理ヲ好ミ。又生徒ヲ教授スルコト。三浦ノ学脉ヨリ傳フル處ア　リト覺ユ。安貞ノ子修齡。予嘗テ相見ス。杵築候ニ仕ヘタリ。コレモ　ヨキ儒者ナリ。今ハ歿セリ。」

とあり、「条理学」の提唱者であることや、九州において全国から門人を広く集めて塾を経営したのは梅園と、淡窓が師事した亀井南冥（一七四三～一八一四）を嚆矢とするとしている。

しかしながら、生前の梅園に対する評価は独創的な思想でもあった「条理学」の理解が進まなかったことや、その斬新性もあって高い評価を受けることは無かったとされている。
また、記事の文末には、淡窓は梅園の長子で修齢（諱は黄鶴、号は思堂）とは面識があり、杵築藩に仕官する優れた儒者であると紹介している。

二　三浦家墓所と周辺の概況

今回の調査地である旧富永村は、「六郷満山」と呼ばれる奈良時代から平安時代の頃に仏教と宇佐八幡の八幡信仰が習合した仏教文化が形成された六つの地域の一つで、「安岐」と称されている範囲に含まれる。両子山の麓の村落でもあり、両子寺（天台宗）とも縁が深い。

三浦家は遠祖が相州三浦の出自とされ、正治二年（一二〇〇）に官を廃して豊後国東の丸小野村に移り住み、剃髪して法道（族号は丸小野）と名乗ったと伝わる。富永村に居住したのは戦国時代末期に梅園から六代前にあたる丸小野十郎義秀が、丸小野村から移り住んだとされるが理由は判然としない。その後、義秀の嫡子で彦兵衛掃部の時に三浦家は庄屋となり、この人物を庄屋としての初代とし、二代目の孫左衛門義次の嫡子が喜左衛門義継で、その四男に梅園の曾祖父・清兵衛義清（義正）がいる。以上の記事は、梅園が父・義一の生涯や一族の系譜をつづった「先考三浦虎角居士行状」（以下、「虎角行状」）に拠っている。(7) また「虎角行状」には、梅園家が丸小野姓から三浦姓に復したのは、梅園の祖父にあたる義房の代であったと記してある。(8)

現在の富清地区（旧富永村）の西側は両子川の右岸で東に間口を開いた家屋が山麓に沿って南北に展開し、集落が形成されている。近世において庄屋を務めた三浦家では一七世紀前半から本家西側の山腹に墓地を造営し、本家南側に居住した梅園家からは西北側に位置する。

当該集落の土地利用は、近郊の村落の在り方と同じであるが、一番低い位置から両子川に面して水田や農地があり、緩斜面には集落が立地し、集落の背後から山林までの間にこの地域の共同墓地が点在している。

三浦家の本家墓所については、岩見輝彦の先行調査があり、その成果は地元での普及啓発活動において活用されている[9]。本節では梅園家に先行する庄屋本家の墓標に関して現地調査の概要報告を行う。

本家墓所と呼ばれるこの墓地は、三浦本家が営んだ庄屋一族や三浦分家のほか、室家、上原家等の縁戚関係の墓も併せて所在する共同墓地となっており、江戸初期から現代まで使用されている。場所は集落の背後を西に向かって山側に上り、勾配のきつくなった斜面に上下三段に分けて墓地が展開し、中段には初期の庄屋を営んだ墓標が所在する。

図２　丸小野孫左衛門義次墓（二代目庄屋／本家墓所）

墓標は山側斜面に沿って狭隘な平場を形成し、墓を造立しているが、比較的建立時期が古い墓ほど斜面近くに建っていることを考えると、必要に応じて少しずつ谷側斜面の土地を拓き墓地は拡大されていったものと考えられる。

また、墓の正面を西側として建てる意識が強く働いた結果、墓標は斜面に近接して建つことになり、参拝者は斜面に座してからの見下ろしとなるほか、その場で屈むことも儘ならない立地である。

この墓地で最も古い年紀を刻む墓標は、本家墓所中段の南側に位置する寛永一六年（一六三九）の墓で「月翁宗玄禅門神位」と銘があり、右側面には「寛永十六巳卯天」、左側面には「十一月十一日」とある（図2）。この人物は三浦家の遠祖が丸小野姓を名乗っていた頃、富永村庄屋を務めた初代の彦兵衛掃部の長子で二代目の孫左衛門義次であると思われるが[10]、そのほか周辺には元禄六年（一六九三）、同十年の墓碑がある。

次に、墓所の中段北側に中心域から離れた場所に一〇基程度が点在し、寛文八年（一六六八）没の「一覚道春禅定門灵位」（右に「寛文八戌申天」、左に「六月十日」）、元禄八年（一六九五）没の「覚夢自休居士」（右に「元禄八子天」、左に「六月十日」）などの年紀が刻まれている。

ここでは元禄八年没の人物が戒名の「自休」から三代目の喜左衛門義継であることが判明している。他には享保年間までの墓が確認されているが被葬者は不詳である。

本家墓所の造立初期（一七世紀前半から一八世紀初頭）において、戒名に付帯する脚字は「禅門」「禅定門」「禅定尼」に「灵位」を付する例を確認することができるが、国東半島の田染地区でも同じ傾向が見られ、中世以降採用されてきた先の脚字も一八世紀後半から急激に減少傾向となり、「信士」「信女」が主流となる点は本家墓所も同じである[11]。

墓地全体における型式的特徴については、一七世紀前半から一八世紀前半の歴代庄屋筋の墓の正面観は板碑形であるが側面を作り出して銘を刻み、また駒形や舟形もあるがいずれも側面を作り出して刻銘しており、一般的には「一観面」である型式類が本墓地では全て側面に銘が入る「多観面」となっているのが特徴である。一八世紀前半の庄屋以外の墓では一部に小規模な板碑形、舟形が残るが多くは櫛形が一般的であり、時代が下がると頭部が冑形の角柱形となる。また石材利用の面では、一八世紀前半から中頃までは安山岩が主流で、以降は凝灰岩の使用が増えて併用している点は国東半島域の様相と大きな違いは無い。

その他、近世墓における属性として、正面を西向きとしている点で共通性を有しており、後世の墓地整理や一部神道への改宗などで東側を向く墓もあるが、それ以外では土地の制約を受けて向きを変えた例を除けば極めて少ないと言える。集落内の家屋は間口を東向きにしているため、墓の正面は各建物とは背中合わせの関係となっている。

ところで、梅園の夭折した兄姉二名の墓は本家墓所にあるが、兄は「早世智哲童子灵位」（享保四年没）と戒名を持ち、正面観は駒形に見えるが背面は粗調整で左右の側面に没年月日を刻んでいる。また、姉は舟形の墓標で「早世芳薫童女灵」（享保六年没）となっており、こちらも側面が作り出されており没年月日が刻まれる。没年は同じ享保期であるにも関わらず、形式は異なっている。

この他、三浦家には旧富永村内に梅園墓所を含む大小四ヶ所の分家墓所があり、中村地区には梅園墓所や三浦家と神職野田家などの共同墓地、集落北側の上組地区には一部神道化した墓地（一部は改葬移設）、さらに両子川を挟んだ東側の陽平地区にも共同墓地がある。

また、この集落には「宮畑神社」があり、神職を務めてきた野田家の墓所が存在する。当社は、元禄一〇年（一六九七）、大年神を合祀して「宮畑社」と改称し、富永村の産土神として祀られたとされる。

現在、四〇基[12]ほどが確認される野田家墓所には、現存する墓標で年紀の古い例として、元禄一四年（一七〇一）銘の「左近太夫」と、隣接する元禄十年銘の「自発善心尼」がある。この墓地では一七世紀末以降に造立が始まり、明治十三年（一八八〇）銘を最後とする明治期まで継続的に利用されていた。墓所には五輪塔の残欠を一部に見るが、近世墓地として成立した野田家との関係やその連続性は不詳である。

墓標は主に駒形、櫛形、角柱形（頭部は角錐型、冑型）で、二基を除いて墓標は西側に面して建っている。形式の変化は、国東半島における一般的な傾向と一致するが、頭部が角錐の角柱形が幕末から明治期にかけて多く採用されている点は同地区内では他に見られない特徴である。神職家の墓地としても興味深いが、旧富永村の集落における当墓地の位置づけや三浦家墓所との比較などは別の機会に詳説したい。

また、現在は無住となっているが集落内には臨済宗東福寺派の「西福寺」がある。同寺は応永一九年（一四一二）に開創され、室町時代初期とされる「西福寺国東塔」（国東市指定文化財）があるなど古刹であるが、現段階では当寺と三浦家との関係性は不詳である。

さて、先に述べた三浦本家墓所のような庄屋が営む近世墓地の在り方について、櫻井成昭は「・・・国東半島域の庄屋家の墓地には、寺院の住持墓地と同様に別個に設けられる場合とムラの共同墓地に混在する場合の2つのタイプがある。」と述べており、[13]これらの墓地成立の背景には在地土豪が庄屋を務める場合と、三浦家のように他所から移り住んだ新興の庄屋といった場合があり、前代からの系譜・由緒の違いが庄屋家墓地の立地、造営に反映されているのではないかと推察している。

旧富永村の墓地の場合、一七世紀前半に成立した三浦家の本家墓所や分家墓所は農地と宅地の関係から集落の背後の山林に立地するが、一七世紀末以降に成立した神職・野田家墓所などは社が所在する集落により近い立地であるなど、其々の墓所の成立は三浦家が富永村の新たな庄屋として任用された時期や、神職の野田家と「宮畑社」の創建時期と一致することから、村落社会における動向と共同墓地の成立とが密接に関わっていることが分かり、国東半島域における共同墓地の成立傾向とも一致する。

全国的にも共同墓地の成立や、個人の墓が増大する時期は一七世紀中頃とされており、寺壇制度との関係や経済的な背景から墓の造立傾向が庶民層にまで広がったことが関係しているとともに、一八世紀代では飢饉による死者の増大なども墓の造立に影響しており、この時期から櫛形が一般化していくことは複数の要因により生じた現象と考えられよう。

三　三浦梅園の墓と梅園墓所の特徴

梅園墓所は、旧宅西南の小高い台地上にある。梅園が遺した「虎角行状」には、父・義一が宝暦一〇年（一七六〇）に没したことを機に、本家墓所から南に離れた高台に新たな墓所を経営したことが記されている。

その理由については判然としないが、本家墓所は山側の急斜面に接しており、その上、手狭で雑然と墓標が立ち並ぶ様子から梅園は墓が粗末になっては親への「孝」の精神にもとると考えたのだろうか。いずれにしても墓所は改められたが、本家墓所と対照的なのは墓の向きである。本家の墓は西側を正面に向けて墓を造立したのに対して、[14]梅園家墓所は全て墓の正面を東側に向けて整然と並んでいる（図3）。

さて、梅園墓所の概要について、塋域は南北最大で二十二m、東西は最大で十三mを測る平坦な場所であり、標高は約二百二十mに位置している。旧宅との位置関係は、旧宅正面を左に折れて南向きに塾跡の前を過ぎた後に正面に見える斜面を西に上ること数分で、入口付近に三、四段ほどの石垣が見えてくる。左に案内板を見ながら石段を上がると墓域に至る（図4）。

墓所の構成は、入口の右に「石書経王」の碑石、[15]左には石灯籠一基、[16]墓標は入口に並行して南北方向に三列で構成され

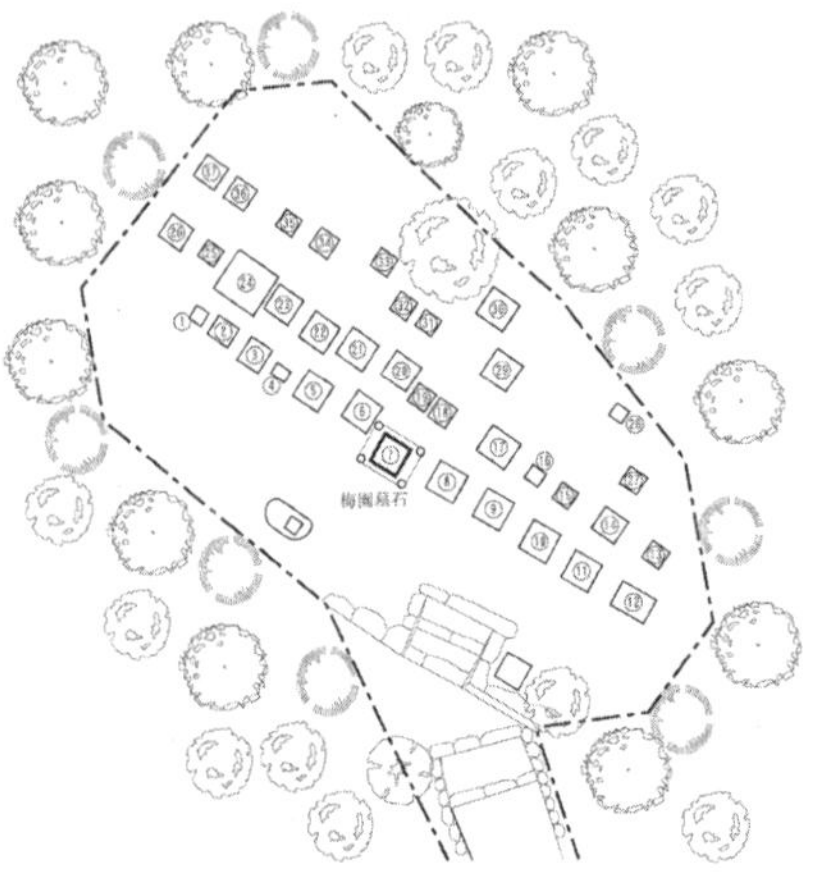

図3　梅園墓所配置図（国東市 2007）

並んでいる（図5）。梅園の曾祖父から現在まで全三八基が所在する。[17]その内の三七基については、前述の岩見輝彦により戒名や没年、銘文などが翻字され、撰者に関する内容のほか、被葬者と梅園の血縁関係や、墓標の建立経緯などがすでに報告されている。[18]そこで、小稿では墓の型式や石材など考古学的見地から若干の考察を加え、必要な項目について墓標の一覧を作成し供することにする（表1）。

この墓所は梅園が父の義一の墓（一七六〇年没）を造立することから始まり、平成二一年（二〇〇九年没）建立の墓まで約二五〇年の間、利用されているが、現在の墓地には曾祖父母や祖父母の墓も本家墓所から移設されているため、当初、梅園が父の墓をどの位置に定めて埋葬したのかは今となっては分からないが、梅園の遺言である「覚」には自身の墓を母の北側に建てることとした点は現状と一致する。

また、「虎角行状」にも曾祖父母、祖父母の墓の改葬や移設についてては触れられていないが、現在の墓所は梅園を中心とした配置であり、梅園自身が企画したとは考えられないため、梅園が没した寛政元年（一七八九）、又は墓を建てた同五年に長子の黄鶴らによってなされた可能性が高いと考えられるが、この点は当墓地を理解する上で一番重要となるであろう。

以降、列ごとに墓の構成を見ていきたい。まず一列目は一二基で図3や表1の①〜⑫となり、梅園を中心に向かって左側（南側）から梅園の曾祖父で庄屋本家から分家した初代の義正（義清）（図6）、そして曾祖母、祖父の義房（図7）と祖母（図8）、続いて父の義一（図9）と母のフサの順で被葬者一名に対して単一の墓が建ち並んでいる。続いて梅園の右には長子の修齢（黄鶴）（図16）、次子の大年（玄亀）、修齢の長子（夭折）、大年の長子で大淵（梅園の孫）、大淵の長子で大明（梅園の曽孫）（図10）の五基が並んでいる。夭折した墓を除けば、梅園以降の墓はすべて夫婦墓となっている。[19]

曾祖父母や祖父母の墓標は、舟形・仏像形・駒形で安山岩を利用するなど従来の形式に倣っている。梅園の

図5　梅園墓所全景

図4　梅園墓所入口

図8　自性浄光信女墓
（④梅園祖母）

図7　三浦義房墓
（③梅園祖父）

図6　三浦義清墓
（①梅園曾祖父）

図11　三浦安節・陸夫婦墓
（⑳梅園妹）

図10　三浦大明夫婦墓
（⑫梅園曽孫）

図9　三浦義一墓
（⑤梅園父）

父・義一や母の墓標から櫛形が採用されているが、正面観に朱子の『家礼』[20]における「神主」の「陥中」を模したと思われる凹部（花燈形）に戒名を刻んでおり、三浦家に現存する祖父母の「神主」（位牌）と形状が類似するなど興味深い。この点については後述するが、祖父の墓標は全体として板碑形や駒形を継承しつつも、頭部が円頭を成している点は他に例が見当たらず、櫛形の先行型とも考えられ、先の「神主」と併せて『家礼』や儒教の影響を考える必要がある。また表1の①から③・⑤・⑥の脚字は「居士」「大姉」であり、時期は一七世紀末から一八世紀後半に収まる。先の脚字は、国東半島の豊後高田市田染地区では一八世紀前半から、杵築城下では一八世紀後半以降に増え始める[21]。⑧から⑫は梅園没後の建立であるが櫛形と角柱形があり、石材は梅園墓の影響を受けて砂岩の利用が増える。

次に二列目の十四基は、図③では⑬から㉖にあたり右から左へと展開する。全体として右半分は梅園の次男玄亀の家系が葬られ、左は梅園の妹夫婦の関係となる。実兄の黄鶴から家督を託された玄亀は梅園の嫡子として三浦家を継承した。右から⑬大明の孫、⑯大年の次男、⑰栄次郎（梅園を初代とした場合の六代目）夫婦で、梅園の背後は⑱梅園の長女で夭折した寿、⑲梅園の妹・陸の娘で姪にあたる延が眠る。また左は⑳が分家した梅園妹の陸と婿の安節夫婦（図11）で、㉑から㉖までは安節の後妻など分家の血縁関係となっている[22]。

二列目は造立時期が幕末から昭和期までと幅広いが、型式は櫛形か角柱形で、石材は砂岩や安山岩を使用する。

次に三列目の十二基は、やや変則的に並ぶが、右端から二番目の㉙は梅園を初代として七代目の為正夫婦、右端の㉗哲治は為正の末弟。㉘は為正の長女（夭折）、㉚は為正の弟で元始夫婦、㉛から㉟は梅園時代の小作人の墓、㊱㊲は関係性が不明で㊳はこの墓所で最後に埋葬された七代目為正の末妹である。

三列目は小作人と解される墓が一八世紀後半である外は、二〇世紀以降と新しい墓である。前半は櫛形の安山岩、後半は櫛形で安山岩か角柱形で花崗岩（御影石）といった組合せである。この列では㉘のみが砂岩を使用していた。

　この墓所で梅園の遺言どおり「夫婦墓」としたものは十一基で、全ての夫婦が実践している[23]。

　次に、梅園の墓について考察する（図12・表1の⑦）。墓石は砂岩、台石は方趺で花崗岩を使用し、墓碑の形状は尖頭型圭首[24]を呈する櫛形を採用した。高さは一〇〇cm、幅四一・八cm、奥行は二七・五cmで、頂部と頭部には稜角が入り、正面観は従来の駒形に類するが「多観面」であるため異なる。さらに、墓碑には篆額「孿山先生墓」を有し（図13）、碑文が正面から刻字され墓碑本体の右、裏、左へと続いている。このような特徴的な墓碑は、これまで三浦家の本家及び分家墓所には見当たらず、当該地域でも類例は確認されていない。

　梅園は生前に「覚」と題した十四条にわたる遺言書[25]を作成しているが、その中で自身の墓や位牌に関して次のように述べている（以下、三条を抜粋。図14参照）。

一、愚老墓所玉樹とひとつに致し石塔壱本ニ可致候尤穴を掘り棺二ッ入候様ニ致　愚老棺南之方に入　北之方を空に致置　上に石をおひ埋め其後玉樹相果候者　石をあけ北之空所に入可申候尤墓所ハ智還大姉の北之方に東むき愚老骸骨南ニよ　せ双親之塔よりふとく致へからす尤塔の穂ハ樋をハ別々ニかき　如此可致候

図12　三浦梅園墓（⑦）

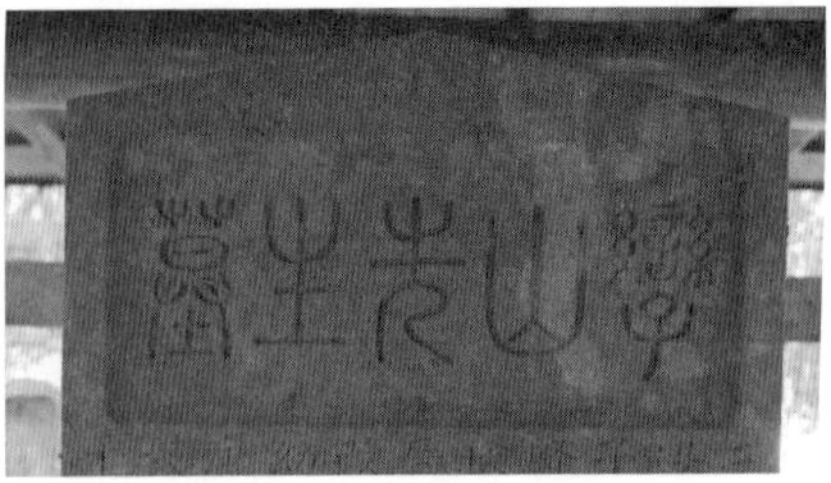

図13　三浦梅園墓（篆額）

このような遺言をつづったものの、不幸にも妻のつな（玉樹）が梅園より先に没したため、梅園は先に妻を埋葬し、後に合葬されたことが墓碑文に記されている。

ところで、梅園の遺言はどれほど実践されたのであろうか。先の条文に照らすと、「夫婦合葬。墓は一か所で墓石は一本」・「埋葬。棺は二つで梅園は南、妻は北に葬る」・「位置。智還大姉（母）の北側で東向き」・「規模。父母の墓より小さく建てる」・「戒名。同じ墓石に夫婦を別条に刻す（図示有）・図14上段中央」などの五点に整理されるが、確認できるのは「夫婦合葬で、母の北側に東向きで建立」されただけである。夫婦の戒名が墓碑に刻まれなかったのは残念であったと思われるが、現存する位牌には遺言のとおり梅園夫婦の戒名が並んで刻まれている。その後も梅園の「覚」については夫婦合葬や位牌・墓石への戒名併記が現代まで実践されている。[26]

また、位牌については次のような条がある。

一、つな玉樹と名附置候へハ愚老没後にハ早速玉樹ととなへ可申候
一、位牌も夫婦一本に可致候愚老位牌型ととのへ候節　玉樹名もほり可申候

現在の梅園旧宅は、安永四年（一七七五）に墨書された建設時の図板があり、明確な建築年代は特定されていないが、梅園五三歳の時に自らが設計したと伝わる。その主屋の中心で「玄関の間」に位牌が東向きに安置されており、[27]現在、十六柱を数える。梅園夫婦を始めとして夫婦が一つの位牌に収まる例は六基で、墓所と同様に祖父母、父母は各個人の位牌となっているほか、家督を弟の玄亀に譲った兄の黄鶴や未婚のまま逝去した

人物なども単独の位牌として九基が現存する。また一基は判読不明であった。その中で最も古いものは梅園の祖父母の位牌であるが、この二柱の位牌は朱子の『家礼』における「神主」そのものであり、少なくとも梅園の父、あるいは祖父の代には儒教の影響を受けていたと見るべきである。現存する「神主」は、高さ二四．五cm、幅は五．九cmを測り、墨書銘は以下のとおりである。

祖父　粉面　石翁徹山居士
　　　陥中　三浦義房與四郎甫神主[28]
祖母　粉面　自性浄光清信女
　　　陥中　秋吉氏陰孺人神主

三浦家では、式台から見える「玄関の間」（公

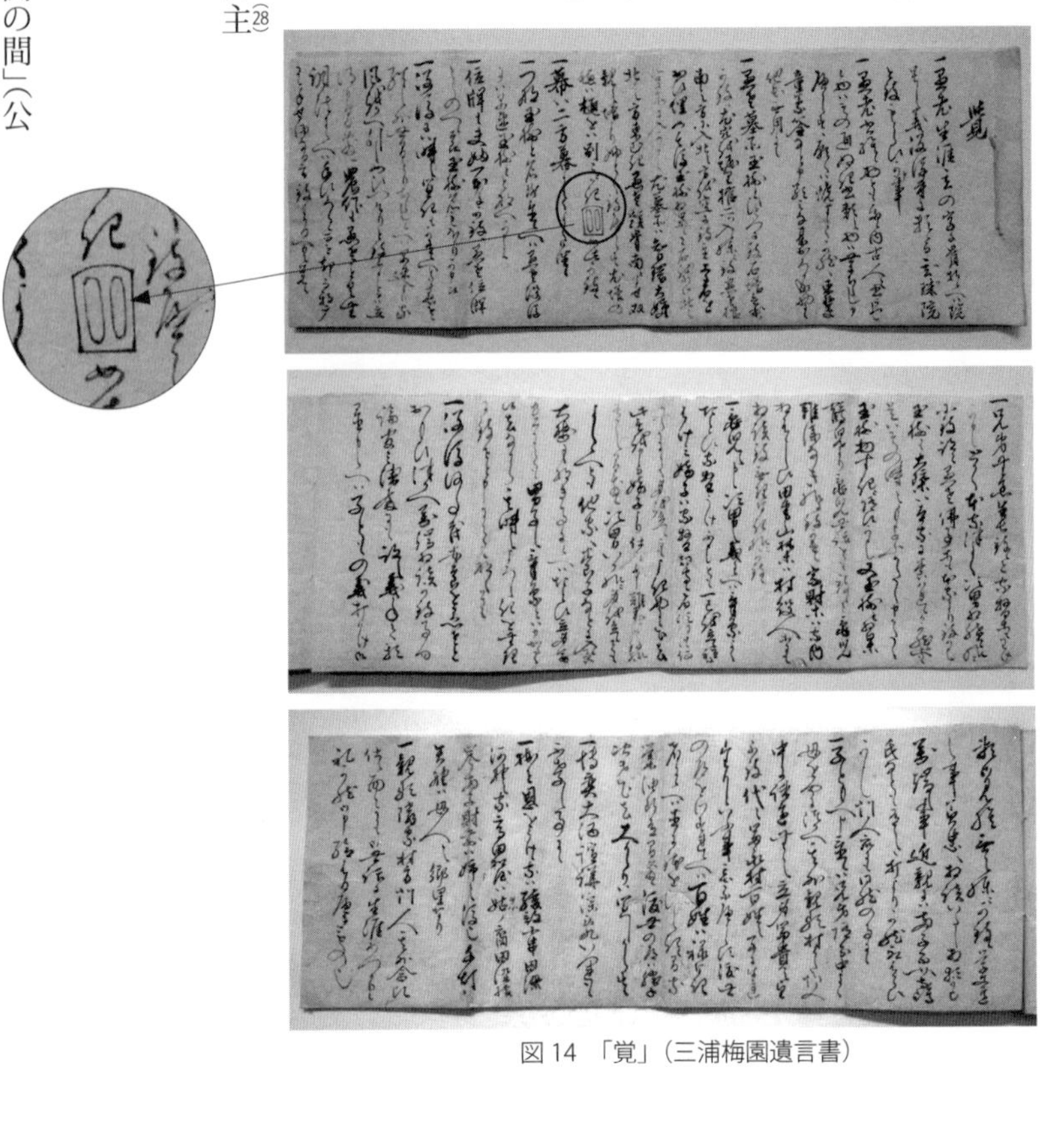

図14　「覚」（三浦梅園遺言書）

の空間）に位牌を安置しているが、建物内におけるこのような配置の例は珍しく、梅園の思惟は判然としないが、位牌が東向きに置かれたのは三浦家菩提寺の両子寺（天台宗）と阿弥陀信仰に関係する配置と捉えるべきであろう。

次に碑文に関して、碑文の末尾には「寛政癸丑季秋　平安福井軏謹撰浪華篠應道謹書　男黄鶴玄龜謹立」とある。撰文は京都の儒医で福井敬斎（生年不詳～一八〇二）、揮毫は大坂の儒者で篠崎三島（一七三七～一八一三）とあり、梅園の長子黄鶴と次男玄亀による建立であったことが分かる。

黄鶴は梅園の没後に一時は家督を継いでいたが、三年経った寛政四年（一七九二）、二九歳の時に遊学している。大坂では麻田剛立（綾部絅斎の四男）・中井履軒、京都では皆川淇園らと交友した。梅園の墓は碑文から寛政五年に建立されたと考えられるが、碑文に関わる福井敬斎や篠崎三島には、黄鶴が遊学した時に依頼したものと思われる。

福井敬斎は代々医家を営む福井家の出身で、名は軏、字は小車、通称は巌助、衣笠山人を号とした。「崎門の三傑」で知られる三宅尚斎の門弟・蟹養斎に師事している。篠山藩校の教授を経て、寛政四年から父楓亭の後を継いで幕府医官を務めている。藩校時代には葬礼に関する自著『長思録』を著しており、後年、門人の河井正秋が校訂したものが伝わる。(29) 本書には、『礼記』や『儀礼』、中村惕斎の『慎終疏節』や荻生徂徠著の『葬礼略』などを参考にして、「石碣書刻左右初終ノ図」や「跗」「臺石」等の法量と共に図示を行い、「石碣」や「墓碣書式」の項などを録しているが、梅園の葬儀にあたって長子の横鶴が本書を参考にしたという記録は残っていない。

梅園の墓に特徴的な篆額「孿山先生墓」に至っては、「篆額題額共ニ墓ノ碑碣ニハカカヌモノナリ」とし、続けて「又墓地狭キカ喪主カナフシテ右図ノ如クナラスンハ時ニヨリ宜ヲハカリ」とも書いており、篆額を用いた墓の建立には否定的な立場であったようだ。

また、碑文を揮毫した篠崎三島については、大坂で私塾「梅花社（梅花書屋）」を経営した儒者で、三浦家と同じ杵築藩出身の篠崎小竹（一八七一〜一八五一）は養嗣子である。三島は三浦黄鶴の依頼で梅園の碑文を揮毫しているが、黄鶴の墓碑文には小竹が撰文並びに書したとあり、三浦家と篠崎家の間には深い交友関係があったことがわかる。三島の墓は笠を持つ角柱形で碑身は砂岩、台石は花崗岩を使用するが、砂岩や花崗岩を墓石に使用することは京摂においては一般的であり、また杵築城下でも花崗岩や砂岩は墓石として多用されていることから三島から特別な影響を受けたとは考えにくい。

梅園墓所において、篆額を有する墓は梅園の墓標のみで、それ以降の墓石に刻まれることは無かったが、長子の黄鶴は杵築城下の本葬墓で梅園の墓を継承しているが次節で詳述する。

四　梅園とその周辺 - 三浦黄鶴・綾部絅斎墓との関係性

梅園の長子・黄鶴は杵築藩儒として仕官したため、彼の墓は杵築城下の東泉寺（天台宗）に本葬墓があり（図15）、また歯髪を埋葬した分葬墓は梅園墓所にある（図16）。この二つの墓の様相は異なっており、梅園墓所では「覚」に順じた「戒名を夫婦連名とする夫婦墓」とし、石材は梅園墓と同じく墓碑は砂岩、台石は花崗岩としたが、形式はいわゆる櫛形である。

一方、東泉寺の墓は父・梅園の墓標に倣って造立を行い、篆額を有する尖頭型圭首の櫛形で、同じ規模で石材ともに継承されている（図17の正面中央）。本墓所では累代墓を除く六基の家族墓がすべて砂岩と花崗岩の組合せで、妻の「思堂先生配永松氏墓」や養子の「黙斎府君墓」などは櫛形（図17の右列）、孫の「春江三浦先生之墓」（図17の正面左）は篆額こそないが型式は祖父梅園や黄鶴と同じで碑文が墓碑の本体右から裏へと刻まれている。

この黄鶴墓所は、黄鶴が梅園の墓において実践した思惟が象徴される場所であり、梅園の墓は遺言どおりとはならなかったが、黄鶴なりの父への「孝」の思想が反映されたものであったと思われる。

ところで、黄鶴が『家礼』に関する知識をどれほど有していたのかは不詳だが、当時儒者の間で流布していた中村惕斎の『慎終疏節』（全四巻・元禄三年）や若林強斎の『家礼訓蒙疏』（享保十三年跋・刊本）など、『家礼』に関するテキストは複数あり、目にした可能性は高い。梅園が師事した綾部絅斎の墓は伊藤東涯の墓を参考にしたと思われ[30]、黄鶴は父梅園の学統に通じる儒者の墓を参考にして型式や石材を採用するに至ったのではないだろうか。

図15　三浦黄鶴墓（東泉寺）

図16　三浦黄鶴墓（梅園墓所）

図17　三浦黄鶴墓所全景（東泉寺）

次に、梅園の師・綾部絅斎の墓所は、杵築市内の十王墓地の一角に所在する。ここには絅斎の父・綾部道弘や絅斎の一統が眠っており、父を中心に配置された墓群の中央部では絅斎の墓を除き、ほとんどが一般的な櫛形より縦長な形状を有し、墓石の凹部（陥中）には戒名ではなく、「綾部中節甫之墓」

などと俗名が篆書体で刻まれているのが特徴である。

また、石材は碑身に砂岩を使用するが、台石は花崗岩又は砂岩を使用する。その中で絅斎の墓のみが梅園と同じ尖頭型圭首を呈する櫛形で、碑身は砂岩を使用しており、正面観には篆額で「有終綾部君碣」（墓前には別の石で「惟木縄真寛忠居士」と刻んだ石柱が建つ）と三列に縦書し、篆額の下方から碑文が刻まれて墓石を一周する（図18）。綾部絅斎の墓は梅園の墓所を考える上でも重要な事例であり、

図18　綾部絅齋墓（十王墓地）

また一族の墓群は十王墓地内においても戒名を持たない墓所として特徴を有している。

小　結

三浦梅園は、父の死去に伴い従来の本家墓所から新たな塋域を造ることを計画し、また自らの死に際しては「覚」と題した遺言書をつづるなど、家族への思いや喪祭礼に対する関心の高さがうかがえる一方で、その内容からは分をわきまえるという意味もあったと考えられる。しかしながら、梅園の死後、五年の月日が経過した後に造立された墓標は、「覚」に示した一部の内容の実践にとどまり、先祖や父母の墓を超える規模となってしまった。そこで、改めて三浦梅園の墓の特徴を整理したい。

まずは「覚」と題した遺言書の存在と、その実践とはどのような内容であったのか。また、「覚」には記載のなかった墓の型式や石材については、何故に篆額を有する尖頭型圭首の櫛形を採用するに至ったのか。さらに碑身に砂岩を用いて、台石を花崗岩の方趺としたのはどのような理由だったのかなどについて説明する。

これらの決定には梅園の長子・黄鶴の思惟が影響したと考えており、黄鶴の本葬墓がある東泉寺墓所がそのことを示唆している。彼は遺言に無かった墓の型式や石材などを梅園の師・綾部絅斎の墓など先儒の墓所に倣い、先祖代々の三浦家の墓に拠ることはなかった。

小稿では梅園の墓を中心に梅園墓所を明らかにすることを目的としたが、そのためには当該地域を含めた国東半島における近世墓地の傾向を踏まえた上で、三浦家の本家墓所や分家墓所、旧村内の共同墓地と比較検討することも必要であると考えた。現地での調査が十分とは言えず、考察の至らなかった点も多いと思われるが、明らかとなった内容を整理して以下に示すことにする。

国東半島における近世墓地の在り方については、従前の研究で明らかなように全国的な趨勢と同じく一七世紀代には階層に関係なく墓を造立することになるが、その背景には寺壇制度に関係する寺院と民衆の結びつきがあり、寺院墓地の造営や村落においては共同墓地が増えていく傾向となる。その点では、旧富永村の共同墓地も例外ではなく、両子寺との関係が深く、立地の面では集落背後の麓や山腹に墓地を経営している。三浦家の本家墓所も同様の立地にあるが、梅園墓所に限っては高台に平場を造成し立地している点で他の例とは異なる。また墓標の型式では、当該地域においても一七世紀前半には、中世以来の「塔形」が「非塔形」へと変化し、板碑形から櫛形、角柱形といった大きな流れを経ている点は各地における斉一的な傾向と相違ない。

寛政五年（一七九三）の造立とされる梅園の墓の型式は、小稿では尖頭型圭首を呈する櫛形とした。正面観や縦横比が長形であることから板碑形や駒形の系譜に位置付けることも考えたが、四面に銘刻されるなど多観面であることや、幅に対して奥行の比率が三対二であり、その後に盛行する櫛形の傾向と一致する点などを考慮した。時期的には板碑形から櫛形へと移行した時期であるが、梅園墓の型式は一般化していないものであり、石材は異なるが同じ安岐町の中ノ川墓地に見る型式Ｂ類に相当する。(31)

梅園の墓に見る型式と篆額の組み合わせは、これまで三浦家本家、分家を含めて周辺の墓所には見当たらない特徴であり、このような墓を造立した背景には、外的要因があると推察する。

まずは、墓碑文の製作にかかわった碑文撰者の儒医・福井敬斎や、揮毫した篠崎三島の影響を考えたが、先述したとおり梅園墓の特徴に照らして、特に関与した事実やその影響を認めることは出来なかった。

次に、父・梅園の墓の造立にあたって、長子の黄鶴や次子の玄亀が果たした役割は大きく、その影響について考えてみた。玄亀の関与については資料に乏しく分からなかったが、杵築城下における黄鶴の墓所では、先述したとおり父・梅園の墓に対して型式や篆額の有無、碑銘や規模、石材において全てが一致しており、梅園墓所では梅園墓以外に同様の墓標が継承されていない点を考慮すると、黄鶴の関与は明確であり、その影響の度合いも大きいと結論づけたい。

では、黄鶴が父・梅園の墓で実践するに至るまでには、どのような背景や過程があったのだろうか。この点においては推測の域を出ないが、一つには地元杵築藩の城下に眠る梅園の師・綾部絅斎の墓が重要であると思われる。絅斎の学問・思想は師事した伊藤東涯に大きく影響されたと言われており、絅斎の墓標は京都二尊院の伊藤仁斎・東涯父子の墓に影響を受けたのではないだろうか。確かに墓全体で比較すれば、伊藤家の墓は墓碑の背後にある土墳やその周囲の石敷、石垣などの特徴を有しているが絅斎の墓には存在しない[32]ほか、墓碑の頭部の形状が伊藤家は円頭型圭首で、絅斎の墓標は尖頭型圭首であるなど規模の面も含めて違いはあるものの、墓碑は櫛形で篆額を持ち、その下部から銘を刻んで墓碑全体に及んでいる点は特徴的で、碑身に砂岩を利用しているなどの共通点があり、東涯と絅斎の師弟関係など両家の交流や儒者の学統でつながる関係は無視できない。

二つ目は『慎終疏節』や『家礼訓蒙疏』など葬礼に関するテキストの存在である。先のテキスト類は江戸時代に儒者の間で広まっており、黄鶴も『家礼』に関するテキストを目にした可能性は高く、横鶴が父の墓を造立するにあたって儒者としての思惟が独自に働いた可能性もある。先の伊藤仁斎墓では『慎終疏節』が参考とされており、また『家礼訓蒙疏』には石材に関する記事があり、「墓表石は和泉の箱作谷の石（砂岩）が好ましく、台石は白川石（花崗岩）の組み合わせが最も良い。」とするなど、儒者が理想とする墓の在り方をテキストに求めたことも十分考えられる。[33]

ここで、当該地域における儒式墓の存在と可能性、石材利用の関係についてふれたい。梅園の墓が造立されて以降、梅園家では「覚」の一部が実践されてきたが、そこには儒教（『家礼』）の直接的な影響が見えるわけではない。『家礼』の影響は儒者によって編纂されたテキストにより全国に拡大していたことは先に述べたが、県内での儒式墓については豊後岡藩の藩主中川家の墓を始めとする事例[34]や日出藩主木下家の儒式墓[35]（横津神社）など代表的な事例を除けば、少なくとも県内において儒葬や儒式墓の実践が広がっていたとは言えず極めて限定的である。

一方、日出藩に北接する杵築藩では、儒式墓の調査事例は未だ無いが城下には俗名を刻む墓や砂岩と花崗岩の組合せを持つ墓の事例が次第に確認されており、今回実見した十王墓地（杵築市・長昌寺管理）には藩儒・綾部絅斎の墓所や浅野家墓所、杵築藩の郡奉行などを歴任した友成遜の墓などが示唆的であり、今後は藩内における儒教の影響を検討すべきである。

また、先に紹介した『家礼訓蒙疏』には「墓表石」（墓碑）には砂岩が適しているとある。ただし、京摂では砂岩や花崗岩を墓石に利用することは一般的であり、儒者の間ではその二つの石材を上下に組み合わせて使用する例は枚挙にいとまがない。

その点では、旧富永村の梅園墓所とその他の共同墓地では、梅園墓に砂岩が採用されるまでは両墓地ともに安山岩を主に利用していたが、梅園墓の造立後は両者の様相は異なり、梅園家では歴代当主などが継続して砂岩を利用するとともに安山岩も併用されたが（表1）、その他の共同墓地では遅くとも十九世紀には凝灰岩が導入され、安山岩と凝灰岩が併用される傾向は国東半島の例と同じである。国東半島の田染地区、蕗庄屋墓地では一七世紀後半の板碑型墓標に花崗岩が僅かに採用されているが、国東半島では花崗岩はほとんど見られないと報告されており、墓標の石材としては安山岩、凝灰岩が中心であったとされてきた[36]。特に安山岩は江戸時代全期を通して半島全域で採用されているが、杵築城下においては一七世紀後半に花崗岩の使用比率が墓石の大半を占める時期が到来するなど、一八世紀前半には花崗岩に代わって砂岩の使用が始まり、安山岩と砂岩が併用される傾向は十九世紀中頃まで続いている[37]。

砂岩の利用については、国東半島全体に及んでいたわけではなく、花崗岩の使用範囲と重なるか、あるいは国東半島の杵築藩領、とりわけ杵築城下や沿岸部を中心に使用が広がっていた可能性が高いと考えられる。今後の調査で明らかになるものと思われるが、一八世紀末の梅園の墓に砂岩が採用され、以降、内陸の梅園墓所では砂岩が使用され続けたことは国東半島の近世墓地における砂岩利用の問題を考える上で重要である。

最後に、梅園の墓は先にも述べたとおり、長子の三浦黄鶴の思惟が強く反映されたものと考えられ、墓標の型式や篆額、石材（砂岩と花崗岩の組合せ）などにこだわって造立したと思われる。また、梅園墓や東泉寺の黄鶴墓は、綾部絅斎との関係が深く想定されるとしてきたが、石材利用の点だけで言えば近世儒者としての典型的な墓と見なすこともでき、現段階では積極的な『家礼』の実践とまでは言えず、儒学の学統に起因する影響の範囲と見るのが妥当であろう。

梅園は先祖や父母の「孝」に厚く、先塋には一日に三度墓参したと墓碑文にもあるが、生前、この行為について問われた際に、三度の墓参は「礼」ではなく、人としての「情」であると語っているように、梅園の「孝」に対する考えがいかに深いものであったかがわかる[38]。また、三浦家の末永い繁栄を願い、その思いは「覚」に託して遺言した。その後の三浦家では遺言にあるとおりに夫婦での合葬や位牌に夫婦の戒名を併記するなど「覚」の実践がなされてきた。その他、墓石に砂岩を利用することも梅園墓以降の歴代当主などに見ることが出来るが[39]、砂岩の利用は杵築城下でも一般化しているため、影響の度合いとしては判然としない点もある。そのほか、梅園墓の形式は梅園墓所内では継承されなかったが、黄鶴の墓所がある「東泉寺」において引き継がれていった。

ここまで三浦梅園の墓に関する若干の考察を述べてきたが、梅園の思想については未だ十分な理解が及ばず、梅園の宗教観や「覚」につづった喪葬に関する考えなどを解くまでには至らなかった。

梅園墓並びに梅園墓所の理解を深めるためには、三浦家の本家墓所や旧冨永村の共同墓地との比較研究や、影響を受けたと思われる杵築藩の儒者と葬墓制についてもさらなる調査が必要であると感じている。また、祖父母の「神主」の存在など、三浦家には『家礼』の影響を受けた儒教的思考が存在した可能性も考えられるため、儒仏混淆や神道など様々な影響下で成立した墓地として想定するとともに、国東半島における近世墓地の様相と併せて考えていくことを今後の課題としたい。

〈付記〉

本稿の作成にあたっては、三浦家当主の三浦修氏を始め、現地調査では岩見輝彦氏（三浦梅園資料館専門員）に全面的な御協力を賜りました。また、秋吉収氏、綾部敦氏、瀧口和男氏、三浦真澄氏の諸氏から有益な情報をいただくとともに、近世墓地に関する所見では原田昭一氏、櫻井成昭氏、仲和彦氏から御教示をいただきました。御協力をいただきました皆様に記して謝意を表します。

註

1 梅園は曾祖父を「清兵衛義正」と記録したが、横鶴は根拠不明で「義清」と伝えており、梅園の墓碑にも福井軏は「義清」と撰している。
2 国東市『史跡三浦梅園旧宅保存修理工事報告書』（二〇〇七）。
3 国東半島の近世墓地の報告として、主な著書は『豊後国田染荘の調査Ⅰ』（大分県宇佐風土記の丘歴史民俗資料館報告書第3集一九八六）、『豊後国田染荘の調査Ⅱ』（前掲第6集一九八七）、『豊後國安岐郷の調査 本編』（大分県立歴史博物館二〇〇四）、『豊後国田原別符の調査Ⅲ』（大田村教育委員会一九九五）のほか、『大分県立歴史博物館 研究紀要5』（大分県立歴史博物館二〇〇四）などがある。
4 綾部絅斎は杵築藩に出仕した父道弘の長子で、諱は安正・号を絅斎とし、学問では伊藤東涯や室鳩巣、服部南郭らに師事した。天文学者の麻田剛立(一七三四～一七九九)は実子である。杵築藩の侍講や郡奉行などを務めた。墓は杵築市長昌寺管理の十王墓地にある。
5 藤田敬所は中津藩の儒臣で、名は順蔵、字は不識、通称は正蔵である。土居震発や伊藤東涯に師事した。仕官した藩主が豊前中津藩に転封されたことに従った。代表する門人に三浦梅園や倉成龍渚らがいる。
6 廣瀬淡窓「儒林評」『増補 淡窓全集』中巻（思文閣一九七一）。
7 『梅園全集』上巻（弘道館一九一二）。
8 前掲註2の九頁。
9 三浦梅園資料館の岩見輝彦専門員が作成した「梅園学会」（二〇一六年一〇月二三）見学資料「富永村のとむらい地」がある。
10 三浦分家に位牌があり、戒名と俗名で照合することができた。
11 前掲註3の『豊後国田染荘の調査Ⅰ』の一三〇頁。
12 前掲の岩見輝彦が作成した「富永地区・野田家　近世墓地 墓石刻字一覧」（二〇一三年九月五日作成）を参考に現地を実見した。
13 櫻井成昭（二〇〇四）の五三頁。
14 本家墓所では寛永年間より現代まで、二三〇基を超える墓を数えるが、地元の聞き取りでは後世に向きを変えたものや、神道墓及び現代墓など一部を除いて本来は西に向いていたことが明らかである。
15 「石書経王」は銘刻により明和三年（一七六六）に梅園の母が経文を小石に墨書し埋納した供養塔であることが分かる。
16 石灯籠は銘が無いため建立者や建立時期は不詳である。
17 配置図の通し番号は37までしかないが、その後、№29の右斜め奥に38番目（平成二一年没）の墓が建立されている。
18 前掲註2の三‐九頁、八四‐九五頁。
19 梅園墓の右側に位置する修齢（黄鶴）の本葬墓は東泉寺（杵築市）にある。また次の大年（玄亀）の墓は表面の戒名がほとんど見えない状態にあるため、位牌で夫婦合祀を確認した。
20 朱熹の『家礼』とは「冠婚葬祭」に関する手引きである。「墓碑」については「圭首方趺」の特徴を示し、形状や規模などにも触れている。なお、神主とは儒教における霊牌のことで姓名や位官を記した。
21 田染地区は前掲註3の『豊後国田染荘の調査Ⅰ』一三〇頁、杵築城下は野村俊之・美濃口雅朗（二〇一九）の八七頁。
22 図3の⑳三浦安節は梅園の妹・陸の夫で、陸が先に没したため、後に合葬としたが、㉑後妻と㉒後々妻の墓は別々に単一の墓とした。

安節・陸夫婦の戒名の位置が他例に比して左右逆転して刻まれていることについては、安節は梅園本家に対して、本家血縁の妻を意識したのか、あるいは分家として前例踏襲することを憚ったのかも知れない。

23　県内の例では豊後高田市田染地区の熊野墓地や国東市安岐町の中ノ川墓地では一六世紀前半から一九世紀後半までの墓地において夫婦合葬の例は見られないが（前掲註3の『豊後国田染荘の調査Ⅱ』、『豊後國安岐郷の調査 本編』）、日田市・廣瀬家ほかの墓地では一八世紀中頃から夫婦合葬が確認されている（吉田二〇二〇、一二九頁）。

24　吾妻重二は『家礼』に見る墓碑の形状を表す「圭首」という用語について、「尖頭型」と「円頭型」の二種に分けて説明している（吾妻二〇二〇、八－一〇頁）。

25　大分県史料刊行会編「先賢資料一」『大分県史料22』（大分県立教育研究所一九六〇）現在、三浦梅園資料館寄託資料。

26　夫婦墓の実践例は佐賀県多久市の河波自安の例が知られるが、「先考妣／自安季君之墓／河波室人之祔」と墓碑に刻んでいる。また、墓石に夫婦合葬の証として両名併記して刻む方法については、若林強斎の『家礼訓蒙疏』巻之三に中国では「夫は右、婦は左なり」とし、日本では左右に対する上下の考え方が異なるため「夫は左、婦は右なり」とするとしている。この左右とは墓を正面に見て判別するのではなく、墓碑本体の左右として捉えるべきである。

27　前掲註2の十頁、一七・一八頁。

28　吾妻重二は『家礼』式墓碑のつくりに触れて、中国では墓碑正面は被葬者に官位がなければ字（あざな）を用いて「某君某甫之墓」などと刻むとしている。また「甫」は字の末字に多用される文字と説明する（吾妻二〇二〇、一〇頁）。

29　鬼頭勝之編『近世葬祭影印史料－『長思録』より－』（二〇〇九）

30　伊藤仁斎・東涯など伊藤家と「家礼」の関係やその影響については、松原（二〇一二）の二六九－二七〇頁、吾妻（二〇一〇）の一二九頁、吾妻（二〇一七）の二三頁に詳しい。

31　前掲註3の『豊後國安岐郷の調査 本編』の二三八頁。

32　松原（二〇一二）の二六九－二七〇頁。

33　松原（二〇一二）の二七五頁。

34　豊後岡藩では藩主中川家が『家礼』を受容したことが契機となって、その影響は士庶にまで広がり、現代においても特徴的な「馬鬣封」を持つ墓が造立されている。豊田徹士「岡藩中川家の思想と実践」『近世大名墓の考古学』（勉誠出版二〇二〇）。

35　豊後日出藩では三代藩主の墓に儒式墓の実践例を見るが、日出藩では岡藩領に見られるような士庶への広がりには至っていない。中尾征司「日出藩木下家の宗教思想と祭祀―神道・儒教受容の足跡と先祖祭祀の諸相」（前掲註34と同書）

36　前掲註3の『豊後国田染荘の調査Ⅰ』の一二二・一二九頁。

37　野村俊之・美濃口雅朗（二〇一九）の八七・八八頁。ここでは一八世紀後半から十九世紀において、俗名のみが刻まれる墓石があることに触れ、儒教の影響を示唆している。

38　「和文（梅園先生行状）」『梅園学会報』一二八号（梅園学会二〇〇三）三七・五四頁。

39　梅園墓所での砂岩の使用は、明和五年（一七六六）に夭逝した梅園の長女の墓が初例と考えられる。

参考文献

吾妻重二『家礼文献集成』日本篇一、関西大学東西学術研究所資料集刊二十七－一（関西大学東西学術研究所　二〇一〇）。

吾妻重二「日本における『家礼』の受容－林鵞峰『泣血余滴』、『祭奠私儀』を中心に－」『東アジア文化交渉研究』第3号（関西大学文化交渉学教育研究拠点　二〇一〇）。

吾妻重二「日本近世における儒教葬祭儀礼－儒者たちの挑戦」『宗教と儀礼の東アジア交錯する儒教・仏教・道教』（勉誠出版　二〇一七）。

吾妻重二「荻生徂徠および伊藤東涯・東峯と儒教葬祭儀礼」『東アジア文化交渉研究11』（関西大学大学院東アジア文化研究科　二〇一八）。

吾妻重二「日本における『家礼』式儒墓について－東アジア文化交渉の視点から（一）－」『関西大学東西学術研究所紀要』第五三輯（関西大学東西学術研究所　二〇二〇）。

大分県教育委員会『机張原遺跡　女狐近世墓地庄ノ原遺跡群』（一九九六）。

大分県立歴史博物館『豊後國安岐郷の調査 本編』（二〇〇四）。

小野精一『三浦梅園書簡集』（第一書房　一九四三）。

櫻井成昭「真宗門徒の墓地と墓碑－西国東郡香々地町宗永墓地について－」『大分県立歴史博物館研究紀要5』（二〇〇四）。

野村俊之・美濃口雅朗「墓石の普及と地域性 九州地方」『季刊考古学』「特集 墓石の考古学」第一四九号（雄山閣　二〇一九）。

松原典明『近世大名葬制の考古学的研究』（雄山閣　二〇一二）。

松本　丘「近世儒家の墓碑形態について－崎門学派を中心に－」『日本学研究』一七（二〇一四）。

吉田博嗣「近世後期の豊後日田における葬礼の実践について－廣瀬淡窓・咸宜園とその周辺」『近世大名墓の考古学』（勉誠出版　二〇二〇）。

表1　三浦梅園墓所被葬者一覧

	墓碑銘（正面）	姓名	続柄	没年 和暦	没年 西暦	合葬	碑文	牌位	形式	花燈形	段	材	碑身法量（cm）（高×幅×奥行）	碑比率（幅対奥行）	総高（cm）	備考 ※碑文は刻字される墓石の面を〔〕で表示
①	〔梵〕高山頂雲居士（蓮華文）	三浦義清	曾祖父	貞享五	一六八八	―	○	単	舟形	擬宝珠	（二）	安	八六×三四×一八	二対一	九七	別名：義正 頭書には梵字、戒名下には蓮華文の線刻有。〔左〕貞享五戊辰天〔右〕三月十五日
②	秋空離雲大姉	義清の妻	曾祖母	元禄七	一六九四	―	○	無	仏像形	―	（二）	安	三八＋α×三三×二三	一〇対七	（一〇〇）	α＝菩薩像頭部欠損〔左〕元禄七甲戌天〔右〕十月七日
③	泉石翁徹山居士	三浦義房	祖父	享保一五	一七三〇	―	▲	単	変形駒形（円頭型圭首）	女ウ	二	安	一一八×四五×二六	五対三	一五八	生年不詳、号は徹山、頭書に「泉」、〔左〕享保十五庚戌天〔右〕十二月廿六日 三浦快順／厳君。神主（位牌）は粉面に「石翁徹山居士」、陥中には「三浦義房與四郎甫神主」と墨書あり。
④	〔梵〕自性浄光信女霊	義房の妻（秋吉氏）	祖母	元禄一三	一七〇〇	―	○	無	駒形	女・中ア	一	安	八一×三二×一二	五対二	九三	生年不詳、正面上部に円圏（朱入）、頭書に「梵字」有。〔左〕元禄十三庚辰天〔右〕六月廿六日〔裏〕〔梵〕法花一字一石。神主（位牌）は粉面に「自性浄光清信女」、陥中は「秋吉氏陰孺人神主」と墨書あり。
⑤	野梅堂虎角道徹居士之墓	三浦義一	父	宝暦一〇	一七六〇	―	□	単	櫛形	陥中	二	安	六二×三一×二四	四対三	一二九	一六八六年生、圭首方趺（台石：花崗岩）、正面は精緻な磨製、〔右〕勤険自率〔裏〕三浦義一字快順號野梅堂虎角散人寶暦／庚辰正月二十九日没壽七十五父與四郎義／房／母秋吉氏室千燈矢野氏諱總有六子長／女框／嫁田澁小田原氏先没次女久米嫁雨／子財前氏／次男萬勝次女與能繼夭次男晋／奉祀次女陸／壻升冒姓爲晋之養弟焉〔左〕／施惠周急。位牌の表は「野梅堂虎角道徹居士」、裏には「三浦快順順義一甫／宝暦十庚辰天正月二十九日」とある。
⑥	妙覺智還大姉之墓	三浦フサ（矢野氏）	母	明和七	一七七〇	―	▲	単	櫛形	陥中	二	安	六三×三一×二二	四対三	一四四	一六九一年生、圭首方趺（台石：花崗岩）、正面は精緻な磨製、〔裏〕姓矢野氏諱總明和七年庚寅／五月二十九日没享年八十。位牌の表は「〔梵〕妙覺智還大姉霊位」、裏には「明和七庚寅年／五月二十九日寂」とある。
⑦	攣山先生墓	三浦晋	本人	寛政一	一七八九	○	□	夫	櫛形（尖頭型圭首）	無	二	砂	一〇〇×四二×二八	三対二	一七四	一七二三年生、三浦梅園（字は安貞・号は攣山）、型式は圭首方趺（台石：花崗岩）、碑文〔正面→右→裏→左〕四面に有（省略）。碑文より合葬であることが判るが墓石には妻の玉樹（つな）の銘は無し。位牌は夫婦合一で「玄珠院梅園洞仙居士」「慈雲院幽林玉樹大姉」とある。
		三浦つな（寺島氏）	妻	天明三	一七八三			婦								
⑧	純誠院思堂随翁居士	三浦黄鶴	長男（二代目）	文政二	一八一九	○	◆	単	櫛形	女ウ	二	凝	六六×二八×二〇	四対三	一三二	一七六四年生、字は修齢・号は思堂、型式は圭首方趺（台石：花崗岩）・墓には歯髪を埋納、本葬墓は東泉寺に夫婦別有。〔裏〕思堂先生以文政二年己卯正月十日卒／於杵築墓在東泉寺蔵歯髪別立石／于此
	松壽院寒操常榮大姉	三浦喜勢	長男嫁	安政三	一八五六											

番号	墓碑銘（正面）	姓名	続柄	没年 和暦	没年 西暦	合葬	碑文	位牌	形式	花燈形	段	材	碑身法量（cm）（高×幅×奥行）	碑比率（幅対奥行）	総高（cm）	備考 ※碑文は刻字される墓石の面を〔〕で表示
⑨	判読不明（簡室靖恭居士・蘭室素馨大姉）	三浦玄亀	次男（三代目）	文化一二	一八一五	○	□	夫婦	櫛形	中イ	二	砂	五八×二五×一九	四対三	一二三	一七七二年生、字は大年、文政一二年（一八二九）建立カ、型式は圭首方趺（台石：花崗岩）、位牌が夫婦合一のため玄亀・室氏の合葬と推定。〔右↓裏〕に銘文があり、末尾には「日出文學 帆足萬里撰 男潜敬建之」とある（省略）。
		玄亀の妻（古城氏）	次男嫁	天保一五	一八四四											
⑩	翠巌老松童子墓	⑧黄鶴長男	孫（夭）	文化三	一八〇六	—	▲	無	櫛形（尖頭型圭首）	無	二	砂	五七×二四×一八	四対三	一二〇	圭首方趺（台石：花崗岩）〔左〕文化三年丙寅三月廿一日〔裏〕修齢男
⑪	徳音院松嵒清淵居士	三浦潜	孫（四代目）	天保七	一八三六	○	×	夫婦	角柱形（冑型）	無	二	砂	六七×二八×二七	一対一	一三〇	字は大渕、方趺（台石：花崗岩）
	淑善院松操清節大姉	三浦マツ	孫の妻	明治一三	一八八〇											
⑫	篤練院順譽大明居士	三浦豊	曽孫（五代目）	明治三九	一九〇六	○	□	夫婦	角柱形（隅丸平頭）	無	二	砂	七九×三三×三三	一対一	一五七	一八三一年生、字は大明・号は木犀、明治四三年（一九一〇）建立、方趺（台石：花崗岩）〔右↓裏〕に藤井専随（撰）・中道抱石（書）の銘文あり（省略）。
	慈福院貞莞妙悟大姉	三浦キヨ（阿南氏）	曽孫の妻	明治一九	一八八六											
⑬	蓮乗院清月妙圓大姉	三浦冨子	⑰の長女	大正九	一九二〇	—	▲	単	櫛形	無	二	凝	四八×二三×一六	一〇対七	一〇四	圭首方趺、〔裏〕大正九年八月十四日死／三浦栄二郎長女／冨子
⑭	清蓮院馨應貞心大姉	不詳	不詳	慶応三	一八六七	—	○	単	角柱形（冑型）	中イ	二	砂	六二×二五×二四	一対一	一二四	〔右〕慶應三年〔左〕八月十六日卒
⑮	嶺雲院松岩妙操大姉	不詳	曽孫	明治三六	一九〇三	—	▲	無	櫛形	女エ・中ウ	二	砂	六四・五×二七×二五	一対一	一〇三	圭首方趺、〔裏〕明治三十六年／九月二十日／三浦達女
⑯	白蓮童子	三浦正次郎（⑨次男）	孫	文化八	一八一一	—	▲	無	櫛形	女エ・中ウ	二	安	四三×二一×二五	一対一	七八	圭首方趺、〔右〕三浦大年二男〔左〕文化八年／十二月晦
⑰	観樹院梅翁富山居士	三浦榮二郎（松本氏）	六代目	昭和二	一九二七	○	□	夫婦	角柱形（隅丸平頭）	無	二	砂	七九×三三×三三	一対一	一五六	一八六五年生、昭和七年（一九三二）建立、方趺（石材は不詳）
	静陵院温室妙幸大姉	三浦幸（荒川氏）	六代目妻	不詳	不詳											〔右↓左〕に北村澤吉（撰）・大坪愛文（書）の銘文あり（省略）。

番号	墓碑銘（正面）	姓名	続柄	没年 和暦	没年 西暦	合葬	碑文	位牌	形式	花燈形	段	材	碑身法量（cm）（高×幅×奥行）	碑比率（幅対奥行）	総高（cm）	備考　※碑文は刻字される墓石の面を〔 〕で表示
⑱	黛月翠柳童女	三浦壽	長女（夭）	明和五	一七六八	｜	▲	無	櫛形	無	二	砂	四七.五×二二×一六	四対三	九八・五	一七六五年生、圭首方趺〔裏〕明和五年戊子六月二十四日天／三浦安貞女壽四歳
⑲	（香華清童女）	三浦延	姪（夭）	宝暦一三	一七六三	｜	▲	無	櫛形（仏像）	陥中	二	安	五七×二六×二一	五対四	一〇六	一七六〇年生、妹夫婦の娘、圭首方趺、三八cm＋αの菩薩像（頭部欠損）、〔裏〕宝暦十三年癸未十一月／初五日安節女延死四歳／法名香華清童女祖母智／環石書佛祖三經埋之矣
⑳	明智院昌屋妙蓮大姉	三浦陸	妹	宝暦一一	一七六一	○	▲	無	櫛形	陥中／中イ	二	安	六二×三一×二四	四対三	一三四	升の字は安節、圭首方趺、戒名の位置が他例と異なり左右逆転、〔右〕光名升字安節本姓古川／氏冒姓贅三浦氏寛政／癸丑六月十八日没〔左〕明宝暦十一年辛巳五／月二十七日没
	光樹院浄明理清居士	三浦升（古川氏）	義理の弟	寛政四	一七九三											
㉑	偏照智散信女	三浦千賀（隈井氏）	⑳の後妻	明和八	一七七一	｜	▲	無	櫛形	陥中（浅）	二	安	六四×三〇×二四	五対四	一三九	一七四八年生、隈井チカ　圭首方趺、〔裏〕安節再所娶姓隈井氏／名千賀以明和辛卯五／月十日没歳二十四
㉒	眞蓮如貞大姉	三浦楽（古川氏）	⑳の後々妻	天保三	一八三二	｜	▲	無	櫛形	女／ウ・／中エ	二	安	六六×二七×二〇	四対三	一三三	古川ラク　圭首方趺、〔裏〕古川氏名樂三浦安節後妻以／天保三年辰三月二十九日卒
㉓	馨窓幽貞大姉	三浦千保	⑳升の娘	享和一	一八〇一	｜	▲	無	櫛形	陥中	二	凝	六三×三一×二五	五対四	一三六	安節と隈井、又は古川の娘、圭首方趺、〔裏〕三浦安節女俗名千保／享和辛酉十月十八日
㉔	慈誓院壽嶽法嘯居士	三浦義之〔初め英次〕	孫	明治二八	一八九五	○	□	無	角柱形（隅丸平頭）	女／エ・／中ウ	二	砂	七五×三〇×三〇	一対一	一三八	一八一五年生、玄亀の三男で字は安粛・号はト枝、後に⑳⑨叔父の養子、明治四三年（一九一〇）建立、方趺（台石：花崗岩）、〔右→裏〕に藤井専随（撰）・中道抱石（書）の銘文あり（省略）。
	慈慎院壽谿清節大姉	義之の妻（門屋氏）	孫の妻	不詳	不詳											
㉕	鶴樹院台岳茂譽居士	三浦茂（永松氏）	｜	明治四四	一九一一	｜	□	無	角柱形（隅丸平頭）	無	二	砂	五八×二五×二四	一対一	一〇〇	一八八八年生、永松壮三郎五男で義父は叔父の留七、〔右→裏→左〕に銘文があり、末尾には「義父 楓江三浦留撰并書」とある（省略）。
㉖	廣済院恕堂楓江居士	三浦留七（永松氏）	妹夫婦の二代後（養子）	昭和一九	一九四四	○	△	無	櫛形	女／エ・／中ウ	二	砂	七七.五×三二×三二	一対一	一三四・五	一八五九年生、㉔の養子、圭首方趺（台石：花崗岩）、〔右〕三浦ケン／大正九年五月十八日／大秀院貞節早梅大姉／早梅／昭和二十年五月二十八日／六十二才〔左〕三浦留七／昭和十九年三月三日／八十六才　※計三名合葬
	蓮池院清室妙謙大姉	三浦ケン		大正九	一九二〇											

	墓碑銘（正面）	姓名	続柄	没年 和暦	没年 西暦	合葬	碑文	位牌	形式	花燈形	段	材	碑身法量（cm）（高×幅×奥行）	碑比率（幅対奥行）	総高（cm）	備考 ※碑文は刻字される墓石の面を〔 〕で表示
㉗	青蓮院夏岳了哲居士	三浦哲治	七代目末弟	昭和四	一九二九	—	△	単	櫛形	女 エ・ 中ウ	二	凝	四七×二二×一六	四対三	六八	一九〇七年生、圭首方趺、〔右〕三浦哲治フ／二十三才〔左〕昭和四年六月十九日
㉘	玉總濤童女	三浦總子	七代目長女	大正一五	一九二六	—	▲	無	角柱形（隅丸平頭）	無	二	砂	四二×一九×一八	一対一	六九	〔右〕三浦為正／長女總子〔左〕大正十五年七月十三日
㉙	為心院梅岳幽正居士	三浦為正	七代目	昭和四七	一九七二	○	▲	無	角柱形（平頭）	無	三	花	八一×三一×三一	一対一	一五八	為正一八九六年生、タズ一九〇二年生、昭和五三年（一九七八）建立、〔左〕昭和四十七年六月十四日亡／三浦晋一之父俗名為正行年七十七才〔裏〕昭和五十三年五月／三浦晋一／修建之〔右〕昭和六十年七月二十八日亡／為正妻　タズ　享年八十四才
	慈薫院貞誉妙鶴大姉	三浦タズ	七代目妻	昭和六〇	一九八五											
㉚	元泉院宝岸覚證居士	三浦元始	七代目次弟	昭和二三	一九四八	○	▲	無	櫛形	女 エ・ 中ウ	三	凝	六六×二九×二五	一〇対九	一三四	元始一九〇四年生、三千一九〇九年生、圭首方趺、〔左〕昭和二十三年一月六日／三浦栄二郎二男／元始フ四十五才〔裏〕建立者／三浦貢／剛二／卓文〔右〕　年　月日／妻三千フ／　才
	慈照院宝誉妙道大姉	三浦三千	元始の妻	平成一八	二〇〇六											
㉛	寿法妙林禅尼	多祢	不詳	宝暦一一	一七六一	—	△	一	櫛形	女 エ・ 中ウ	二	安	五四×二四×二〇	五対四	九一	梅園時代、一六六九年生、〔裏〕名多祢宝暦辛巳十一月／三日終子先死年八十三
㉜	蓮空妙義信女墓	久	不詳	天明三	一七八三	—	△	一	櫛形	無	二	安	五四×二三×二一	一〇対九	九〇	梅園時代、〔左〕天明三癸卯〔裏〕忠婢久〔右〕二月初二日
㉝	安成妙心尼	茂平妻	不詳	天明五	一七八五	—	▲	一	櫛形	女 ウ・ 中エ	二	安	五八×二六×一九	四対三	九一	梅園時代、〔左〕茂平妻／天明五年乙己〔右〕十二月七日
㉞	向月頓入信士	茂平	不詳	天明四	一七八四	—	△	—	櫛形	女 ウ・ 中エ		安	五六×二八×二〇	四対三	九五	梅園時代、〔左〕茂平／天明四年甲辰〔右〕八月十五日
㉟	心月妙柳禅尼	今（茂平母）	不詳	宝暦一一	一七六一	—	▲	—	櫛形	中イ	二	安	六二×二五×二一	五対四	九六	梅園時代、一六七九年生、〔裏〕名今宝暦辛巳三月廿五／日終年七十三子茂平建
㊱	宣光庵釋一實位	三浦一	不詳	昭和二〇	一九四五	—	△	無	角柱形（平頭）	無	三	凝	六一×二四×二四	一対一	一一六	一九一〇年生、〔左〕三浦　一／昭和二十年十一月十三日／三十六才

	墓碑銘（正面）	姓名	続柄	没年 和暦	没年 西暦	合葬	碑文	位牌	形式	花燈形	段	材	碑身法量（㎝）（高×幅×奥行）	碑比率（幅対奥行）	総高（㎝）	備考 ※碑文は刻字される墓石の面を〔 〕で表示
㊲	眞諦院台岳祐徹居士	三浦徹二	不詳	昭和一八	一九四三	○	△	無	角柱形（平頭）	無	三	花	六一×二五×二五	一対一	一一五	徹二一八九六年生、〔左〕三浦徹二／昭和十八年十月一日／四十八才
	蓮乗院貞誉妙滋大姉	徹二の妻	不詳	不詳	不詳											
㊳	妙壽庵夏証安恵大姉	三浦ヤエ	七代目末妹	平成二一	二〇〇九	―	▲	単	角柱形（平頭）	無	三	花	六一．五×二五×二五	一対一	一一八	〔右〕平成二十一年八月九日寂／三浦ヤエ九十七才〔裏〕平成二十一年九月／三浦晋一／修建立　※図3には掲載なし
A	石書経王（篆額）	―	―	―	―	―	―	―	―	―	二	安	八四．五×三三．五×二八	―	一三一	〔裏〕明和丙戌六月 智環（篆字で記す）

〔凡例〕

・墓碑銘（正面）：夫婦合葬墓の場合、墓石正面に向かって右側の戒名は右に、左側の戒名は左に記載した。

・姓名：（）内は旧姓である。

・続柄：三浦梅園との関係性で記載した（世代を数える代目は梅園を初代とした数）。

・合葬：夫婦墓の場合は○で示した。

・碑文：刻字内容により記号で表示　○：没年月日、△：没年月日＋俗名（名字のみも有）、▲：没年月日＋建立者、続柄等、◆没年月日＋その他の事項、□：世系・俗名（名字）・行実などの履歴や事績など。（省略）とあるのは註二の文献（国東市二〇〇七）に全文掲載あり。

・位牌：三浦梅園旧宅に現存する位牌一六柱の内、戒名等の刻字により人物が特定されたものについて「単」「夫婦」と区別して記載した。

・形式：基本的には従来の形式名称を使用した。③は頭部の形状や多観面であること、儒教の影響などから初期の櫛形と考えたが全体としては板碑形や駒形を継承するもので、碑比率なども考慮した。

・花燈形：墓石正面に彫り窪めた凹部のことで、女は「女狐近世墓地」（大分県教育委員会一九九六）のア～カの六分類に、中は「中ノ川墓地（安岐町）」（大分県立歴史博物館　二〇〇四）のア～エの四分類に相当する。「陥中」は儒教における「神主」の影響を受けた形式とした。

・段：台石の段数で、（二）は一石から段を作り出して二段とした例である。

・材：碑身（墓碑本体）の石材は、砂→砂岩、安→安山岩、凝→凝灰岩、花→花崗岩とした。

・碑比率：比率の整数比は近似値である。

・総高：現存高であり最下の台石が一部地面に埋没する例もある。

・備考：墓碑文の説明にある〔左〕〔右〕は墓石正面に向かってではなく、墓碑本体の右側、左側の意である。

岡藩圓福寺《えんぷくじ》の儒教式墓

豊田徹士

はじめに

筆者は、豊後国岡領に存在する儒教式の墓を調べ、これまでその実態を披露してきた(1)。その中で見出されたのが、儒教受容の結果として儒教式の墓が存在し、それは「前面に墓碑を置きその背面に、跳び箱様の石を壙として置く」墓塔形式として具現化されていること。さらに、この儒教式の墓の造営が近世初頭に始まってから中断や形骸化を経た結果、現代にまで受け継がれてきていることが確認され、以下の三期の区分のように「段階的」に発展してきたと整理した。

一期

一期については、寛文九年（一六六九）から享保十五年（一七三〇）で、三代藩主中川久清《ひさきよ》を中心に配偶者と血縁者によってのみ営まれていった時期。

二期

二期は、寛政四年（一七九二）から安政二年（一八五五）までで、養子縁組によって誕生した八代藩主久貞《ひささだ》により儒教、儒式墓が復古され、藩吏のうち藩主に近い者や文芸に秀でた者たちに営まれた時期。

三期

三期は、明治五年（一八七二）から現代までで、維新を経たことで藩吏の枠を越え発散し、農村有力階級までが営むに及んだ時期、とした。

この時期区分の基礎となる建立年は、墓碑に記された没年号によって分けているが、没年号が造立年と必ずしも一致しない例があることは、天正時代の人の「墓」とする「新兵衛塚」や、「先祖墓」と呼ばれる「墓」が存在することですでに指摘していたが、これらの例は銘文から判明したり、中川氏入国前の没年号であることから明らかだったりして、その判定はかなり容易いものであった。(2)(3)

写真１　圓福寺小河家墓所（竹田市会々《あいあい》）

写真２　小河一敏墓（この真後ろに一時の墓がある）

そのため、これら以外の例においては没年号によって区分することに違和感なく、儒教の受容と展開について筆者なりに整理できたと考えていた。

しかしながら、この区分整理に疑問を呈す例を発見したのが今回の資料である。

以下に紹介していく。

一　小河彌右衛門一時の墓

この墓は、大分県竹田市にある豊後竹田駅の北側にある崖下に存在する圓福寺に在る。

この情報は、竹田市歴史資料館、工藤心平氏によりその存在を教示された複数の儒教式墓のうちの一つで、とりわけこの墓が筆者にとって与えた衝撃が強いものであった。

被葬者である小河彌右衛門一時《おごうやうえもんかずとき》は、幕末維新に尊王攘夷論者として活躍した小河一敏《かずとし》の祖先にあたり、この小河一時が中川家に召し抱えられたことから岡藩士小河家が始まったとされる人物である。

その一時は、慶長十八年（一六一三）廣島にて出生し幼名を梅千代、元服して縫殿助とし、後に彌右衛門と名乗った。

小河姓はもともと越前小河谷に居したことから発し、代々福島家の与力として活躍した一族で、江戸初期には福島正則と共に安芸廣島に居していたが、一時の父、喜左衛門綱良が元和五年（一六二〇）に亡くなり、さらに同年に福島正則が減知転封に遭ったことで、まだ幼かった小河彌右衛門は母と共に流転し大いに苦労することになる。

寛永十七年（一六四〇）には熊本藩細川忠利公によって召抱えられるが、程なくして忠利公が逝去したこと

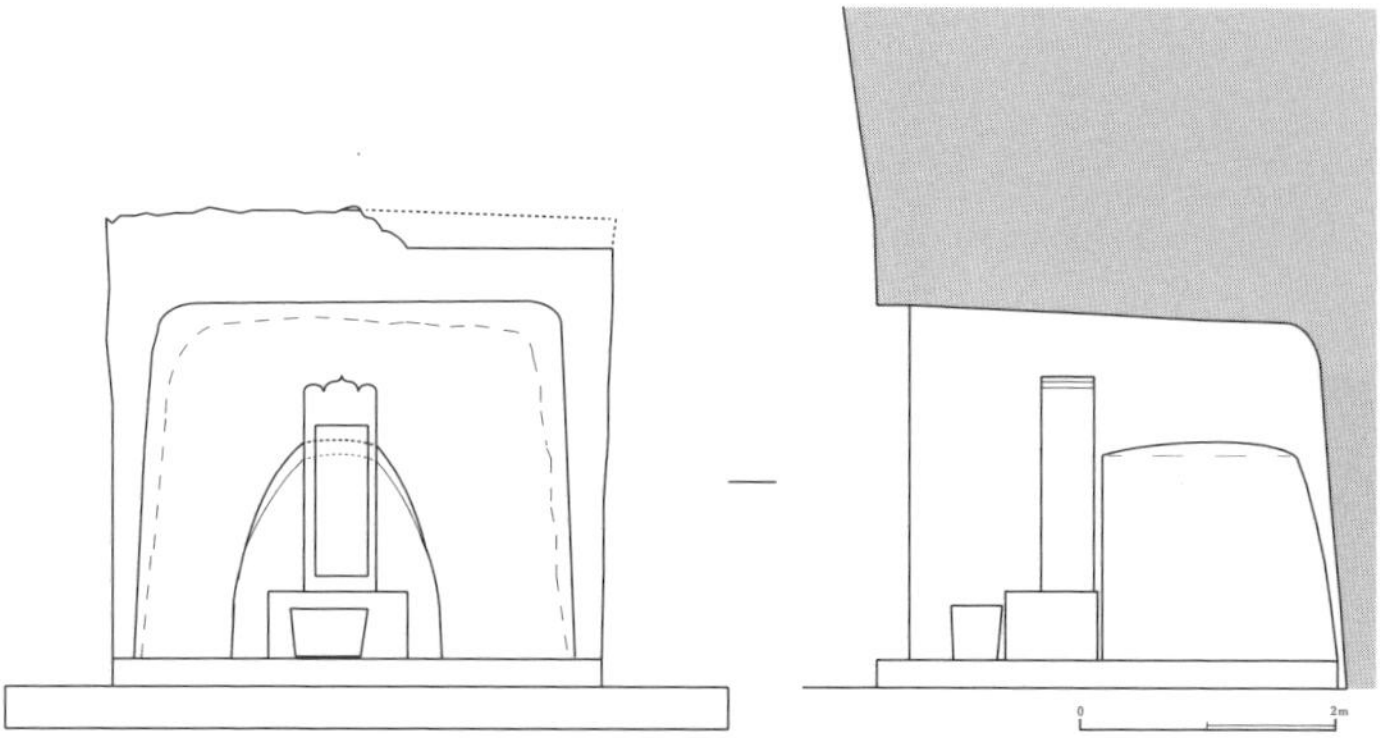

図１　小河一時墓実測図

写真３　小河一時墓の岩窟状況

によりその職を辞し、桑名藩松平定綱公に仕えることとなった。

さらに明暦三年（一六五八）、桑名藩と所縁のあった岡家中、桂十兵衛友連の推挙と久留島市兵衛通清の取り持ちによって豊後国岡領に出向くことになったのである。

この年、彌右衛門一時は四十五歳。時の藩主三代中川久清は、部屋住みの頃から人材登用に熱心で桂十兵衛などに命じ人材を推挙するよう伝えていたといい、小河彌右衛門一時は、こうした背景によって岡藩士となり四百石格、御小性頭として久清公やその母の光顕院に側仕えしたとされる。

延宝五年（一六七七）六十四歳で隠居し家督を長子六郎左衛門一明に譲るが、その後も在勤し延宝八年（一六八〇）に亡くなるまで二歳年下の久清を支えた。

その一時の墓は、前述のとおり圓福寺の境内にある。

現在は一族墓地として整備された一角の再奥に存在するが彌右衛門の墓は崖を穿った素掘り岩窟の中にあって（写真1）、岩窟は間口が一九〇cm、高さ一五〇cm、奥行き一八〇cmで、当該地域に多く堆積する阿蘇火砕流堆積物の溶結凝灰岩の崖面を掘り込んだものである。このような岩窟は当該地方においてさほど珍しいものではなく、複数の墓塔が崖に掘られた窟内に納められている例は見受けられるが、このように専用単独で納めているのは初見であった。

また、その一時の墓の前には、前出の小河一敏の墓碑（豊島区の染井霊園にも墓がある）が主軸を揃えて立ち、一敏が太祖一時にはせる強い思いを感じられるとともに、明治になって大きな整理が成されたことが察せられる（写真2）。

写真４　小河一時墓

岩窟の床には同じく溶結凝灰岩を板石に加工したものが整然とならべ敷き詰められ、その上に墓塔を据え置いて、墓塔の前には香炉が置かれその後ろに墓碑が置かれている。

墓碑は高さ二六cm、幅六四cmの台石（跗）一段の上にあり、高さ八二cm、幅二八cm、厚さ二一cmを測る。そして、墓碑の後背には石製の馬鬣封が一石で作り置かれ、高さ八四cm、下の幅八二cm、上の幅二二cm、長さを九二cmとしていた（写真3、4、図1）。

墓碑の頂部は花頭様にして正面を彫り窪め中に「小河彌右衛門一時墓」と刻み、向かって右側面には「延寳八暦庚申五月廿日」と刻まれていた。

二　小河一時墓が投げかける課題

この墓塔の存在は、筆者が区分した岡領内における儒教式墓の展開に大きな疑問を投げかけている。

表1は、これまで筆者が確認した藩内に見られる儒教式墓の一覧である。

小河一時の墓を没年号によりさし入れると、筆者が一期とした区分に入ることになるが、この一期は、三代藩主中川久清を中心に配偶者と血縁者によってのみ営まれていた時期として区分したものであって、血縁もなく中級藩士であった小河一時の墓は浮いた存在となってしまう。

また、二期の特徴であった「八代藩主久貞により儒教、儒教式墓が復古され、藩吏のうち藩主に近い者や文芸に秀でた者たちが儒教式の墓造りを選択していった」といういわゆる「儒教式墓拡大のきっ

表1　岡藩儒教式墓一覧

時期	埋葬者	属性	没年	
			和暦	西暦
一	中川井津墓	藩主三女	寛文９年	1669
	稲生六子墓	藩主側室	寛文 10 年	1670
	中川久矩墓	藩主六男	延宝３年	1675
	小河一時墓	小姓頭	延宝８年	1680
	中川久清墓	三代藩主	天和元年	1681
	中川久豊墓	公族老職	宝永３年	1706
	中川久虎墓	公族老職	享保 15 年	1730
二	中川久貞墓	八代藩主	寛政４年	1792
	中川久落飾碑	藩主正室	寛政４年	1792
	山村新兵衛塚	大友家臣	天正年間か	1798
	井上並古墓	一代家老	寛政 10 年	1798
	唐橋世済墓	御匕医	寛政 12 年	1800
	二宮安健	御匕医	文化３年	1806
	中川久照	公族老職	文化８年	1811
	二宮安興	安信子	文政 10 年	1827
	井上並増墓	一代家老	天保２年	1832
	二宮安信	御匕医	天保７年	1836
	中川睦翁墓	不明	弘化２年	1845
	角田九華	藩校教師	安政２年	1855
三	小河一順	近習物頭	明治５年	1872
	加藤種磨	在方神主	明治 25 年	1892
	加藤長慶	在方神主	明治 31 年	1900
	田近陽一郎	国学者	明治 34 年	1901
	小河一順妻瑜琪	小河一敏長女	明治 41 年	1908
	田近久爾子	陽一郎妻	大正２年	1913
	衛藤道考	在方医師	大正２年	1913
	田近岩彦	南画家	大正 11 年	1922
	田近マツえ	岩彦妻	昭和６年	1931
	M 家墓所	大庄屋家	明治～平成	

かけ」も否定することとなり、「被葬者の意図や葬送者の意識によって儒教式の墓が選択されてきた」ことのみが藩内における儒教式墓展開としての総括となってしまう。

筆者としては実に残念な結果ではあるが、現状、没年号を頼りに割り振ればこう評価する以外ないことは受け入れなければならない。

ただ、小河一時の墓については筆者なりに引っかかるものがあって、後の時代、具体的にいうと小河一敏の登場により家運が最も隆盛を迎えた幕末に「新兵衛塚」や「先祖墓」のように新たに作られたのではないかという疑問が湧いた。

そのため、文献にそのような記述がないかもう少し深く調べてみた。

岡藩では幕末期、各家中に年譜を記させ藩に提出させていて、小河家についても「世譜」が残され現在、竹田市歴史資料館に寄託されている。その世譜の中に、小河一時の墓誌が収録されていて、その中に墓の造営に関する記述が見つかった。その部分を抜粋する。

「（前略）圓福寺之後山穿巌為　窟削令澤滑　窟中方六尺三寸　窟之　中央為壙　翌日葬之　趨葬者甚
多而　後　公命左右令削一石為墳上狭　下廣　高三尺三寸　長三尺三寸　上九寸　下二尺八寸　前置盤
石　高　八寸　径一尺八寸　立碑於其上　高二尺八寸　径九寸　厚七寸　題曰　小河彌右衛門尉一時
之墓　窟中碑旁咸甃以　石碑前置一石香炉盤　前　以戸開闢之戸外六尺許　又畳石以板覆　之以為拝禮
之所　焚以栗柱　三十六株為藩高五尺　藩之内外並敷小石其傍置方石盥盤　墓成翌日　公詣賻銀
五十両　四公子亦共詣墓　（後略）」

結論から言うと、この記述は一時墓の現状そのままが著されていた。

特に、岩窟や石碑、馬鬣封の寸法については実測した値とさほど変わりがなく、また岩窟内に設えられた石畳《いしだたみ》（石甃）や香炉盤、岩窟外にある石製の手水鉢＝石盥《せっかん》などの細やかな描写もそのままである。

そして「公命左右令削一石為」という記述からは、中川久清自身が馬鬣封の成形を命じたことをうかがわせ、「墓成翌日　公詣賻銀五十両　四公子亦共詣墓」との記述からは、隠居した久清に加え藩主である嫡子久恒《ひさつね》を除いた「久豊《ひさとよ》、久和《ひさまさ》、久旨《ひさよし》、久矩《ひさのり》（もしくは久周《ひさちか》）」の四兄弟、すなわち後の公族老職達までもが参詣したことが記述されかなり具体的である。この記述をどう評価すべきか悩ましいが、率直な疑問もある。

まず、幕末期にまとめられた家譜であるにも関わらず、江戸初期の人、一時に関わる記述が異常に詳しいのは疑問である。

他家の家譜を見るに、遡れば遡るほど記述は少なく情報が乏しいのであるが、一時のくだりは三十頁をゆうに越えており、それ以降の人が十から二十頁程度の記述にとどまっているのに比べてその多さが際立つ。

さらに、家譜の全編に渡って「一敏云」「一敏按」と小河一敏による注釈が多く入っており、記録以上の恣意的な解釈が、かなり注ぎ込まれた疑念も生じる。(4)

そもそも、墓所造営にかかる記述そのものが珍しい上に、建立後百五十年以上経過しているにも関わらず寸分違わない現状にも違和感を感じることから、小河一敏が尊王攘夷論者として藩論を動かそうとした時、自らの発言力を高めるための手段として先祖と藩主の関係性を際立たせようとしたのでは？という飛躍した想像を得てしまうのであるが、これはあくまで想像であり、現段階でこの墓の建立年を積極的に下げる材料にはならない。

そのため、この小河彌右衛門一時の墓に対しての評価は、筆者が掲げた「寛文九年（一六九九）から享保十五年（一七三〇）、中川久清を中心に配偶者と血縁者によってのみ営まれていった一期」と「寛政四年

（一七九二）から安政二年（一八五五）、八代藩主久貞により儒教、儒式墓が復古され、藩吏のうち藩主に近い者や文芸に秀でた者たちに営まれた二期」という時期区分の本質の両方を備えていることになり、筆者のいう「段階的な発展」については再考の必要があることが判明した。

おわりに

今回の発見は、岡藩における儒教式墓の発展が段階的に広がっていったという自説を完全に否定するものとなったが、このことは没年号による時期区分に頼り、墓塔の規模や形状、付帯する施設の有無等々、考古学的基礎研究を疎かにしてきた結果であることは否めない。

今後、より多くの事例を集める形式学的なアプローチを行って紀年銘との関係を可能な限り明らかにする必要がある。

今一度、己が考古学徒であることを自覚し今後の研究活動を行なっていく所存である。

最後になりましたが、竹田市歴史資料館、工藤心平様にはこの小河彌右衛門一時墓の他、多数の儒教式墓の情報をいただきました。さらに竹田市所蔵の資料閲覧にも快くご許可いただいたこと誠に感謝いたします。

註

1　拙著　二〇二〇「岡藩中川家の思想と実践―儒教受容とその展開」（『近世大名墓の考古学 - 東アジア文化圏における思想と祭祀 -』勉誠出版）。
2　拙著　二〇一七「大分県竹田市荻町にある「新兵衛塚」に見られる先祖祭祀の一例」（『石造文化財』9　石造文化財調査研究所）。
3　拙著　二〇一八「近世農民祖先祭祀の一例」（『石造文化財』10　石造文化財調査研究所）。
4　家譜というものは総じて恣意的であるものだが、小河家の家譜に見られる一敏一人による多数の注記は他家に比べてよく目立つ。

V

墓所の調査と保存

小林深志

高島藩諏訪家墓所・頼水石廟再考

小林深志

はじめに

茅野市上原頼岳寺[1]に所在する高島藩初代藩主廟所は、諏訪氏頼岳寺廟所として茅野市史跡に指定されてはいたものの、実測などの詳細な調査を行ったことがなかった。一方、二代藩主諏訪忠恒以下八代忠恕の墓所は諏訪市上諏訪に所在する温泉寺にあり、諏訪市有形文化財に指定されていた。

諏訪市教育委員会では、この墓所一体の整備を目的に発掘調査行う他、地形測量や石造文化財の調査を進め、国史跡指定に向けて準備を進めてきた。

墓所の国史跡指定を受けるに当たり、隣接する茅野市に所在する

図1　御霊屋全景

頼岳寺に初代藩主の廟所があることから、同時に史跡指定とすることが適当と判断された。そこで、頼岳寺廟所の調査が急遽必要となった。

調査では、廟所を含む広範囲の地形測量や御霊屋の実測など、様々な業務を専門業者に委託する中で、廟所内の石廟や石灯籠などの石造物については、石造文化財調査研究所に委託し測量調査を実施することとなった。その成果については、すでに報告してある。[2] また、一部編集の後、雑誌に掲載されている。[3] 調査時点では頼水石廟の露盤の上に載る宝珠部分が御霊屋の天井より上に突き抜けており、実測することができなかった。そこで諏訪市貞松院にある頼水正室の石廟が同型であることから、この実測図を参考に頼水の石廟の実測図と合わせ推定復元して報告した（図2）。そして、何らかの機会に天井裏を観察する機会があれば、改めて再実測することとし今日に至った。

なお、頼岳寺諏訪家墓所は、諏訪市に所在する温泉寺廟所と共に、平成二八年二月九日に高島藩主諏訪家墓所として国史跡に指定されている。

一　再調査の経緯

令和二年、頼岳寺より御霊屋の瓦が、周辺の杉の枝が落下し破損したため修復したいとの現状変更申請が茅野市に提出され

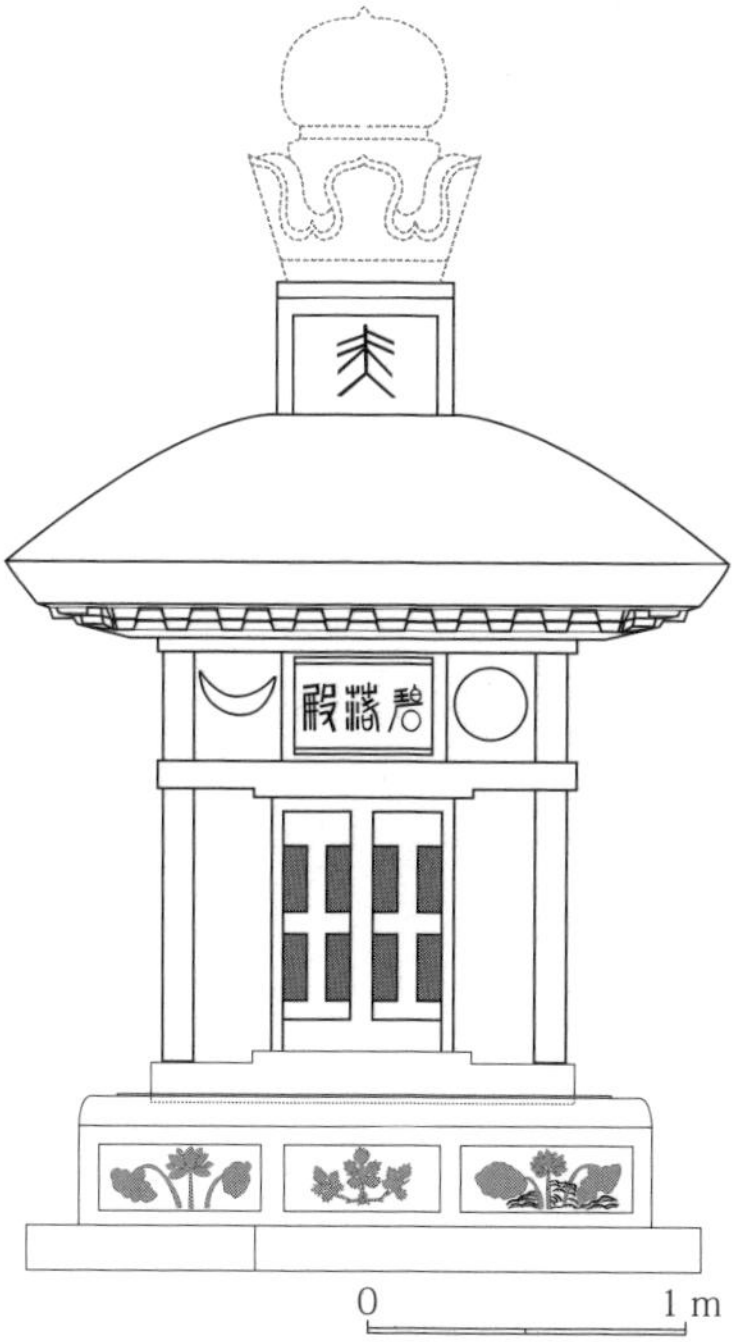

図2　報告書（註2）掲載の頼水石廟図

た。そこで、作業をするにあたり、施工時に天井裏を観察できないかと相談し、了承を得られたため工事に立ち会うこととした。

瓦の葺き替え工事は、令和二年六月二四日に行われた。破損した瓦は三枚だけであったが、施工業者の協力により、さらに二十数枚を取り除き、屋根を切り取って人が入れるだけの孔を開けていただき、内部に入り込むことができた（図3）。

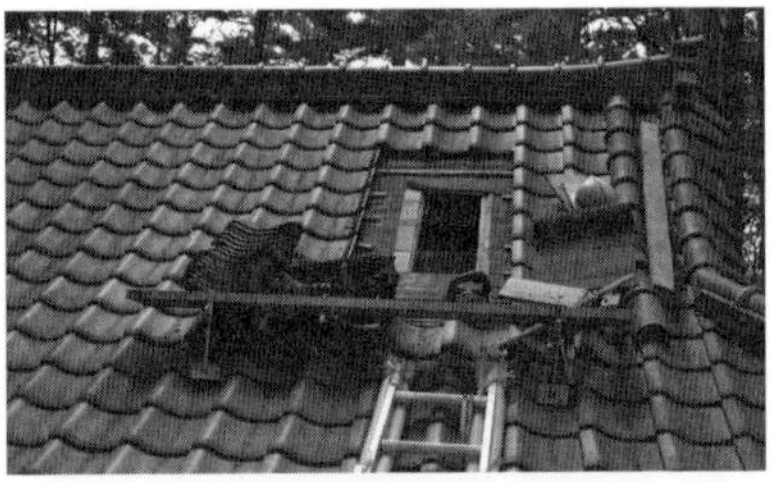

図3　瓦を剥がした状態

屋根裏に入ってみると、宝珠のある箇所は、宝珠を囲む枠組みの上が板で覆われ釘付けされた状態であったため（図4）、残念ながら観察と計測は断念せざるを得なかった。この釘で打ちつけられた板は、平成二二年の屋根を修復した業者によると、既にあったとのことであるので、安政六年（一八五九）の再建時のものであろう。

図4　屋根裏の枠組

この宝珠を覆う枠組は、天井からわずか一〇㎝ほどが突出しているだけで、推定復元した八五㎝の宝珠がその中に存在するとは考えられなかった。そこで次の方法で可能な限り石廟の観察を行い、宝珠の現状を把握することとした。

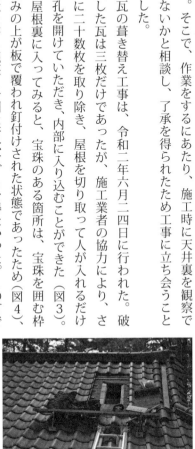

二　枠組の計測

屋根裏での作業は、瓦の修復業者を待たせてのものであり、数枚の写真撮影をしただけの短時間のものであった。このため期待していた宝珠の観察ができなかったことに落胆したこともあって、宝珠を囲ってある枠組の計測を行うことを失念して調査を終えてしまった。

そこで、御霊屋室内から、頼水石廟の露盤から宝珠へと続くわずかな隙間からの観察を行うことで不備を補うことにした。

観察は、高所での計測を行うための簡単な装置を持参してのもので、枠組の外径と内径については、スケールを当てることで計測できたが、枠組の高さの計測は石廟の屋根に登っての計測が不可能であるので、枠の手前の内側と枠の奥の角の長さを対角線に計測し、図上で高さを割り出した。計測した枠組の規模は、外径が平面径八三cm、内径は平面径が七四cm、高さ四六cmである。この大きさは報告書で推測し作成した復元実測図の宝珠の大きさ八五cmにはとうてい及ばないものであった。

三　露盤

本稿の記述では、報告書の記述に習い、石廟正面に向かい前面左側隅をA、右側をBとし、反時計回りに奥の右側をC、左側をDとしてAB面などと記述する。なお、既報の露盤実測図には、露盤下部の区画から下が表現されておらず、これを加えたため、露盤の法量と形状が既報のものと異なっている。露盤の法量は、幅と奥行きが五六cm、高さ四八cmとなる。

図5　露盤を右から見る（A・B面）

図6　露盤を左から見る（D・A面）

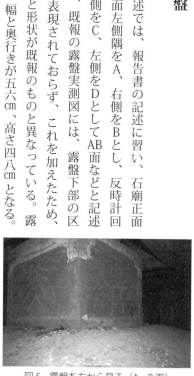

露盤の観察は、御霊屋内下方からの写真撮影により行った（図5・6）。その写真を露盤の区画形状に合わせ、加工した後トレースを行い、実測図に反映させた。

露盤は上から六㎝ほどの所に横位に線刻を施し、その下に横四六㎝、高さ三二㎝の区画を作り、その中に篆書が陰刻されている。AB面を観察しただけでは何かの記号のようにも見えたが、BC面とDA面を観察することで篆書であることが理解された。篆書については、建物の扁額に記された「碧落殿」が篆書であることから、直ちに推測すべきであった。篆書は、四面それぞれに浅く刻まれ、平滑に整えられているため、工具の推測はできない。

露盤の各面に陰刻された篆書は、BC面が「青」、DA面が「白」であることは容易に判読できたが、AB面とCD面は明確な類例が少なく、判読が難しい。AB面は「赤」に似た類例がある。CD面は「星」のようにも見えるが、「黒」ではなかろうか。「黒」とすると、それぞれが四神の朱雀の朱（赤）、青龍の青、玄武の黒、白虎の白を記して

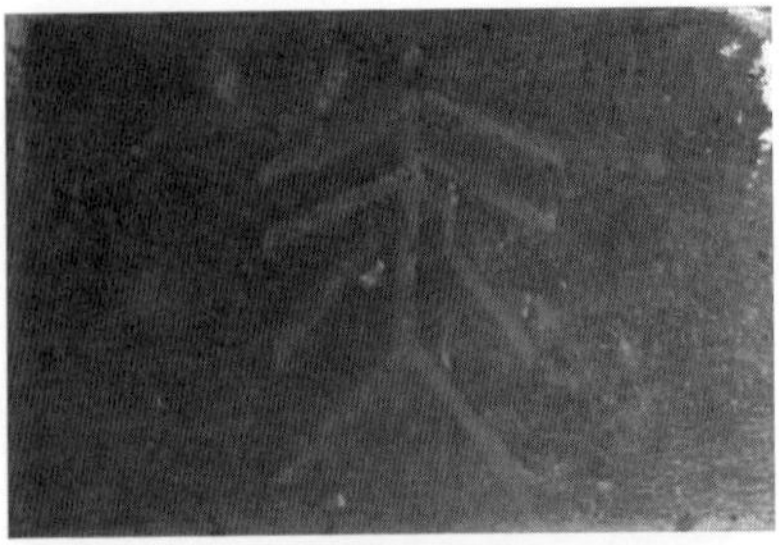
図7　露盤 AB 面

図8　露盤 BC 面

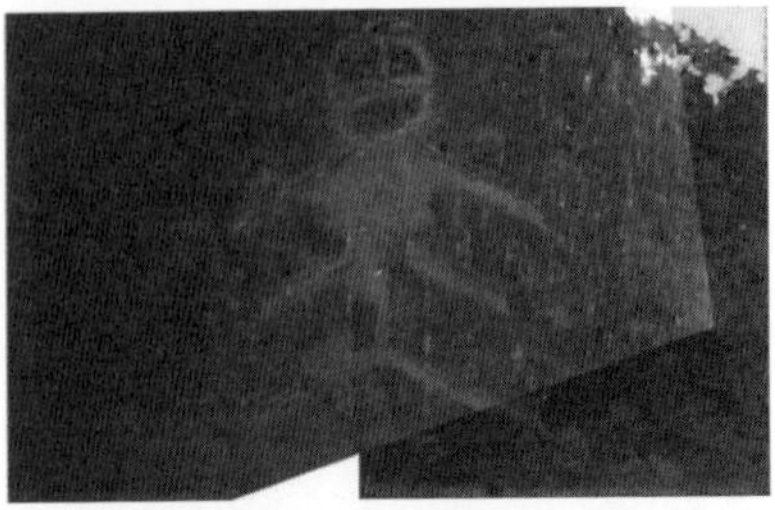
図9　露盤 CD 面

図10　露盤 DA 面

いることとなる。四神は、石廟だけでなく、旧領に復した高島藩を守護するという願いを込めて表現されたものではなかろうか。

なお、背面の観察と写真撮影は、通常の写真撮影が困難であったため、購入した内視鏡カメラに用いるファイバースコープ（以下内視鏡カメラ）で数枚の写真撮影を行ったものを合成し（図９）、先の三面と同様の加工を施した後トレースを行った。内視鏡カメラは、明るく広い場所では広範囲を撮影できるものの、狭所では全体像を撮影することができず、部分的に撮影したものを合成する必要がある。また、暗所での撮影は付属のＬＥＤ光源だけでは光量不足で、別の照明を用意する必要があった。さらに、内視鏡カメラの本来の目的からして当然ではあるが、レンズ自体には上下左右の概念がなく、撮影した写真も左右反転していることが確認された。

四　請花と宝珠

宝珠と請花の観察は、内視鏡カメラを用いて撮影した。内視鏡カメラは、接近した部分の撮影はできるものの、撮影したものがどの部分に当たるかも分からない状況であった。枠組内を下方から観察すると、左右の前後に切り込みが認められる。内視鏡カメラによる観察では、前面中

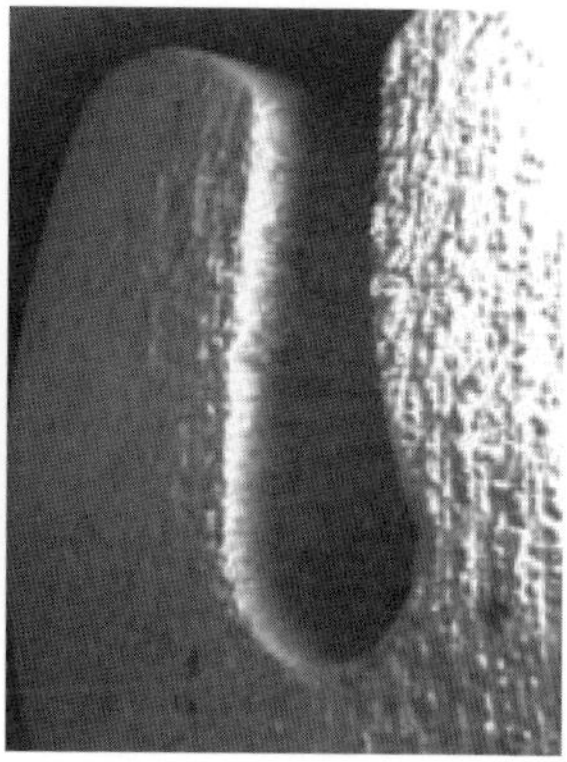

図11　請花の溝と加工痕

図12　請花内部

央にも切り込みが観察された。おそらく背面中央にも同じ切り込みがあると考えられるため、六弁の請花と考えられる。

一つ一つの花弁は、外面が縦方向、切り込み部分が横方向の鑿痕が認められる。鑿の痕跡を残したままで、細かな整形が行われていない点が建物や屋根とは異なっている。請花自体も、装飾のない質素な造りである。また、請花の切り込みの隙間から内部を撮影したが、宝珠に当たるものは観察できなかった。土塊や木片のようなものが映像で確認されたが、詳細は不明である。請花は、枠組の寸法や請花との隙間など、写真から推定し、復元図を作成した。請花の推定法量は、高さ四〇㎝、最大幅五六㎝ほどとなろう。これをこれまでの石廟実測図に重ね合わせると図13のようになる。これにより石廟の規模は、基礎から請花の頂部までの高さが三・五ｍとなった。ここに、御霊屋と石造物の合わせ図を示す（図14）。

五　建物内の観察

建物内には、陽刻した五輪塔の描かれた石碑が、前方に寄せて配置されているが（図15）、後方に広い空間が残されている。建物の内径は幅八〇㎝、奥行き八五㎝を測るが、この建物内の前方に石碑が配置されていることに違和感を持っていた。そこで、この部分に内視鏡カメラを入れて撮影したところ、思いがけず木製品が多数存在することが観察できた。

何枚もの撮影した写真を合成し、建物内径に合わせたものが図16、さらにその写真をトレースしたものが図17である。斜めから撮影した写真も多いため、あくまで見取り図として参照していただきたい。

写真には、木製の宝珠とその下の多角形の台が、断面四角または円形の棒によって接続する仏具の頂部になるのではないかと思われるものが写し出されている。同じ形状のものは、少なくとも五つ確認できたが、大き

図 13　頼水石廟正面図（1/40）

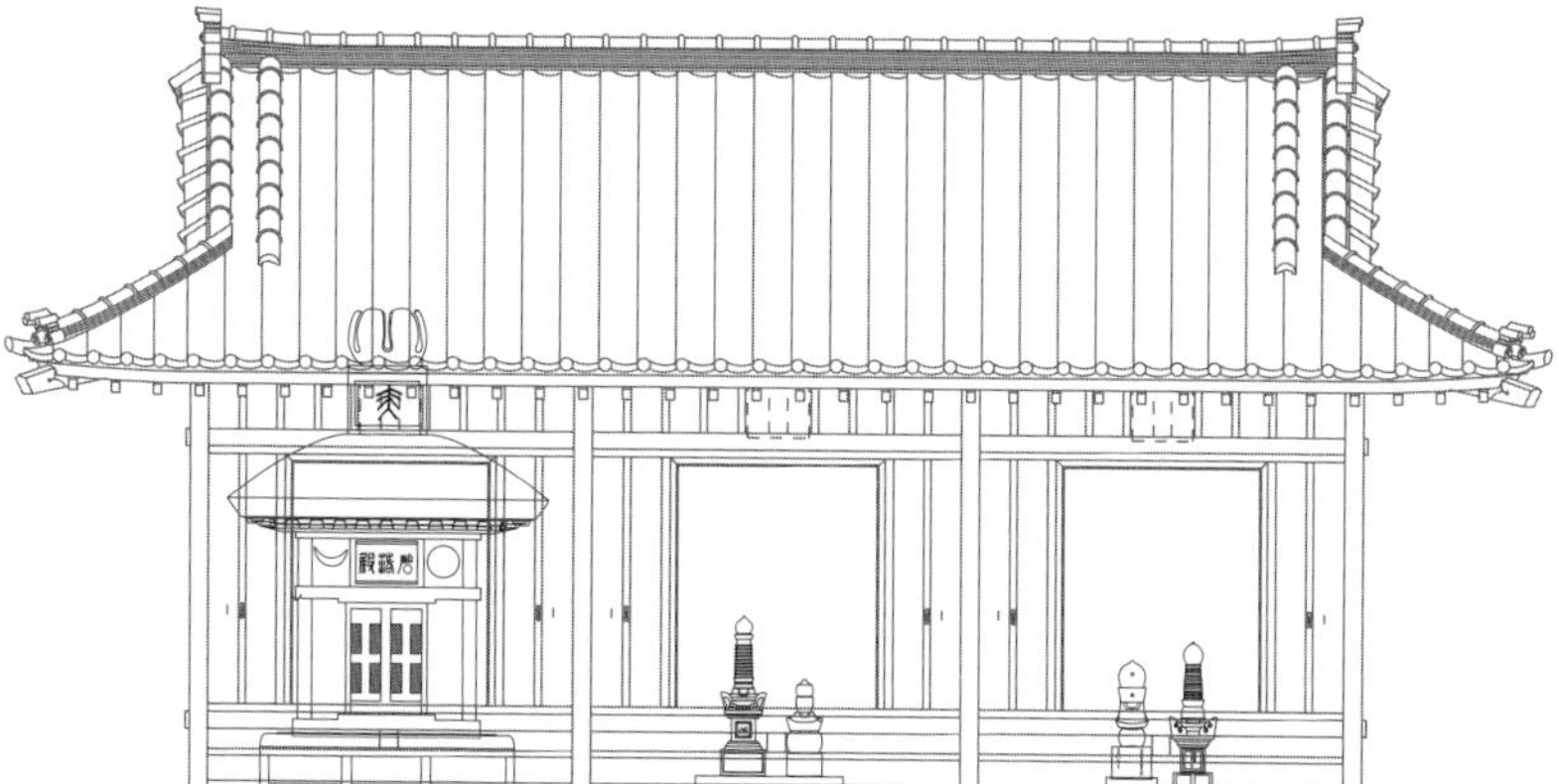

図 14　御霊屋石造物合わせ図（1/80）

さは様々である。また、板状のものは塔婆であろうか。残念ながら、文字が書かれているかは確認できなかった。

それでは、これらの仏具はいつ置かれたものであろうか。報告書では、基壇は前方と後方の二つの材からなるとし、建物断面図では基壇が全面に敷かれたようになっているが、写真からは石碑の後方で基壇の材がなくなり、中央部分が一段低くなっている様子が見て取れる。このことから、基壇は外周にのみ置かれ、中央にはないのではないかと考えられる。また、仏具などの遺物が建物の下側に潜り込んでいる様子も見受けられる。この遺物の出土状況からは、こうした遺物が、屋根を載せる際に行われた葬送儀礼のものではなく、建物を載せる以前に基礎の上で葬送儀礼が行われ、その際の遺物がそのままこの位置に残されたと理解される。その時期は、埋葬時と考えるのが妥当であろう。

同様の構造を持つ頼水正室の貞松院石廟も、建

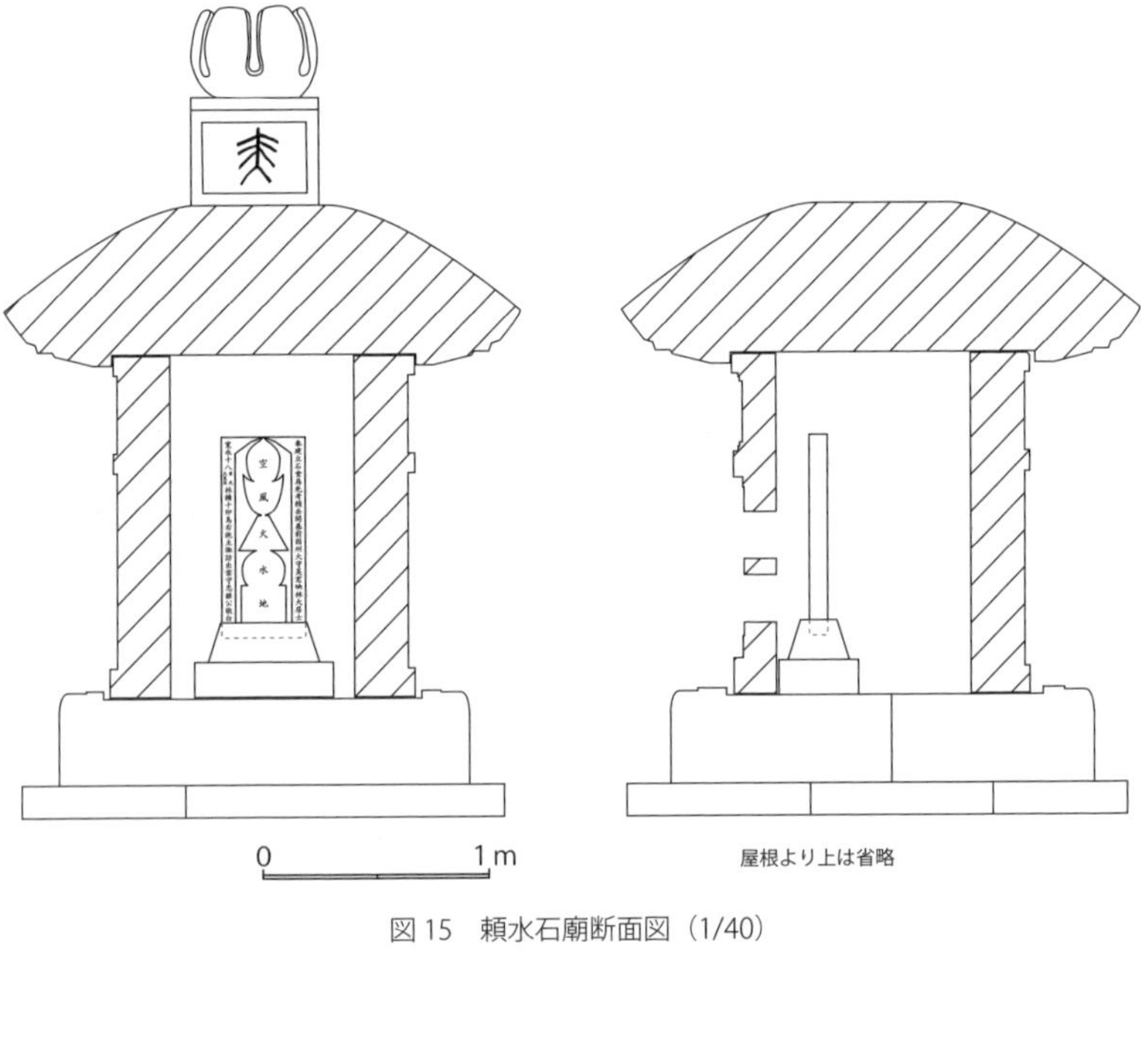

図15　頼水石廟断面図（1/40）

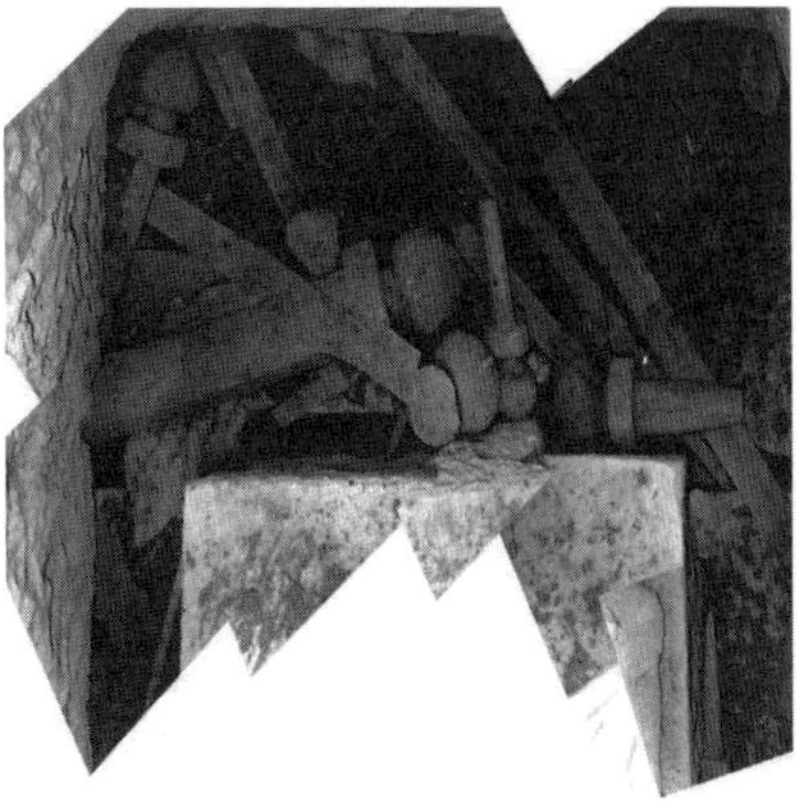

図16　頼水石廟建物内部写真（1/15）

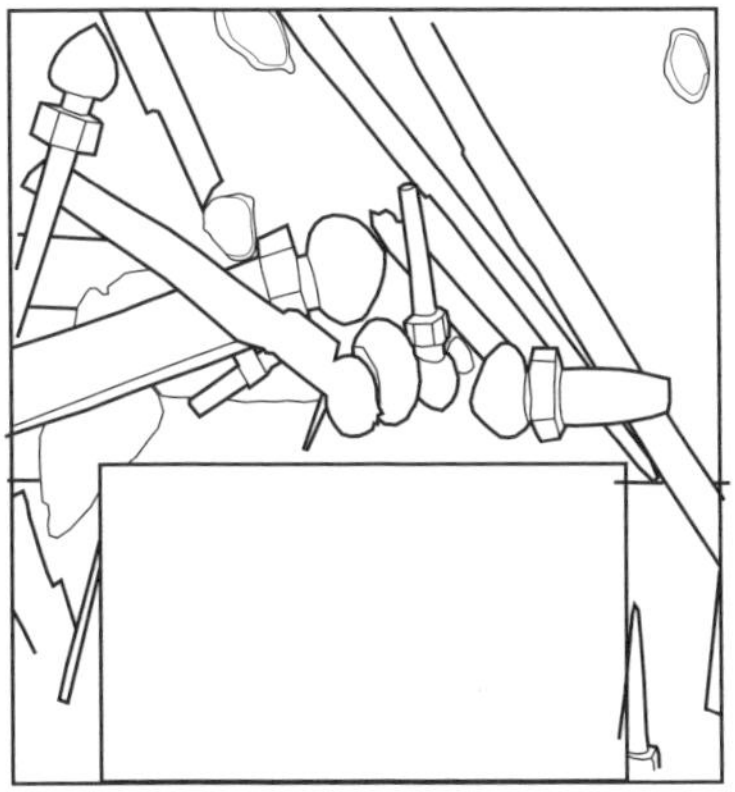

図17　頼水石廟建物内部写真（1/15）

物の建物の前面に石碑が配置されているが、後方のスペースはそれほど広くない。建物内の観察は行っておらず、同様の葬送儀礼が行われているのかは不明である。貞松院石廟の建物内、石碑の前面には、新しいものまで何枚もの塔婆が納められているが、頼水廟の場合は御霊屋があるためか、こうしたことは行われていないようである。

六　頼岳寺所蔵境内絵図面と建物図

頼岳寺と現状変更の協議を続ける中で、明治二八年（一八九五）七月に頼岳寺が内閣府に提出した「曹洞宗少林山頼岳寺由緒」[6]に添付された「境内絵図面」の控えが寺に所蔵されていることが判明した。原本には当たることができなかったが、写真（図18）はこの控え図を拡大し、寺の会議室のパネルに入れられ飾られているもので、横八四㎝、縦六〇㎝ある。図は境内の全域を鳥瞰したもので、境内からは少し離れた上原城跡にある金比羅社までの広範囲が描かれている。

頼岳寺は、明治三四年（一八九五）の大火で御廟、裏門、土蔵を残し、本堂を始め多くの建物を焼失しているため、当時の面影を知る貴重な資料である。図の左上には、今回取り上げる廟所も表現されている。また、個々の建物についても正面図と側面図が描かれているものがある。本稿では、祠廟として描かれている御霊屋のみを掲載する（図20、一部改変）。

絵図には絵図を描いた竹田涑湖の名前が記されている。竹田涑湖（一八五〇〜一九二六）は、若くして東京・横浜に遊学し、明治二年（一八六九）横浜の写真家下岡蓮杖に師事し、明治四年（一八七一）には福沢諭吉の肖像写真など数多くの人物を撮影をしている人物である。明治四年（一八七〇）帰郷し、取り壊される前の高島城天守閣・高島城全景などを撮影している。涑湖が使用した明治初期の写真機と種板（ガラス乾板）・薬品が残され、当時の写真技術や近代日本の文化・風俗を知る資料として貴重であることから、これらは茅野市民俗文化財に指定されている。

このような人物が、なぜ境内絵図面を描くことになったのかの経緯は不明であるが、写真家であることから、それぞれの建物などはかなり写実的に描かれているのではなかろうか。あるいはそれぞれの建物を写真撮影して、絵図を作成する際の参考にした

図18　頼岳寺境内絵図

のではないかとも想像されるが、現在の所そうした写真類の発見はない。

廟所部分を見ると（図19）、御霊屋のある敷地内は段差がなく平坦に描かれており、石灯籠などは描かれていない。御霊屋を囲う玉垣は、現在廟所前面東側の角は、通路が作られたためか角がなく面取りされたようになっているほか、今はない背面も含めて四方に巡らされている。また、前面の石垣は表現されているが、背面の石垣は表現されていない。

廟門は現在の二脚ではなく扉の付いた建物が描かれ、廟所に向かう石段の中腹には四脚門が描かれている。

図19　頼岳寺境内絵図拡大図（部分）

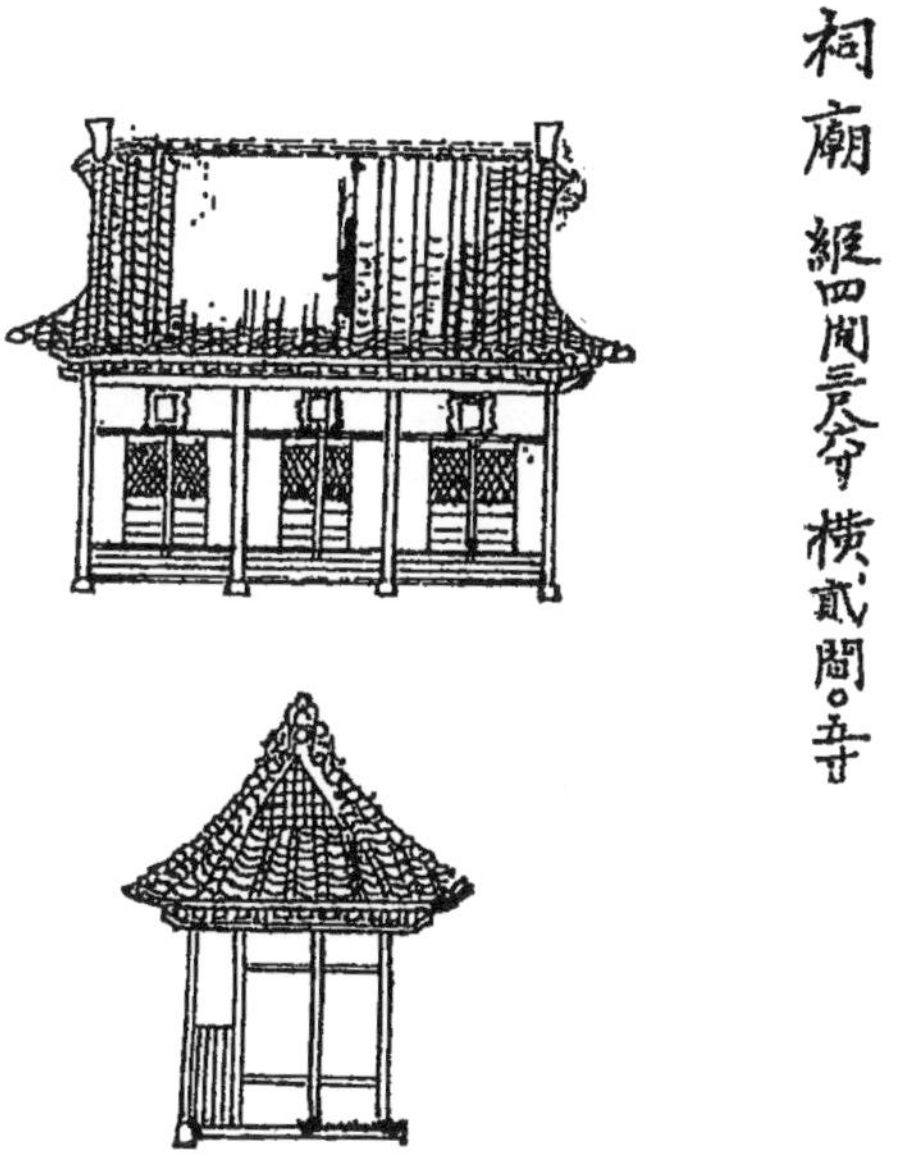

図20　御霊屋建物図

御霊屋は安政六年（一八五九）の大火後に再建されたものであるが、明治三四年の大火を免れている。建物図（図20）は現状と見比べても正面・側面とも忠実に描かれているように見えるが、屋根は現状より高く表現されている。平成二二年に行われた屋根の改修の際に変更されているのかもしれない。

おわりに

平成二九年三月に報告書を刊行して以来、諏訪市の保存管理計画策定の会議にも出席を依頼されるなど、高島藩主諏訪家墓所との関わりは途切れることなく続いている。それぞれの墓所をたびたび訪れる機会がある中で、報告書で未解決の部分が多いことが気になっていた。

今回の調査でも、請花の内部に宝珠が存在するかなど、未だに解決していないことも多い。石廟建物内の仏具の存在が確認されたことは大きな成果であったが、当時の葬送儀礼のあり方等、研究する余地は多い。写真撮影の結果や請花の形状からして、宝珠が入っている可能性は少ないと思われるが、仮に存在していた宝珠がなくなってしまった（滅失）となれば、それはいつのことであろうか。あるいは、安政六年（一六八九）の火災の際に、破損した可能性もある。しかし、宝珠の有無に関わらず、この請花の形状では、雨水がたまる構造となっており、何らかの覆い屋が必要であったと思われる。また、鑿痕の残る粗めの整形が露盤以下と異なっていることも気になるところである。火災に伴う破損で、作り直している可能性さえ窺える。

また、寛文一三年（一六七三）に建立された二代藩主忠恒の御霊屋と初代藩主頼水の御霊屋の構造の違いも気になるところである。

ここで年表を作成し、時系列を追って検証してみたい。

寛永　八年（一六三一）　頼水、頼岳寺開基
寛永一八年（一六四一）　頼水没
慶安　二年（一六四九）　忠恒、温泉寺開基
明暦　三年（一六五七）　忠恒没
寛文一三年（一六七二）　忠晴、温泉寺に忠恒の御霊屋を建立
延宝　七年（一六七九）　忠晴、頼岳寺に頼水とその父母の御霊屋を建立

忠晴が父忠恒の御霊屋を建立するのは、没してから一六年経過して後なのに対し、祖父頼水の御霊屋を建立するのは、頼水が没してから三八年経過して後である。

また、頼水の御霊屋が建立されるのは忠恒の御霊屋が建立された七年後である。どちらも忠晴の建立であるにもかかわらず、頼水の御霊屋と忠恒の御霊屋は大きく構造が異なる。これは単に頼水の御霊屋に、その父母の墓標を併せたためだけであろうか。あるいは安政六年（一八五九）の火災に際しての再建時に改変されたものであろうか。また、二代忠恒は父頼水の御霊屋を建立しなかったのであろうか。三代忠晴の時期が藩政の安定期に入っていたことが大きな要因となるのであろうか。

先に記したように、この石廟の請花の構造では雨水がたまる構造になっている。この請花の形状が建立当時のものであったとすれば、この石廟を覆う頼水だけの御霊屋がすでにあった可能性もあるのではなかろうか。これについては、狭川真一氏が忠晴の御霊屋再建説を否定している。(4)

また、三代以降の墓標に御霊屋が建立されなくなることについては、松原典明氏が一七世紀後半の大名墓の様式の考案として指摘している。(5)

機会があれば、こうした未解決の問題について、さらに取り組んでいきたいと考えている。

大学卒業以来、縄文時代を中心に原始・古代の遺跡の調査に従事してきた。まさか、退職の年にこのような石造文化財の調査を行うことになろうとは思ってもいなかったことである。石造文化財の調査も初めてなら、用語さえも初めて聞くものばかりであった。浅学どころか無学であるため、今回の報告にも、誤りが多々あろうと思われる。今後もご教授を賜りたい。

本稿の執筆にあたり、頼岳寺住職岸田栽華氏、録司藤田清隆氏、尖石縄文考古館守矢昌文氏に資料の提供、ご教示をいただいた。また、現地での写真撮影作業に茅野市文化財課の堀川洸太朗氏、茅野市尖石縄文考古館の令和二年度博物館実習生の林亮太氏、堀内麻紀氏の協力を得た。また、撮影した内視鏡カメラで撮影した写真の合成に当たっては小海清明氏に協力いただいた。

註

（1）註2の報告書中では頼岳寺、頼忠、頼水等の名称に「頼」の字を用いたが、本稿では簡易的な「頼」を用いた。
（2）茅野市教育委員会　二〇一七『国史跡高島藩主諏訪家墓所　上原頼岳寺高島藩主諏訪家墓所調査報告書』。
（3）石造文化財調査研究所　二〇一七「国史跡高島藩主諏訪家墓所　上原頼岳寺高島藩主諏訪家墓所調査報告書」『石造文化財』9。
（4）狭川真一　二〇一八「大名墓成立事情考　高島藩主諏訪家墓所の検討から」『石造文化財』10。
（5）松原典明　二〇一四「考古資料から見た近世大名墓の成立」（『近世大名墓の成立』大名墓研究会編　雄山閣）
（6）茅野市旧永明村役場所蔵文書　一九九二『茅野市史　資料編』所収。
（7）頼岳寺のご厚意で掲載を許可いただいた。

参考文献

諏訪市教育委員会　二〇一三『高島藩主廟所　長野県諏訪市高島藩主　廟所第一次発掘調査報告書』。
諏訪教育会　一九三七『諏訪史料叢書』巻二七「諏訪家家譜」。
中西庚南編　一九八五『近代　篆刻字典』。

VI

考古学による近世社会の読み解き

松原典明

考古学による近世社会の読み解き

松原典明

この度、『近世大名墓の新視点』第一冊を刊行するに当たり、日頃、各地の大名墓所を検討する中で考えている諸問題に触れる。

徳川幕府成立以降、各地を預かる大名の「家」に対する意識は、大きく変化した。戦国期は、日々、争いごとの繰り返しで、親・兄弟など肉親においても領地を奪いあうこともあった。家康が天下を平定してからは、家康と各大名家は主従関係を結武ことになった。各大名家は、領域支配に当たる「公儀」としての「家」として（大藤二〇〇八）、幕藩制システムという規範に従うことで、領地と「家」の存続が許可された。この盟約をして「江戸時代」を古代以来の第二の統一国家構築と、する評価さえある（笠谷二〇一八）。

それでは、なぜ、この様な盟約による安定した治世が続いたのか。この疑問に対する答えの一つとして、笠谷は、武家を取り締まった幕法にあり、法の理念にあったとする。つまり、江戸幕府は、その法の理念の根幹に、鎌倉幕府が打ち立てた「貞永式目」に求め、この理念に基づいた慣習法、あるいは自然法の如く位置付けた、としている。また、そのことは武家諸法度の発布の仕方からもそれが読み取れるとしている。その発布は、各大名が列座する中、将軍が席を外し、その直後、儒者によって法が読み上げられたという。つまり将軍が読み上げる形をとらず、鎌倉武家政権以来の理念を引き継いだ形を取ることで、将軍の命ではなく、古来からの基本的な法として受け入れるような必要性を演出したとしている。特に社会全体として儒教・朱子学徳治を奨励し、「文武弓馬の道」から「文武忠孝を励し」を重んじる理念を構築するための規範を創り出したとされる（笠谷二〇一八）。

このような武家諸法度の発布と、領域の統治を国家公権の公儀として委任したことが「家」存続のための意識醸成に大きく影響したのであろう。これらの意識が、拝領地の永続的な固持・継承を可能にしたものと思われる。

それでは、各大名は、拝領地を永続的に固持するためにどのようなことを考えたのであろうか。

歴代の藩主は、参勤交代システムの中で、領地の永続性を担保するために、不測の事態に備えた。それは、年齢問題という年齢制限規定（大森二〇〇四）はあったものの、跡継ぎを決め将軍拝謁によって事前に幕府に許可を取付けた。幕府の認めた人物に限って相続の正統性は担保され、継承が許された。言い換えれば、大名家にとって相続こそが、「家」の存続が正統的に認められる唯一の方法であったということになろう。拝謁という手続きを執行することで「家」の存続が認められた。そして幕府の認めた適切な相続を繰り返すことで領域と「家」の永続性は担保されたのである。したがって、相続は、武家の規範意識を高めることになり、その意識の継続は、儀礼の継承にも繋がったと理解している。この規範醸成意識こそが、大名の「家」を存続させ、江戸幕府も最も重視した点であったのではなかろうか。さらに、相続させるための継承者擁立が重大であった。そのために婚姻あるいは、養子縁組の儀礼は避けられなかった。これは、大名家では家の存続に直結する難問であった。自らの「家」単独では決して解決することが出来ない問題であり、直径・傍系の卑属はもちろん他家との関係を模索するなどの考慮も不可欠であった。このような意識が「家」同志の関係性の強化を促すことに繋がったものと考える。

それでは、このような「家」同士のアライアンス形成は如何様であったのか。

大名家では、とかく血統を重視し、先ずは父系親族形成を重視したが、他家との有効な利益関係性構築において非血縁による養嗣子の擁立など様々な工夫を行い、幕府もこれを緩和する方向性で志向した。このアライアンス関係には、文化的思考の共感が非常に有効にはたらき、共感性の高揚が現実的な同盟関係として結実している。これは、婚姻関係の広がりを見ても明らかである。

戦国期の婚姻関を見てみると、争いごとの停戦を目的とした婚姻や養子縁組が主であった。したがって関係性の範囲も領地と隣接する近隣に限られていた。しかし、近世では、幕藩体制下における領地の安堵のもと、全国という広い範囲にその儀礼の相手を模索することが出来た。そして両家間では互いに「家」の存続を保つための婚姻や縁組儀礼を両家の共通性のある思惟を共有することで親族関係形成の実現を可能にした。

両家は、父系による血統的な「縁」を重視しつつも女縁親族による「縁」によって養子縁組を成立させる場合も多く、「家」の存続が模索された。このような非血縁関係における養子縁組が承継を可能にしたことは、松方冬子氏（松方一九九三）など研究で明かなとおりである。「両敬」関係を築いた結果であろう。

一方、幕府は、幕府基盤保持のために、末期養子の扱いをはじめ、相続における緩和措置（慶安四年－一六五一）を取り、大名家の「家」の存続を前提とする持続可能な社会造りを志向し、多くの大名家は無嗣断絶を避けることが出来た。

近世は、大名は勿論、武家あるいは、庶民に至るまで「家」の存続は、近世社会を過ごした人々にとって最も意識したのではなかろうかと推測している。このような前提に立てば、「家」承継の儀礼を確認することは重要であり、尚且つ先代の死・葬送こそが「家」の存続に直結した最重要課題であり、避けては通ることが出来ない最初の儀礼・規範であったに違いない。先代が没し遺領を嗣ぎ「家」を相続したものだけが正統として葬送の儀礼を実践する。「若殿」という呼称もこの時「殿」に変化する瞬間であり、葬送の儀礼の規範であった。

一方、葬送を考古学的発掘調査の結果から捉えてみると、近世武家の多くの葬制は、おおよそ一七〇〇年を境に火葬から土葬へと変化していることが判る。土葬で遺骸を丁寧に柩に治める規範は、武家の社会階層構造ヒエラルヒーに比例しており、分類が可能であることは、近年の発掘調査の進展によって自明の理となりつつある。加えれば、葬送における土葬の方法として、共通する理念に基づいた埋葬が行われていると言える。特に一七世紀後半以降の為政者やその有縁の人々の遺骸の埋葬方法は、その意識を顕著に確認できる。多くの場合、遺骸を柩に治めるが、柩全体に瀝青《ちゃん》を塗込め、石槨や石室などに治め、その周囲や隙間を漆喰と炭を多用し充填させている。そして柩の直上には、墓誌を埋置している。この様な埋葬の仕様には階層による精粗はあるものの、理念として共通しており、特定の葬法が規範となっていたことを示している。

そして、この葬法の規範は、火葬から土葬へ葬法が変化する中で、創出実践された埋葬方法であり、この規範を創り出した淵源は、『家礼』の「治葬」に求めた結果であったことを以前示した（松原二〇一二）。

さらに、この様な規範選択意識の醸成は、五代将軍綱吉以降の儒教的な徳治政策の推進などが大きく影響していることを改めて認識しておきたい。これまでの文献史学の研究では、近世期の儒教の宗教的な影響は、大きくなかったとされてきたが、考古学的な調査から見れば、「治葬」に基づく葬制の規範は、思想的営為の重要な実例と言えよう。吾妻重二が既に指摘しているところである（吾妻二〇二〇）。

今後、各地の大名や武家の葬制を確認することで、儒教に基づく規範が、日本の近世社会全体の重要な思惟醸成に大きな影響があったこと説明できるのではなかろうか。しかし、注意しておきたいことは、規範を儒者は儒葬と認識していたが、武家社会では一部の識者を除き「葬法」の規範とだけの認識であったと思われる。加えて宗教者はどうであったかというと、仏教・神道では、多くの場合は、日本古来からの死に対する穢れ意識が強く、埋葬には直接携わって来なかった。この穢れをいち早く払拭したのが吉田神道であり、吉田神道の道統を継いだ一人である吉川惟足は、吉川神道を創出しこれを実践した。多くの大名・朝廷関係の公家らは、儒葬という認識ではなく、吉田神道あるいは、吉川神道の葬法として認識・実践した。かかる社会の情勢の中、様々な場面で神道の台頭が顕著になり、近世後半の社会全体の潮流は変革した。人間の死に対峙した規範を神道が導き実践したことは、その後の日本の道程に大きな影響を与えた。

近世社会を読み解こうとする場合、考古学的研究による「モノ」の実証的研究は勿論であるが、加えて、葬制や婚姻によるアライアンス・思惟・宗教を再検討することが併せて重要であり、日本近世社会を読み解く方法として考古学的な知見は不可欠であろう。今後の研究として、新しい視点を喚起出来るよう引き続き模索してみたい。

参考文献

大藤修　二〇〇八「秋田藩佐竹家子女の人生儀礼と名前 - 徳川将軍家と比較して」（『国立歴史民俗博物館研究報告』一四一）
笠谷和比古　二〇一八「徳川幕府武家諸法度の歴史的意義」（『法学研究』第四五第一号　大阪学院大学）
大森映子　二〇〇四『お家相続 - 大名家の苦闘』（角川選書三六八）
松方冬子　一九九三「両敬の研究」（『論集きんせい』一五号）
拙著　二〇一二『近世大名葬制の考古学的研究』（雄山閣）
吾妻重二　二〇二〇「日本における『家礼』式儒墓について - 東アジア文化交渉の視点から（一）」（『関西大学 東西学術研究所紀要』）

あとがき

本書刊行までの本末を改めて記し、関係各位のご理解と感謝を申し上げたいと思います。と、云いますのも、本書刊行までには紆余曲折を経ており、執筆者の皆様には大変なご心配とご面倒をおかけ致しました。また、当研究所顧問・坂詰秀一先生には全体の監修の労をお願いし、編者の至らぬ点を多々ご指摘いただき、漸く今回の刊行の運びとなりましたことを明記し、改めて感謝申し上げます。

そこで、ここに改めて本末を記し、執筆者並びに関係各位に対し感謝の意を表したいと思います。

本書の執筆者には、当初、研究所機関誌『石造文化財』13号への掲載をお願いしておりました。皆様には、執筆のご快諾をいただき、春には全ての原稿を戴いておりました。編集を進めてみますと、テーマが大名家墓所・家臣墓・庶民墓あるいは、儒者の墓など多岐に亘っており、そのテーマ性から、これらを一冊に纏めると考古学的方法による墓から近世社会を読み解く研究の新たな視点として、学界は勿論、多くの読者にご提示できるのではないかと考えた次第です。そこで編集に際して先ず、顧問である坂詰先生にご相談申し上げ、機関誌『石造文化財』とは別に、単書として纏めたい意向を示させていただきました。さらに雄山閣の桑門智亜紀様にご相談させていただき、方向性の検討も併せてご高配を賜りました。その上で、執筆者の方々に、改めて趣旨と出版形態、刊行の時期が当初の雑誌とは違い五月末刊行から大幅に遅れる点等をご理解いただきました。そして、新たな編集により判型・図版等の大きさが変るなどの実質的な変更や、編集の都合による論題のご検討についてもご承諾とご配慮を賜りましたことを改めて紙面をお借りして御礼申し上げます。

特に、鳥取県地域づくり推進部文化財局の大野哲二さんには、昨年コロナ禍以前の三月上旬に米子市の黄檗宗了春寺の位牌及び所蔵品の調査のご連絡をいただき参加させていただきました。その折に、雑誌へのご寄稿をお願いしていたので、一年以上の月日を要してしまいました。貴重な調査結果をご寄稿いただき本当に感謝申し上げます。また、岡山県の北脇義友さんは、皆さんご存じの通り毎回機関誌『石造文化財』に岡山藩の独特な葬制について連載していただいております。この度も文献を中心に悉皆的な調査によって岡山藩の特に近世後半の葬制の実態を纏めていただきました。重ねて御礼申し上げます。さらに、茅野市の小林深志さんは、平成二九年に行われた国史跡答申のための調査後の新たな成果としてご寄稿いただきました。当研究所の面々は、先の調査のお手伝いで茅野を訪れた縁から、今回のご寄稿が叶ったものと存じます。御礼申し上げます。

最後になってしまいましたが、監修していただいた坂詰秀一先生、機関誌『石造文化財』の発行は勿論、本書出版に当たり多大なご配慮を頂いた雄山閣社長の宮田哲男様、編集において有益なご教示を頂いた桑門智亜紀様、ご執筆各位など多くの方のご尽力のお陰を持ちまして、「近世大名墓の新視点」というシリーズ第一冊『墓からみた近世社会』を刊行出来ますことに感謝申し上げます。

今後も続いて、新たな視点を示すべく「シリーズ２」として纏めて参りたいと思います。

今後とも変わらぬご理解、ご協力・ご尽力を賜りますことをお願いいたしまして、筆を擱きたいと思います。

編者　識

執筆者紹介

坂詰秀一《さかづめひでいち》　立正大学特別栄誉教授・石造文化財調査研究所顧問
大野哲二《おおのてつじ》　鳥取県地域づくり推進部文化財局
とっとり弥生の王国推進課
磯野治司《いそのはるじ》　北本市市長公室
小林昭彦《こばやしあきひこ》　吉野ケ里歴史公園歴史専門員
三好義三《みよしよしぞう》　阪南市市役所
白石祐司《しらいしゆうじ》　新見市教育委員会文化財課
北脇義友《きたわきよしとも》　備前市立伊里中学校
松原典明《まつばらのりあき》　石造文化財調査研究所
吉田博嗣《よしだひろし》　日田市教育庁文化財保護課
豊田徹士《よとたてつし》　豊後大野市市役所
小林深志《こばやしふかし》　茅野市教育委員会文化財課

■監修者紹介

坂詰秀一（さかづめ　ひでいち）

立正大学特別栄誉教授
1936年東京都生まれ。

立正大学大学院文学研究科（国史学専攻）修了。文学博士。

立正大学文学部教授、立正大学名誉教授を歴任。

主要編著書に『歴史考古学の視角と実践』（1990、雄山閣出版）、『太平洋戦争と考古学』（1997、吉川弘文館）、『転換期の日本考古学』（2021、雄山閣）、『釈迦の故郷を掘る』（編著、2015、北隆館）、『日本歴史考古学を学ぶ』（3巻）（共編著、1983～'86、有斐閣）、『論争学説　日本の考古学』（7巻）（共編著、1986～'88、雄山閣出版）、『仏教考古学事典』（編著、2003、雄山閣、2018新装版）、『新日本考古学辞典』（共編著、2020、ニューサイエンス社）など。

■編者紹介

松原典明（まつばら　のりあき）

石造文化財調査研究所代表
1960年京都府生まれ。
立正大学大学院文学研究科博士後期課程中退。
主要編著書に『近世宗教考古学の研究』（2009、雄山閣）、『石造文化財への招待』（2011、ニューサイエンス社）、『近世大名葬制の考古学的研究』（2012、雄山閣）、『別冊季刊考古学20　近世大名墓の世界』（共編著、2013、雄山閣）、『近世大名葬制の基礎的研究』（2018、雄山閣）、『近世大名墓の考古学―東アジア文化圏における思想と祭祀』（編著、2020、勉誠出版）など。

2021年8月10日　初版発行　　《検印省略》

墓《はか》からみた近世社会《きんせいしゃかい》
―墓所《ぼしょ》の考古学的調査《こうこがくてきちょうさ》からみた大名家《だいみょうけ》－その思惟《しい》の諸問題《しょもんだい》―

監　修　坂詰秀一
編　者　松原典明（石造文化財調査研究所代表）
発行者　宮田哲男
発行所　株式会社　雄山閣
〒102-0071　東京都千代田区富士見2-6-9
TEL 03-3262-3231　FAX 03-3262-6938
振替 00130-5-1685
http://www.yuzankaku.co.jp
印刷・製本　株式会社ティーケー出版印刷

N.D.C. 210　232p　21cm
ISBN978-4-639-02780-5　C0021